国家“双一流”建设学科“南京大学中国语言文学”资助项目

江苏省2011协同创新中心“中国文学与东亚文明”资助项目

教育部中华优秀传统文化专项课题(A)重大项目(尼山世界儒学中心)“隋唐历史文化认同与中华民族的发展研究”(23JDTCZ009)阶段性成果

中国中古学术思想书系（第二辑）

中国史上的民族移动期

十六国北魏时代的政治与社会

［日］田村实造 著
焦堃 译

中西書局

中国中古学术思想书系·第二辑

Library of Books on Medieval Chinese Scholarly Thought, Vol. 2

总　　序

童　岭

“中国中古学术思想书系·第一辑”自2017年陆续推出以来，得到了学界同仁和读者们的关爱与支持。特别是来自广大爱好中国中古文史的读书人的评议与反馈，让我们深感中古学术不应该躲进自己营造的“坞堡”之中，学术创作与翻译，都应当根源于日常的生活。这种日常，一则是中古时代的日常，二则为当下生活的日常。如果用柯林伍德(Robin George Collingwood)《历史的观念》的话说，那就是“把永恒的问题，呈现在一代观点之下；把当代的问题，呈现在永恒的观点之下”。

基于这样的理念，书系编委会和中西书局计划于2024甲辰龙年开始推出“中国中古学术思想书系·第二辑”。书系第二辑的选编标准一如第一辑，秉承学者优秀原创研究与海外经典著作翻译并重的准则。需要说明的是，对于海外学术成果的介译，一方面因为它们是“他山之石”抑或“异域之眼”，另一方面是中古中国的文明，必须在多重坐标下加以审视，否则，学术研究就失去了选择与思考的多维空间，会变得僵化与单一。

在此，容我再少许阐述一下我们对于中国中古“时代格”(借用宇都宫清吉之概念)的理解。

这其中有两大因素构成，一个因素是中古贵族制的发展。对于魏晋南北朝隋唐的贵族，连天之子李世民也曾经发出“我不解人间何为重之”的感慨(《贞观政要》卷七)。其实简言之，中古贵族所要维护的绝不只是贵族阶层的利益，而是一种古典时代传承而来的社会秩序、文章典籍、礼制风俗。从贵族的角度出发，这种传承之物是中国中古时代最为核心的文化元素，也是璀璨的中世纪文明发展的范式。

另一个因素是胡汉融合。隋唐帝国是魏晋南北朝之后降临的一个盛世，虽然隋文帝、隋炀帝、唐太宗等都宣称自己是汉帝国传统的继承者，但实质上，隋唐帝国继承的更多是汉之后四个世纪形成的中国中古的新传统。如果借用陈寅恪先生的经典论述，即是“盖取塞外野蛮精悍之血，注入中原文化颓废之躯，旧染既除，新机重启，扩大恢张”(《金明馆丛稿二编》)。

因此，“中国中古学术思想书系·第二辑”的书籍入选范围，大体也是以上述两大因素为中心展开的。总而言之，人文学科最后的关怀不应该仅仅是制度、文化、风俗等，更应该是苍穹之下的每一个“人”。生活在中古时代的所有人，包涵贵族与平民、胡族与汉族，相较于之前或之后，其情绪更容易“澎湃”，激情与沉寂、温柔与狂暴、出世与入世……这些不同的气质在中古时代得以同时呈现。以“人”为核心的色彩斑斓的中古时代，无论在历史、文学还是哲学上，都能够深深吸引今日的学者或读者。

《中世纪之秋》(*Autumn of the Middle Ages*)的作者赫伊津哈(Johan Huizinga)，曾经说过如下的话，我觉得同样适用于中国的中古时代，在此拈出，并以为本序的结尾：

> 如果我们看不到生活在其中的人，怎么能形成对那个时代的想法呢？假如只能给出一些概括的描述，我们只不过造就了一片荒漠并把它叫做历史而已。

2024 年 4 月 11 日晨

书于金陵二炎精舍

译 者 前 言

本书是日本当代著名中国史学者田村实造（1904—1999）所撰《中国史上の民族移动期——五胡・北魏时代の政治と社会》一书的中文译本。

田村实造出生于日本山口县，1929 年毕业于京都大学文学部东洋史学科，其后又继续在京都大学研究生院攻读东洋史学，并最终于 1947 年获得博士学位。自 1932 年起，田村实造相继在龙谷大学、京都大学担任教职，1947 年起任京都大学东洋史学科教授，直至 1968 年退休。除高校教职外，田村实造还曾担任日本东洋史研究会副会长、史学研究会理事长以及东方学会理事等日本知名学术团体的重要职务。

在学术上，田村实造师承日本京都学派的早期代表性学者之一羽田亨，其研究领域主要集中于中国历史上的北部、西部边疆以及北方少数民族所建立的王朝等方面，尤其是对五胡十六国中的少数民族政权、北魏王朝、辽王朝以及明代的蒙古、女真等都曾进行过较为深入的研究。田村氏的学术成果颇为丰富，除历年发表的学术论文外，据译者所见，共出版过八部专著，担任四部学术著作的主编，此外还有译著及史料注解各一部。20 世纪 50 年代，田村实造相继获得朝日文化奖、日本学士院奖等日本国内的重要学术奖项，充分说明了其在日本中国史学界的地位。

必须注意的是，田村实造等人的研究领域，除了出于其自身学术兴趣外，亦与近代以后日本对我国北疆之觊觎、侵略活动息息相关。明治维新后，日本走上殖民扩张道路，处心积虑吞并朝鲜，继而又垂涎我国东北及内外蒙地区，亦即日本人所谓的“满蒙”之地。日本学术界亦受到这股海外扩张狂潮的刺激，其中国史圈子中一时出现了研究中国历史上的边疆地区及少数民族，尤其是北方游牧民族活动的热潮。包括田村实造在内的众多日本学者，除了关注此方面的历史记载外，还曾屡次前往我国内蒙古、东北以及新疆等地区进行实地考察，并搜罗乃至掠夺文献、文物，这些都是上述时代背景影响的产物。

近代以后日本学者对于中国边疆史地的研究，除了在具体学术问题方面的进展外，最后还发展出了一些总体性的理论学说。如田村实造的诸多论述，便在所谓"征服王朝"等理论的形成过程中发挥了重要作用。时至今日，这些理论及其所衍生出的一些研究思路依然在海外汉学界颇有市场，因而屡屡受到我国学术界的批判。然而仔细阅读本书中的相关内容便可发现，田村氏对慕容氏燕国以及后来的北魏等政权积极、主动的汉化过程，以及中原传统和士人在这些少数民族政权建设中所起到的关键作用等均予以承认和充分肯定，其所谓"征服王朝"之说在很大程度上是以少数民族政权的汉化为基础而立论的，这与后来海外学界中进一步发展出的、片面强调少数民族自身特性的"新清史"等研究思潮有着很大的区别。有鉴于此，本书翻译过程中对原著所使用的"征服王朝"等用语予以保留，以便读者能够更加全面地了解作者的想法，亦有助于追根溯源、进一步厘清所谓"征服王朝"论等的来龙去脉，更有力地批判当今海外学界研究我国历史上少数民族政权时的不良倾向。当然，这绝不意味着我们完全接受作者的史观；在今日国内学界所取得的成就和对中国古代史理论总结的背景下，田村氏的许多论点和思路都有需要加以反思乃至否定的地方。读者翻阅本书之前，需首先了然以上诸情况，以助对本书内容的理解和鉴别。

除上述问题外，田村氏在本书中对五胡诸政权和北魏王朝的政治、军事和社会特征及动向进行了颇为全面和有所创见的考察，各章研究中不乏深入细致之处，对于史料的解读和运用亦显示出了相当的功力。且除了文献资料外，著者还将自己实地考察的经验运用到本书论述之中，在游牧民逐渐定居化的过程以及东北和内蒙古地区之间交通路线等问题上提出了一些比较有说服力的见解。并且本书内容除政治、军事外，还涉及思想文化以及社会、经济方面，对于十六国、北魏时期佛教的传播状况，以及北魏均田制的渊源等问题都进行了详细而深入的探讨。书中提出的一些观点，如十六国、北魏时期是中国特色之佛教的形成期，以及均田制的直接渊源是北魏早期曾实施过的计口受田制等，在相关问题的学术史上都有着相当的分量。

本书的日文原著由东京创文社出版于 1985 年，不过全书其实是对著者早期的一些专题论述进行修订、补充后汇集而成。故而其中的内容所反映的，主要是日本学界到20世纪五六十年代为止所取得的一些成果。书中某些论述，在今日看来已无甚出奇之处，又或是已受到学界的质疑，乃至被新成果所否定。然而以当时的标准来看，本书仍不失为一部有着相当学术水准的著作，在今天亦仍然有翻译、介绍的价值。须再次强调的是，我们今天翻译田村氏此书，是为了帮助国内学界和读者了解日本学者的研究思路和取得的一些重要成果，并不代表我们同意作者的所有立场、结论和表述，希望读者在阅读之际仔细加以甄别。另外，田村氏原著中还存在着一些史实及史料引用、理解方面的错误，中译本中或是直接加以改正，或是以出译者注的形式加以说明。以上诸点，亦请读者于开卷之际谅察。

谨将此书供奉于畏友木村英一君之灵前

目　录

北 魏 篇

代　　序

说起民族移动，一般都认为这只限于欧洲中世纪日耳曼民族的所谓“民族大移动”。这应当是因为欧洲史家的看法被日本历史学家原封不动地接受之故吧。比如在德国，“Völkerwanderung”（民族移动）这个词只用于指称4至6世纪日耳曼民族的移动；在称呼其他民族如斯拉夫民族的移动，或者同样是日耳曼系的诺曼人在11世纪的移动时，则使用“Völkerbewegung”这个词，与前者相区别。据说这是因为日耳曼民族移动在其规模以及历史意义上，有着其他民族移动所无法匹敌的重要性。而其重要性一言以蔽之，就是欧洲世界由此得以确立，罗马·日耳曼式的社会和文化得以形成。

然而从世界史的角度来看，民族移动绝非是只见于欧洲的历史现象。在亚洲，尤其是东亚世界的中国，历史上也曾反复发生过大规模的民族移动。比如自3世纪以来逐渐成为显著现象的“五胡”即匈奴、乌丸、鲜卑、氐、羌等游牧民族在华北的潜居，以及由此引发的4世纪汉族向江南的移居即所谓“晋室南渡”，或是12世纪金代女真民族向华北的集体移居，以及与此相伴的南宋向江南的迁都，又或是13世纪蒙古民族向四方的移居与元朝建国，17世纪满族向中国内地的移居以及清朝建国等，就现象来看，这些都是超越日耳曼民族在欧洲移动的大规模民族移动。尤其是从4世纪到6世纪，人数约达近一千万的匈奴、乌丸、鲜卑、氐、羌等所谓“五胡”民族向华北的移动和潜居，就其人口之众，以及其对中国以及东亚世界所施加的历史影响（参照对五胡篇的总结，第120—123页）之重要性来说，应当高于欧洲史上的日耳曼民族大移动。

不过欧洲和中国的这东西两次民族大移动，其实都是由北亚世界的游牧国家，即大匈奴王国分裂所产生的北匈奴部和南匈奴部各自的移动所引发的，可以说两者都是由匈奴人的移动这一共同事态所引发的世界史现象。欧洲史中将这一现象称为“Völkerwanderung”，而在中国则俗称为“五胡十六国分裂时期”。

因而本书将五胡十六国时代及其后的北魏时代理解为中国史上的民族大移动期，以这一时期华北的政治与社会为中心进行考察，而将本书的内容分为五胡篇和北魏篇两大部分。

五　胡　篇

如同之前所说，中国史上“五胡”民族的混战时代，乃是起因于大匈奴王国分裂为南、北匈奴两部。尤其是南匈奴部在 1 世纪时向汉帝国投降，并被允许在长城地带游牧，而在东汉帝国灭亡并进入三国、西晋时代后，他们深入到华北潜居，是招致“五胡”时代到来的主要原因。对于此事，本书将用两章六节的篇幅进行较为详细的论述，其中第一章分为两节，第二章分为四节。

在第一章《东西民族大移动的起因》中，第一节《匈奴王国的分裂与南北匈奴部》叙述北匈奴部的西迁与南匈奴部向东汉帝国投降，第二节《南匈奴部在华北的潜居》考察了南匈奴部从初来投降时所游牧的漠南长城地带集体潜居到山西中南部的经过。

第二章《华北的五胡民族诸政权》中叙述五胡时代一百二十余年间在华北建立的五胡民族各政权，即匈奴族的刘氏汉政权、同样为匈奴族的石氏后赵政权（以上第一节），鲜卑族的慕容氏政权、同样为鲜卑族的拓跋氏政权（以上第二节），藏系氐族的苻氏政权及羌族的姚氏政权（以上第三节）之间的争霸、兴亡，同时考察了各政权的政治形态。而第四节在第一、二、三节的基础上，尝试对五胡民族诸政权各自的特征进行分类。在第三章中，以石氏政权特别是石勒的流民政策为例，讨论了五胡时代华北的胡、汉人口问题（第一节），而在第二节中讨论了胡族政权对这一时期华北的重大社会问题，即汉人流民问题所采取的政策。在第三节《五胡政权与士人、汉文化》中，从胡族政权统治者与士人，特别是汉国主刘渊、刘聪与其幕下的士人，后赵国主石勒与士人张宾，慕容政权的慕容廆与士人裴嶷，前秦国主苻坚与士人王猛的关系中寻找适当的例子，一并论及这些胡族君主对汉文化的态度。

在第四章《慕容王国的建立及其特征》中，对五胡民族诸政权中独具特色的，先在长城之外的辽东、辽西地区形成独立政权，随后又君临华北的慕容王国的建国过程及其政权的特征进行考察。

第五章《五胡时代的佛教》关注五胡时代从印度、西域传来中原的佛教的第一次传播期，以及其与北魏时代同为中国佛教的形成期这一点，以五胡君主与西域僧人之间的关系为中心进行考察。

北　魏　篇

在前后长达一百二十余年的五胡时代，胡族群雄在华北接连展开了争霸战，而通过祖（太祖）、父（太宗）、子（世祖）三代四十年间积累的功业最终完成华北统一的，则是拓跋部的北魏王朝。

本篇第一章《拓跋部的历史发展》之第一节《拓跋部开国传说的历史背景》推测，拓跋部在其开国传说时代，由今内蒙古呼伦贝尔盟的嫩江上游、大兴安岭北麓附近经过两次迁徙，形成了以长城地带的盛乐地区，也就是现在的呼和浩特市和林格尔县为中心的游牧范围，而到 3 世纪后半叶，作为西北边外的强大部族，其名称已开始被记入汉文方面的史料，比如南朝《宋书》的《索虏传》等中。接下来在第二节《代国时期的拓跋政权》中考证出，4 世纪初由盛乐进入山西北部的拓跋部在部族长穆帝猗卢时代，因援助积弱的西晋王朝之功而被封为代公，以平城（今山西大同）为中心建设起了代国。以后拓跋政权在受到中原石氏政权羁縻的同时，逐渐扩大了其势力范围。

在第二章中，对作为中原征服王朝的北魏六十余年之建国期，分第一节（太祖时期）、第二节（太宗时期）、第三节（世祖时期）进行考察。而在第三章中，对相当于北魏盛世期的五十余年间的政治形态与社会，同样分高宗文成帝与显祖献文帝期（第一节）、高祖孝文帝在位前期——献文帝太上皇时期及冯太后临朝听政期（第二节）、高祖孝文帝亲政时期（第三节）进行论述。

最后的补章中，对于为什么在中国农业、土地制度史上受到重视的均田制创始于北魏时期这一点加以关注，同时在与计口授田制的关系方面对北魏均田制的确立过程进行考察。

日本战败后的昭和二十到三十年代间，[①]著者曾在京都大学及大谷大学授课，讲义稿经修改后形成多篇论文，发表在《东方学》《东洋史研究》等学术杂志上，而本书即是将这些论文加以适当补充和整理后写成。最初因受到畏友木村英一君的热心劝说，著者曾允诺将本书作为一卷编入创文社刊行的《东洋学丛书》系列中。然而因为著者生来笔迟，荏苒度日间，不想木村君竟遽然离世，如今只能将此书供奉于君之灵前。为此，著者无辞以对九泉之下的木村君，惟有抱歉不已。

最后值本书出版之际，对创文社社长久保井理津男先生，以及从付梓到校正、制作索引都给予帮助的编辑主任小山光夫先生深表谢意。

昭和五十九年(1984)四月

田村实造

① 译者注："昭和"是日本裕仁天皇的年号，使用时间为 1926—1989 年。昭和二十、三十年代为 1945—1965 年。

五胡篇

第一章　东西民族大移动的起因

第一节　匈奴王国的分裂与南北匈奴部

如同序言中所说，北亚五胡民族向中国华北的大移动，以及日耳曼民族向欧洲的移动，都是建立在北亚匈奴游牧王国分裂并引发民族移动这一基础上的历史现象，因而从顺序上来说，应当首先由匈奴王国的分裂开始进行考察。

公元前 3 世纪末、前 209 年左右，匈奴游牧王国由单于冒顿在北亚建国，其后约二百五十年间在北亚世界保持着强大的国力。然而在公元 46 年（东汉光武帝建武二十二年），匈奴王国内部发生了争夺单于之位的权力斗争，结果大匈奴王国分裂为在漠北拥有势力的北匈奴部和以漠南为据点的南匈奴部。

关于北匈奴部　南匈奴部本以靠近长城地带的漠南为游牧范围，为了对抗强大的北匈奴部而向东汉帝国投降，在其庇护下与北匈奴部持续进行对抗。为此北匈奴部出于无奈，只能采取侵入汉地进行掠夺这一非法手段，以补充此前从汉地得到供给的各种物资。从光武帝到接下来的明帝时代，北匈奴之所以对东汉帝国时而侵寇、时而归顺，态度反复无常，便是为了缓解部民的困境所作的挣扎。此外他们还频繁向西域的城邦诸国（都市国家）发动攻势，这也应当是为了掌握西域地区，建立与中亚粟特地区及西亚诸国的联系，以保持其生命线的最后手段。

在此种情势下，从公元 87 年左右起，北匈奴受到接受东汉援助后卷土重来的南匈奴军、东方新兴的鲜卑族，还有西北突厥系丁零族等的侵寇，遭受了沉重打击。加之蒙古高原连年受到暴风雪袭击，家畜损伤惨重，部民的消耗愈发严重，在接下来的和帝永元三年（91）受到东汉远征军的袭击而大败后，北匈奴终于舍弃了鄂尔浑河畔的根据地诺音乌拉，越过阿尔泰山脉向西方的伊犁河流域移动，而蒙古高原很快便被鲜卑族所占据，鲜卑取代匈奴成为北亚世界的统治者。西迁到伊犁河畔的北匈奴部在其后的大约半个世纪中，与东汉帝国争夺对西域诸国的统治权，而从 3 世纪中叶起，他们被迫再次移动到西方的吉尔吉斯草原，[①]终于在中国的史料中断绝了消息。后来他们又越过吉尔吉斯草原三次西迁，而在西迁的过程中与众多游牧部族相混合，其民族纯粹性逐渐变得稀薄。到了 4 世纪，据说其以“伏尔加匈人”（Wolga-Hunnen）之名出现在了南俄罗斯。不过为了能像这样单纯地说明其迁徙的经过，首先需要对近百年来一直处于争论之中的匈奴、匈人同族说进行介绍。

关于匈奴、匈人同族说 中国史料中所见的“匈奴”，其古音大概是 Xung-nu，而最初考证这与欧洲史料中的 Hun、Hunni 或是 Hunnen 为同一种族的，是法国人德经（De Guignes）所著的《匈人、突厥、蒙古人及其他西方鞑靼人的通史》一书（*Historie générale des Huns, des Turcs, des Mongols, etc.* 4 vols，1756—1758）。德经在此书中主要就匈奴（Hiom-nou）与匈人（Hunni）族名的类似以及两者之间的历史关系加以论证，认为匈奴与匈人所表示的乃是同一发音，即中国人将 Hunni 讹为匈奴。

此后这一问题引起了对横跨欧亚大陆的民族移动、东西方交流以及语言学有所关心的学者们的兴趣。1847 年诺依曼对德经的说法进行了补充和加强，接下来德国的夏德（Hirth）教授在 1900 年的《关于伏尔加河匈人与匈奴》（*Über Wolga-Hunnen und Hiung-nu*[②]）以及 1901 年的《匈人研究》（*Hunnen Forschungen*）两部论著中，将《魏书》卷一百二《西域传》粟特条：

先是，匈奴杀其王而有其国，至王忽倪，已三世矣。

中的匈奴王忽倪拟音为 Hut-ngiek 或 Hutnik，比对为匈人王 Atila 的幼子 Hernac 或是其兄 Ellac。据夏德教授所述，北匈奴部在 1 世纪末从乌孙所在

---

① 内田吟风博士将北匈奴部移动到吉尔吉斯草原，也就是康居的时间推定为三国时代末乃至晋代初期（《匈奴西移年表附フンネン＝匈奴に関する再考察》，《东洋史研究》第 2 卷第 1 号）。

② 白鸟库吉博士将夏德教授的这篇论文翻译为日语，以《ヴォルガ・フンネン及匈奴考》的标题发表在明治三十三年（1900）八月、九月的《史学杂志》第 11 编第 8、9 号上。

的伊犁地区逃走后，又移动到康居（吉尔吉斯草原），最后侵入奄蔡之地，杀其王而据其地，经过三世，在忽倪王时派遣使节到达北魏高宗文成帝（452—465 年在位）处。而当时的匈奴国因其根据地克里米亚半岛的 Sughdak 这一地名，而被称为粟特国。

由于夏德教授的研究，匈奴、匈人同族说再次得到多数学者的赞同。而最近的考古学发现给予了这一文献上的研究强有力的支持，并且在语言学上，由于匈奴、匈人使用的都是阿尔泰语系的语言——在匈人侵入时期，俄语中被移植进了众多阿尔泰语，匈奴、匈人同族说也有逐渐得势之感。

在日本，内田吟风博士早在昭和十一年（1936）就在《匈奴西迁年表附关于匈人即匈奴的再考察》（《匈奴西移年表附フンネン＝匈奴に关する再考察》，《东洋史研究》第 2 卷第 1 号）一文中全面支持了夏德教授的匈奴、匈人同族说。接下来江上波夫教授也在《匈奴、匈人同族论》（《匈奴・フン同族论》，收入 1936 年刊《ユーラシア古代北方文化》）中详细介绍了德经以来的匈奴、匈人同族说之后，反驳了克拉普罗特（Klaproth）以及白鸟库吉博士等人的匈奴、匈人非同族说，并在苏联学者考古学研究的基础上强烈主张匈奴、匈人同族说。对此榎一雄教授继承白鸟博士之说，并探讨了《魏书・西域传》的形成过程及其内容，对匈奴、匈人同族说的态度较为慎重。

此外，优秀的欧洲中世纪史研究者、著名的亨利・皮朗（Henri Pirenne）也在其所著《穆罕默德与查理曼大帝》（*Mahomet et Charlemagne*, Paris et Bruxelles, 1937）中写道：

> 蛮族并不是自发地闯入罗马帝国的。他们是受到匈人袭击的浪潮冲击而前进的；就这样匈人的行动引发了整个蛮族的入侵。欧洲在此时第一次隔着广大的萨尔玛提亚平原，感受到了亚洲尽头的人们之间所发生的冲突的影响。

如此看来，欧洲的中世纪史家也是将匈人与匈奴视作同一民族的。

据以上所论，我也认为匈奴、匈人乃是同族，或者就算不能说是同族，两者之间也有着密切的关系。那么，北匈奴部，也就是匈人向西方的迁徙与日耳曼民族大移动之间有着怎样的联系呢？以下对此简单地加以叙述。

据欧洲史所述，在4世纪后半左右，占据着南俄罗斯草原的伏尔加匈人南下，开始压迫黑海北岸的东西哥特人，以及多瑙河上游的伦巴德人、勃艮第人等日耳曼系诸部族。这与现在所推定的、以北匈奴为中心的游牧集团出现在南俄罗斯平原的时期基本一致。由此东哥特人逃到潘诺尼亚，而随后匈人在4世纪末时统治了现在的匈牙利、特兰西瓦尼亚一带，在阿提拉(Attila)大王时期达到全盛。公元447年，匈人在阿提拉的率领下由蒂萨平原进军，经密西亚一直劫掠至色雷斯、德摩比利一带。接下来又转向高卢，在公元451年春天越过莱茵河，使得一直到卢瓦尔河的各地尽皆荒废。罗马军队得到与其同盟的法兰克人、勃艮第人、西哥特人等日耳曼诸族的支持，终于在特鲁瓦近郊阻止了匈人的进军，这便是所谓的"卡塔隆平原战役"。匈人虽然败退，但到此时为止，已经以匈牙利为中心，建立起了西至莱茵河、南至多瑙河、北到斯堪的纳维亚南部的大王国。然而公元453年阿提拉死后，王国很快便崩溃，匈人潜迹于多瑙河下游的平原，而他们的历史角色也终于消失了。

由此看来，在欧洲的民族大移动中，匈人起到了导火索的作用。不过，尽管起到了导火索的作用，但他们却绝非主角。欧洲民族大移动的主角是日耳曼民族。那么，与北匈奴部相比，南匈奴部在中国史上起到了怎样的作用呢？

关于南匈奴部　如同之前所说，南匈奴部是以游牧在匈奴王国南部漠南地区的八大部族为中心的部落联盟。在分裂后，他们拥立匈奴王国第十八代单于乌珠留单于之子日逐王比，并寻求东汉帝国的庇护而前来归顺。比在两年后的建武二十四年(48)受到部民推戴，冠以祖父之号，称呼韩邪单于二世。这一称号的依据，应当是其祖父第十四代单于呼韩邪一世在与其兄郅支单于的争夺中败下阵来后，于西汉宣帝甘露三年(前51)归顺汉帝国，并得王昭君下嫁的先例。

东汉帝国在接受了南匈奴部的归顺后，允许其部民在长城一带的云中、五原、朔方、北地、定襄、雁门、上谷、代诸郡中牧草丰美的地区分别划定牧地进行游牧。这些地区在今天来说，其中心相当于从内蒙古托克托县向东至河北的怀来县，此外还有西面的鄂尔多斯以及甘肃省东部一带。南匈奴的人口最初不过四万或五万，其后逐渐增加，到公元90年左右时已经超过了二十三万七千。

第二节 南匈奴部在华北的潜居

南匈奴部与东汉帝国 归顺东汉帝国后，南匈奴部在南匈奴单于的统领下，形式上仍然保持着大匈奴王国时代的政治统一，游牧在以上所说的云中郡等长城地带的各个地区。[①] 对此，东汉政府为了对其进行监督、监视，于建武二十六年（50）秋新设立了"使匈奴中郎将"。表面上的理由是为了护卫、保护单于，但这一官职的真正使命是在监视南匈奴动静的同时，领导他们从事边境的防卫。关于使匈奴中郎将，《后汉书·百官志》中云：

> 比二千石。本注曰：主护南单于。置从事二人，有事随事增之，掾随事为员。

而同书《南匈奴传》中云：

> 令中郎将置安集掾史，将弛刑五十人，持兵弩，随单于所处，参辞讼，察动静。

---

① 对此，《后汉书·南匈奴传》中云：

> 南单于既居西河，亦列置诸部王，助为扞戍。使韩氏骨都侯屯北地，右贤王屯朔方，当于骨都侯屯五原，呼衍骨都侯屯云中，郎氏骨都侯屯定襄，左南将军屯雁门，栗籍骨都侯屯代郡，皆领部众为郡县侦罗耳目。

同传又述南匈奴之官职云：

> 其大臣贵者左贤王，次左谷蠡王，次右贤王，次右谷蠡王，谓之四角；次左右日逐王，次左右温禺鞮王，次左右渐将王，是为六角；皆单于子弟，次第当为单于者也。异姓大臣：左右骨都侯，次左右尸逐骨都侯，其余日逐、且渠、当户诸官号，各以权力优劣、部众多少为高下次第焉。

此外，此处所说的"单于子弟"是指属于选出单于的单于氏族者，此外还有异姓的四氏。同文中又云：

> 单于姓虚连题（前书曰单于姓挛鞮氏）。异姓有呼衍氏、须卜氏、丘林氏、兰氏（前书冒顿单于时大姓有呼衍氏、兰氏、须卜氏三姓，贵种也）四姓，为国中名族，常与单于婚姻。呼衍氏为左，兰氏、须卜氏为右，主断狱听讼，当决轻重，口白单于，无文书簿领焉。

由此可见，使匈奴中郎将是能够指挥五千人[①]部下的军队司令官，享受地方长官二千石的待遇，并且在军事之外，还掌管匈奴族人的词讼。

南匈奴单于最初以云中（今内蒙古托克托）为驻地，建武二十六年（50）冬得到允许移驻到鄂尔多斯东北隅的西河郡美稷，使匈奴中郎将等人也随之前往美稷赴任。另外虽然《晋书·刘元海载记》云美稷之地即是晋代的离石左国城，不过此说有误，近来将其比定为现在鄂尔多斯东北隅的古城镇（《文物》1974 年第 1 期。此外还可参照近刊谭其骧编《中国历史地图集》第二册）。

此时南匈奴的人口大概有多少呢？最初南匈奴单于日逐王比来投靠东汉帝国时，其指挥下的核心部族南匈奴八部的总人口据推测为四万或五万。然而其后根据东汉帝国的方针，由北匈奴部投降而来者也被南匈奴部所吸收，因而其人口也急剧增加。《后汉书·南匈奴传》永元二年（90）条中云“众最盛，领户三万四千，口二十三万七千三百，胜兵五万一百七十”，据此可知在北匈奴西迁前后，南匈奴的人口已激增到了近二十四万。

东汉帝国在此前的明帝（57—75 年在位）时，在使匈奴中郎将之下增设了度辽将军及其以下的官职，加强了对南匈奴部的监督和监视，原因之一便是为了应对南匈奴部的人口增加。度辽将军与使匈奴中郎将不同，驻扎在五原郡的曼柏县（今内蒙古达拉特旗）。通过这些措施，东汉帝国掌控了南匈奴部族，在让其防御威胁北边的北匈奴部族以及后来取代匈奴称霸北亚的鲜卑部族的同时，充实了西汉末以来半被抛弃的北边诸州郡。为此东汉在其整个存续期间得以勉强确保了北方边境的安全。也就是说，东汉帝国使用“以夷制夷”这一汉族传统的巧妙政策，维持了国家的安全。

然而这只是从东汉帝国方面所看到的大势，在东汉帝国两个世纪的统治期间，南匈奴部并非始终对帝国保持着忠诚。当然对于他们来说，并没有对东汉帝国感到愤懑的特别理由，反而是一心希求能够留在帝国领土的边境，并对此抱有感激之情。然而随着日久年深，由于自身在东汉帝国的严厉监视之下作为防卫北方边境的佣兵而存在的处境，其受到压制的欲求也自然会逐渐积累。加上在匈奴的故地蒙古高原，取代匈奴而称霸的鲜卑族形

---

① 译者注：原著中引《南匈奴传》之文，将“弛刑五十人”误作“弛刑五千人”。

成了游牧国家，南匈奴部民中也开始有人受到鲜卑人的诱惑和煽动，企图对东汉帝国发动叛乱。

在这些叛乱中，规模最大的一次是由南匈奴部的左部长吾斯所发动的。吾斯在永和五年（140）首先侵犯朔方郡、代郡，拥立车纽为单于，并纠集乌丸以及藏系的羌、氐诸部族，侵寇并、凉、幽、冀四州。东汉军讨伐叛军并降伏了车纽单于，又杀死仍然顽抗的吾斯，终于平定了叛乱。然而在吾斯之乱后，东汉帝国对南匈奴部的统御逐渐松弛，同时在匈奴内部单于的权威下降，其统率能力也受到削弱，因而汉与匈奴之间的政治关系无法再像以前一样顺利地运行。加上来自北方鲜卑王国的压力和招诱，匈奴部民中有不少背叛单于而逃散到北方。

进一步助长这种形势并使得东汉帝国与南匈奴部之间的关系恶化的，是灵帝中平元年（184）爆发的黄巾起义。东汉政府为讨伐黄巾军，强行要求南匈奴给予支援。接下来在中平四年（187），前中山太守张纯叛乱并率领鲜卑和乌丸入寇，为了防御这支叛军，东汉政府又要求羌渠单于征集部民。为此苦于屡次征兵的十余万部民一齐暴动，终于在中平五年（188）三月杀死单于，拥立须卜骨都侯——须卜氏应当属于《史记》《汉书》中所见的匈奴单于外戚氏族之一的须卜氏系统——为单于并占据了鄂尔多斯。[①]

为此，当时正率领援军为东汉讨伐黄巾军的羌渠单于之子於扶罗向汉廷申诉了事情的始末，但东汉帝国已经既没有实力也没有精力对匈奴部进行干涉、平定这一内部纷争。于是被十余万部民背叛而去的於扶罗抛弃了对东汉帝国的希望而自立为单于，并趁着自己正在转战华北的机会，率领亲兵数千骑就此占据了靠近中原的山西南部平阳（今山西临汾）作为根据地。

经此次内乱，南匈奴部分裂为两大部，即於扶罗单于所率、从根据地美稷潜入并居留在以平阳为中心的汾河流域南部的所谓山西匈奴部，以及另一分支鄂尔多斯匈奴部。然而鄂尔多斯匈奴部的单于须卜骨都侯在位仅仅一年便去世，单于之位发生空缺，据说暂时让老王——此老王属于何部并不清楚——代行国事。占据鄂尔多斯的这一支匈奴部便是自称铁弗刘氏的鄂尔多斯匈奴部，后来在北魏代国时期，出现了赫连勃勃这样的英杰，成为拓

---

① 关于南匈奴部的诸次叛乱，内田吟风《匈奴史研究》（第 31 页）中有详细的统计，可以参照。

跋氏的强敌，并让太祖道武帝、太宗明元帝深受其患，此事在本书北魏篇的第二章（第 156、163 页）中有所叙述。

山西五部匈奴 匈奴部本支拥立於扶罗单于自立，并占据了汾河流域的平阳、太原一带。想来其在混杂于这一地域的汉人民众之间并居留下来之后，便很难再维持之前在广阔草原上的纯游牧生活，其生活方式应当逐渐定居畜牧化了。而进一步助长这种趋势的，是东汉最末期中原地区的战乱。他们身不由己地被卷入到战争的漩涡中，并曾援助群雄中的袁绍、袁术等而与大势力曹操交锋。为此曹操也有必要解除这一支强大的山西匈奴部的威胁，因而在建安二十一年（216，据《资治通鉴》）於扶罗单于死去、其弟呼厨泉受到拥立后，曹操将其抑留在魏都邺城，并将当时散居在太原、西河、平阳、上党、乐平、新兴等山西中南部六郡的匈奴部分为左部、右部、南部、北部、中部共五部，分别择部帅加以统领，又沿袭东汉帝国之故智，任命汉人司马（军队司令官）对五部进行监督。关于此事，《晋书》卷九十七《四夷传》匈奴条中有如下的记载：

> 建安中（《资治通鉴》记此事于建安二十一年条中），魏武帝始分其众为五部，部立其中贵者为帅，选汉人为司马以监督之。

同书卷一百一《刘元海载记》中亦云：

> 於扶罗死，弟呼厨泉立，以於扶罗子豹为左贤王，即元海（刘渊）之父也。魏武（曹操）分其众为五部，以豹为左部帅，其余部帅皆以刘氏（单于一族）为之。

而《晋书·匈奴传》在前文之后又云：

> 魏末（?），复改（部）帅为都尉。其左部都尉①所统可万余落，居于太

① 关于左部都尉：曹操将山西匈奴部分为五部时，被任命为左部帅的是刘渊之父、於扶罗之子刘豹，而刘豹又就此被任命为左部都尉。《晋书·匈奴传》中记载此时左部都尉的据点为太原的兹氏县。

原故兹氏县；右部都尉可六千余落，居（太原）祁县；南部都尉可三千余落，居（平阳）蒲子县；北部都尉可四千余落，居（雁门）新兴县（忻州）；中部都尉可六千余落，居（太原）大陵县（文水县）。

不过此文的内容据内田吟风《匈奴史研究》（第 81 页）中所考证，所记载的应当不是魏末，而是西晋武帝太康年间（280—289）匈奴五部的情况。前引《刘元海载记》中也说“（晋武帝）太康中，改（部帅）置都尉”。

就这样，从曹操到晋武帝统治期间，亦即建安二十一年（216）到太康年间，山西匈奴部被分割为五部，而其部民的定居化程度应当又有所提高。不过虽说已经定居化，游牧民的定居也应当是像今天长城地带或是兴安岭东部地区的蒙古人中所见的那样。作为房屋的“包”——圆筒形主体部分之上覆盖有圆锥形屋顶的毛毡制帐篷，虽然还是自古以来的移动式帐幕，但是已经固定在了地上，而牧地也被限制在狭窄的范围内，因而家畜不再游牧，而是畜牧化，其中还有像汉人农民那样养鸡养猪，同时从事耕作的半牧半农的生活方式。①

不过部民们虽然为适应移居后的环境而在生活方式上发生了变化，却似乎仍然保持着五部匈奴部族联合体的结合体制。比如第 7 页注①所引用的《后汉书・南匈奴传》以及《晋书》卷九十七《四夷・匈奴传》中列举的自漠北时代的大匈奴王国以来，相沿为传统的左右贤王以下的十六级王号，又或是呼延氏、（须）卜氏等四姓所占据的左右日逐王、左右骨都侯以下的固有官号，便能够充分说明这一点，虽然此时这些官号已经逐渐有名无实了。

接下来试着从人口上对五部匈奴部族集团的潜居进行具体考察。之前引用的《晋书・匈奴传》在列举五部匈奴的部落数时云：

左部都尉所统可万余落
右部都尉可六千余落
南部都尉可三千余落
北部都尉可四千余落

① 这是著者于五十多年前的昭和六年（1931）七月、八月两个月间，乘坐马车从长城地带到内蒙古、岭东蒙古进行调查旅行时所见的当地半定居蒙古人的生活方式。

> 中部都尉可六千余落

据此，仅仅是五部都尉麾下的匈奴部落，总计也大约超过三万落。如接下来在本篇第三章第一节Ⅰ之“华北五胡民族的人口”小节（第61页）中所述，这大约三万部落的总人口概算起来可以轻易地超过一百万人。当然这一数字只是推算，不过有史料能够在一定程度上成为推算的根据。可以认为一个部落的帐幕——蒙古语中叫作包或者ger——数量为平均五包乃至六包，一包的人数为平均六至七人。之所以这样说，是因为《后汉书·南匈奴传》中记载和帝永元二年（90）户口调查的结果，匈奴的户数为三万四千，口数为二十三万七千三百，据此平均一包为接近七人。就算保守推算每包为六人，五部匈奴的部落总数为大约三万落，其人口总数也已为百余万人，这并不是夸张的数字。

而据《晋书·匈奴传》所记，晋武帝统一天下后，匈奴部族又有两万余部落——推算有七十乃至八十余万人——大举前来归顺，此外太康五年（284）有两万九千三百人、七年有十余万人、次年的太康八年（287）也有一万一千五百人归顺来降。

据记载，武帝将这些匈奴民族与五部匈奴一样，迁徙到山西中、南部，因而山西的平阳、太原、西河、新兴、上党、乐平诸郡中到处都散居着匈奴部落。此外不仅是匈奴族，在东北的辽西方面，鲜卑系的乌丸部、段部等相当多数的部民都流入此地，从晋武帝的太康时代到惠帝的元康时代，仅在山西省中南部，据推算就有一百七八十万乃至多达两百万人的匈奴——其中包括了一部分鲜卑系部族——潜居在此。

此外在甘肃、陕西的北部一带，藏系的羌、氐诸部族也逐次潜入，开始在汉人中杂居。关于晋武帝统一中国时逐渐移居到内地的五胡异民族的动向，《晋略》中有如下记述：

> 辽东西皆鲜卑，句注之外、河汾之间则匈奴，北地、上郡、陇西则胡、鲜卑、氐、羌，皆保塞杂居。

面对此种异民族在内地潜居的局面，不少有远见的政治家都感到忧虑，并认真思考了对策，其中《晋书》卷九十七《匈奴传》中所收侍御史郭钦的上书以及卷五十六《江统传》中所收江统的《徙戎论》等较为有名。郭钦在上书中说：

> 戎狄强犷，历古为患。魏初人寡，西北诸郡皆为戎居。今虽服从，若百年之后有风尘之警，胡骑自平阳、上党不三日而至孟津，北地、西河、太原、冯翊、安定、上郡尽为狄庭矣。宜及平吴之威，谋臣猛将之略，出北地、西河、安定，复上郡，实冯翊，于平阳已北诸县募取死罪，徙三河、三魏见士四万家以充之。裔不乱华，渐徙平阳、弘农、魏郡、京兆、上党杂胡，峻四夷出入之防，明先王荒服之制，万世之长策也。

江统在《徙戎论》中也与郭钦一样，预言了五胡民族在内地的杂居他日必将成为忧患：

> （氐、羌、匈奴、高句丽等部族在内地杂居者众多，）若有不虞风尘之虑，（必为大患，当趁现在排除万难）申谕发遣，还其本域。

概括这些廷臣的上言，便能够如实地窥探到自东汉末至魏、晋初，在东北、北方边境以及西北边境，五胡游牧民族逐渐集体潜居到内地的情况。其势头正如涨潮时潮水涌来一样；而在此时，晋朝统治下中原的政治形势又是如何呢？

八王之乱　太康十一年（290）武帝死后，继位的惠帝昏庸，皇后贾氏及其一族擅政，以此为发端爆发了“八王之乱”。这次动乱完全是中央的权力斗争，对于贾氏一族的专权感到不满的一派虽于永康元年（300）推动武帝的叔父赵王伦、齐王冏等消灭了贾皇后及贾氏一族，但赵王伦又于次年正月发动政变废掉惠帝，自己即位。此举招来以齐王冏为首的成都王颖、河间王颙、长沙王乂、东海王越、楚王玮、汝南王亮等有实力的诸王的一致反对，他们结成同盟攻杀了赵王伦。八王之间围绕着皇位展开了权力斗争，而导致诸王权力之争发生的远因则是晋武帝的分封。

西晋帝王及诸王世系图(标注◎者为八王)

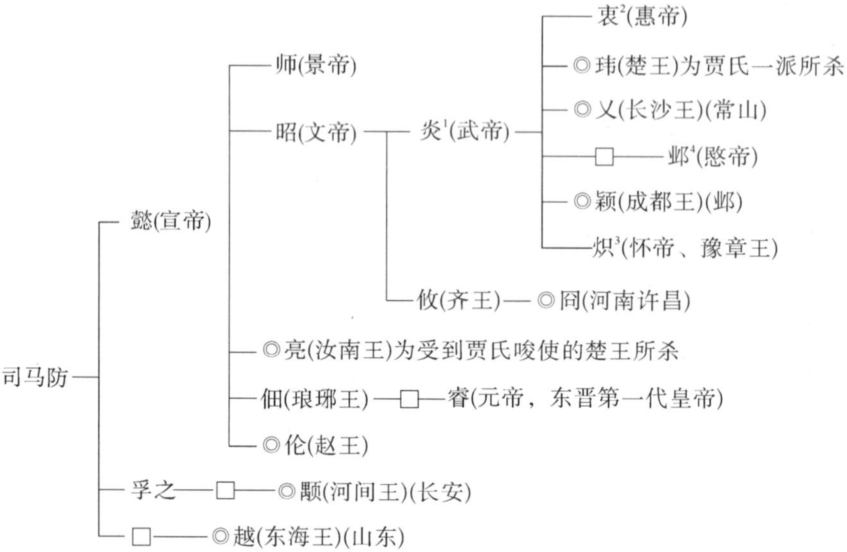

武帝统一中国后，鉴于前朝魏因为剥夺了宗室诸王的力量而加速了王朝的灭亡，在设法确立中央集权的同时，将自己的诸子、诸弟等宗室诸王分封于各处要地，并根据封国的大小而分别允许其保有五千、三千及一千五百人的兵力。晋的地方制度乃是模仿汉的郡国制，将地方分为郡与国，郡立太守，而国中则封宗室为王或侯。在王国中，邑两万户者为大国，邑一万户为次国，邑五千户为小国。晋朝分封的诸王中，前述的八王实力最强。然而据说诸王的资质都极为鲁钝，因而八王之乱实际上是诸王身边的失意官僚及军人们的权力斗争，而诸王之间并没有互相憎恨到你死我活的地步。

诸王最初以国都洛阳为舞台一次次地展开死斗。打倒赵王伦后，齐王冏留居洛阳辅佐惠帝，但其所作所为让人无法容忍，因而长沙王、河间王、成都王等率兵进入洛阳杀死了齐王。接下来长沙王掌握了实权，但也没有持续很长时间，于 303 年被杀；随后掌握权力的是成都王，他作为皇太弟留在了任地邺城，并没有进入洛阳。但东海王一派中的幽州刺史王浚一直反对成都王，其麾下拥有由乌丸族和鲜卑族构成的佣兵，并与东海王越的弟弟、并州刺史司马腾联合起来对抗成都王。司马腾当时正与以山西代国（今山西大同）为中心而日渐崛起的鲜卑系拓跋部联手（参照本书北魏篇第一章第二节《代国时期的拓跋政权》)。因而成都王将作为侍子(人质)留居在洛阳的山西匈奴部首帅刘渊迎入邺城,并请求五部匈奴给予支援。于是,骚乱不仅波及整个华北,而且将北亚系的鲜卑、匈奴、乌丸等游牧部族也都卷入进来。如接下来所详述的,五部匈奴的正统刘渊此时接受成都王的支援请求,为了进行战备而返回山西的根据地,但却为反对这一计划的部帅们说服,就此接受部民的拥立而宣布了匈奴民族的独立。

在刘渊离开邺城返回山西的根据地后,王浚与司马腾的联军向邺发动进攻,成都王逃到了洛阳。其后成都王、河间王、豫章王、东海王等诸王间围绕着惠帝的斗争愈发炽烈,斗争的舞台屡次转变,从洛阳移到长安,又从长安回到洛阳,成都王、河间王接连被杀,惠帝也死去,306 年豫章王(怀帝)即位后,八王之乱终于宣告结束。

以八王之乱为契机,匈奴、乌丸、鲜卑等北亚系游牧部族开始真正参与到中原的政争之中。其间,当匈奴五部的盟主刘渊于永兴元年(304)占据离石(今山西离石)左国城寻求独立后,中国史上的所谓五胡十六国时代便以此为导火索而拉开了帷幕,其后又进入统一了华北的北魏与江南四朝的对峙时期,约二百七十年间都成为分裂、混乱的时代。如此看来,虽然“八王之乱”本身只不过是分封诸王之间围绕着晋朝皇室的权力斗争,但其却成为引发接下来的五胡、南北朝时期近三百年的民族大移动的直接诱因,在这一点上,可以说是中国史上的重大事件。

第二章 华北的五胡民族诸政权

第一节 匈奴族政权

I 刘氏政权(汉国、前赵国)

刘渊的汉国 中国史上的所谓五胡十六国时代,或者说是中国史上五胡民族的大移动期,事实上始于五部匈奴的盟主刘渊在山西独立,并于晋惠帝永嘉二年(308)即位——次年建都平阳(今山西临汾)——而建立汉国。刘渊是南匈奴部单于於扶罗之孙,从血统上来说,也可以说是继承了匈奴单于的正统。其父刘豹在於扶罗去世、叔父呼厨泉继承单于位之后成为左贤王,而随后曹操将呼厨泉软禁在邺都,并将其麾下的山西匈奴部分割为五部后,刘豹成为其中实力最强的左部部帅,在晋武帝改部帅为都尉后又官拜左部都尉。

根据规定,五部都尉都必须向晋廷送出侍子——从这一点也可以看出晋室对匈奴的分割统治政策,因而刘渊也作为侍子留居在了晋都洛阳。据说留居洛阳期间,刘渊提高了自身在古典方面的教养,也加深了与中原人士之间的友谊。《晋书》卷一百一《刘元海载记》中有以下关于其在汉文化方面教养的记载:

> 幼好学,师事上党(今山西长治)崔游,习《毛诗》《京氏易》《马氏尚书》,尤好《春秋左氏传》、孙吴兵法,略皆诵之,《史》《汉》、诸子,无不综览。

由此可知刘渊在当时的匈奴族中是第一流的文化人。因为其根据地在河东,因而与河东名门王氏一族熟识,尤其是当晋室的实权人物齐王攸(武帝之弟)向武帝进言说"陛下不除刘元海,臣恐并州不得久宁"时,王浑为刘渊极力辩护道：

> 元海长者，浑为君王保明之。且大晋方表信殊俗，怀远以德，如之何以无萌之疑杀人侍子，以示晋德不弘。

这些话不可能不传到刘渊的耳中，因而其心里应当在此时就已萌发了对于晋室的不信任感。

晋太康年间（280—289）刘豹死后，刘渊继承其位，被任命为左部都尉，并且兼任北部都尉，统领左部和北部的两部民。恰巧在此时，从武帝末年到惠帝初年中央发生了政权之争，而手握五部匈奴之武力的匈奴公子刘渊也不可能不被卷入到政争的漩涡之中。实权者贾充于太康三年（282）去世，武帝的杨皇后之父杨骏摄政后，刘渊被授予建武将军、五部大都督的官职，并被封为汉光卿侯。但惠帝即位后杨骏被杀，外戚贾氏掌权，刘渊便立刻因为部民的叛乱受到牵连而被免官。这是元康元年（291）的事情，八王之乱便始于这一年。

八王之一、野心家成都王颖又将刘渊起用为行宁朔将军，将其留在自己的驻地邺城，以让其统监匈奴五部。成都王很明显是打算通过刘渊来掌握匈奴五部。而八王之乱随即爆发，晋朝的秩序陷入混乱，在山西的五部匈奴中，刘渊的从祖、在匈奴族中最有威望的右部都尉刘宣等趁机秘密拥立刘渊为大单于，谋求匈奴部的独立。他们立即派遣密使前往邺城中刘渊的所在之处传达举兵之计，并催促其迅速回到根据地。

然而成都王颖并不允许刘渊离开自己回去。司马颖虽然无从得知匈奴部的大志，但却担心刘渊的离开会就此切断自身与匈奴部的联系。

当时，晋室的实力派们正围绕中央政权展开斗争，彼此都引鲜卑、乌丸、拓跋、匈奴等胡族为后援，力图以这些胡族的武力为后盾来确保自身的优势。比如《晋书》卷一百一《刘元海载记》云：

> 颖为皇太弟，以元海为太弟屯骑校尉。……并州刺史东嬴公腾、安北将军王浚起兵伐颖，元海说颖曰："今二镇跋扈，众余十万，恐非宿卫及近都士庶所能御之，请为殿下还说五部，以赴国难。""……东胡

(乌丸、鲜卑部族)之悍,不逾五部,……当为殿下以二部摧东嬴,三部枭王浚……"

从上述引文中便能充分理解这种状况。此处所云"东胡之悍,不逾五部",是指当时幽州刺史王浚将乌丸族、鲜卑族吸收到自己的战斗力中,而并州刺史司马腾则得到代国拓跋部(鲜卑系、后来的北魏)的援助,乌丸、鲜卑、拓跋等诸部族被称为"东胡",而刘渊是在夸耀这些东胡民族合在一起也不是自己匈奴五部的对手。因而在此时,感于成都王颖之知遇的刘渊准备率领五部匈奴之部众迎击王浚与司马腾的联合军。

怀抱着这一秘计,刘渊回到了河东的根据地,但其从祖、右部都尉刘宣却劝谏说:

晋为无道,奴隶御我。……鲜卑、乌丸(、拓跋是我之同类,举兵之时)可以为援,奈何距之而拯仇敌!

强烈反对刘渊为了成都王而与乌丸、鲜卑、拓跋诸部为敌。想来刘宣的意图应该是让匈奴族在最短的时间内脱离晋朝的控制,建立起独立国家,复兴始祖冒顿单于、中兴之祖呼韩邪单于的伟业,为此构想将北亚的诸部族团结起来一致对付晋朝。为刘宣所说服的刘渊终于被推戴为大单于,于 304 年宣布独立,定国号为汉。

此外,关于刘渊举兵之地左国城,《晋书》卷一百一《刘元海载记》中说是离石的左国城,而此地位于山西省西境、黄河南流段的中央部位,属于注入黄河的三川河流域,无论是相较当时左部都尉刘渊的根据地太原兹氏县,还是右部都尉刘宣的大本营太原祁县,均远隔西方。《晋书》以离石左国城为南匈奴部的故地美稷,但前文中已考证指出,美稷远在鄂尔多斯东北隅的古城镇,与离石左国城并非一地。目前还搞不清被部民拥立为大单于的刘渊为什么要在并非五部之中任何一部根据地的离石左国城举兵。

刘渊定国号为"汉"的表面理由,是始祖冒顿单于以及中兴之祖呼韩邪单于一世等曾被汉朝皇室下嫁公主,因而与汉帝国约为兄弟。刘渊以此为旗号,表明了超越魏、晋两朝而复兴汉帝国的意图。然而其真正的意图,应当是利用人们还在钦慕汉朝余德的心理，在复兴汉朝的旗帜之下团结汉族，并且像刘宣所宣言的那样联合其他诸胡族，建立起以匈奴族为核心的胡汉联合国家。

刘渊于四年后的怀帝永嘉二年(308)行郊礼，即皇帝位，并改元永凤，向天下宣示汉国是名副其实的继承了汉朝的国家。历史学家一般都从大义名分出发，将西晋王朝灭亡的316年作为所谓五胡十六国时代的开端，但从历史事实来说，可以认为刘渊即汉国皇帝位的308年是五胡时代的开始。

刘渊称帝后，于次年的309年定都曾为祖父於扶罗单于根据地的山西平阳(今山西临汾)，继前一年已经设立的相、御史大夫、太尉、尚书令、太史令等高官之后，又设置了大司马、大司徒、大司空，将宗室按照亲疏封为郡王、县王，异姓则根据其勋谋分别封为郡县公侯，试图建立起汉朝式的官制。想来这些官、封虽然在实质上等同于空名、虚封，却也足以满足他们多年渴慕的虚荣心了。

就这样，刘渊作为大单于、皇帝向天下宣布独立并建立起汉国一事，不但对于自东汉时投降以来至魏、晋两朝，在两百五十余年间一直为汉族王朝所驱使、只能一味满足于雇佣兵地位的匈奴族，而且对乌丸族、段部、慕容部、拓跋部等北亚游牧民族，乃至西北边境的藏系氐族、羌族也给予了极大的刺激，使其树立起了自尊心。

在《晋书》卷一百一《刘元海载记》中，记载有当初谋议举兵时右部都尉刘宣所说的话：

> 昔我先人与汉约为兄弟，忧泰同之。自汉亡以来，魏晋代兴，我单于虽有虚号，无复尺土之业，自诸王侯，降同编户(一般人民)。今司马氏骨肉相残，四海鼎沸，兴邦复业，此其时矣。

这段话可以说直白地诉说了匈奴部的人们多年以来一直怀抱的志在天下之夙愿。而奋起的他们终于实现了独立，随后整个华北在二百七十余年间(308—580)——包括北魏在内——都归于五胡民族的统治之下。如此想来，对于刘氏汉政权出现的意义，可以评价为标志着中国史上的民族大移动期拉开了帷幕。

另外,刘渊的独立建国之所以能够如此迅速地成功,首先当然是因为巧妙地抓住了中原因为八王之乱而在政治上、社会上陷入无法收拾的混乱这一绝好的机会。而站在山西匈奴部的立场上考虑,第一是因为五部匈奴已拥有多得惊人的人口以及与此相伴的兵力。关于此点,就如前节第 11—12 页中所列举的数字所示,於扶罗单于占据平阳自立之后,到建安二十一年(216)被曹操分割为五部之时,五部加起来已有三万余部落,总人口估计有一百余万,而接下来在晋武帝太康年间首先有两万余部落——其人口估计最低也有七十余万人——前来归顺,接下来在太康五年(284)有两万九千三百人、太康七年(286)有十余万人、次年的太康八年(287)又有一万一千五百人的匈奴族来降,因而此时的总人口合计应当超过了一百八九十万。从这一数字,便可以明白在刘渊独立时,五部匈奴的人口以及相应的兵力相比其他胡族——乌丸、慕容、段、拓跋等鲜卑系部族——占据了压倒性的优势,而之前刘渊对成都王颖的夸口之辞(第 17—18 页)便也可以理解了。

第二个原因,是山西匈奴部各部民的生活方式虽然应当从以前的游牧式转变成了定居畜牧式,但在政治上却依然尽量保持着基于传统的部族联合体制度,维持着部族之间的团结。这一点从《晋书》的《四夷・匈奴传》中所见匈奴固有的官职名称的存续中便可窥其端倪。

第三个原因,是在地理上占据了有利的位置。五部匈奴所占据的区域是汾河流域,而这一带是山西最为肥沃的地区,并且在地形上不仅占据要害,而且靠近中原,一路南下后再沿着黄河东进可到达洛阳,西进则可到达长安。因而他们与中原的联系也很密切,对于中原政情的变化了如指掌。为了应对晋末中原围绕着洛阳、长安、邺展开的令人目不暇接的政情变化,最重要的便是尽快得到情报。在这一点上,刘渊的根据地相比其他任何部族都处于更加有利的地位。还有一点,便是在刘渊的部将中,以从祖父、丞相刘宣为首,还有刘渊之子刘聪、族子刘曜,以及异姓出身的王弥、石勒等著名的勇将、谋士,人才济济。

汉国的灭亡 汉国建都平阳的次年永凤三年(310 年,晋怀帝永嘉四年),高祖刘渊在位六年后去世。此时正值汉国的国家建设刚刚迈出了一步,刘渊之死对于汉国来说是沉重的打击。皇太子(嫡子)刘和(玄泰)随即嗣立,但其虽然被称为雄毅好学之士,猜忌心却很强,对诸弟与廷臣缺乏信赖，因而其弟、掌握兵权的大司马刘聪发动政变，打倒刘和及其一党而即位(310)。据范祖禹在《读史方舆纪要》中的估计，此时汉国的势力范围为：

东不过太行，南不越嵩、洛，西不逾陇坻，北不出汾晋。

也就是说只不过是以山西南部汾河流域为中心，另外包括了河南的一部分以及陕西的东南部。在山西，占据太原的并州刺史刘琨继承前任司马腾的方针，与北方的代国公拓跋猗卢联手，虎视眈眈地寻找着机会；而在东北方，则有以乌丸、鲜卑势力为后援的幽州刺史王浚。

在这种情况下，刘聪在命令部将石勒经略河北、山东，图谋开拓东方地区的同时，又亲自率领主力部队，与族弟刘曜以及部将王弥、张景等包围并攻陷了晋都洛阳。此事发生于永嘉五年(311)，被称为"永嘉之乱"。之前刘渊在位时，曾以刘聪为主帅攻击洛阳，但却为东海王越的坚固守备所挫败，损伤惨重，因而这次出于慎重，从城东(刘曜军)、城西(王弥军)、城北(张景军)、城南(主力部队)四个方向发动总攻，终于攻下了洛阳。洛阳陷落时，在攻城军队中除了五胡的部队外，还有汉人的流民军，因而有大量居民被掳掠、杀伤，据说官吏和庶民总共有三万余人遭到杀戮，尸体被堆积在洛河的北岸。当时晋朝第三代皇帝怀帝也被俘虏并被送到平阳，次年被弑杀，晋室一度似已灭亡。不过怀帝之侄愍帝在长安即位，改元建兴，勉强保住了晋室的命脉。另外关于洛阳城陷落的经过，在宫川尚志《六朝史研究》一书之《政治・社会篇》中的《五胡时代の洛阳》一节中有详细叙述。

想来晋都洛阳在永嘉之乱中的陷落乃是山西匈奴部以及随后而来的五胡对华北统治的先声，以此为契机，五胡在华北的势力终于压倒了汉族。

晋朝因为从"八王之乱"一直持续到"永嘉之乱"的内战而陷入政治、社会上的混乱，结果导致五胡民族大举潜居到华北内地，史家之中有人批评魏武帝曹操以及西晋武帝在异民族政策上的失败成为五胡——不止匈奴——在华北潜居的原因。然而对于当时正与江南的孙权和蜀汉的刘备这两大强敌对抗的曹操来说，得以将实力正在增强的山西匈奴部分割为五部并置于自身的羁縻之下，已经是竭尽全力的举措了。不过对于五部匈奴来说，虽然受到分割羁縻，但却在正式承认之下得以牧居在距中原的洛阳、长安近在咫尺的要冲之地。

而对于晋武帝的非难，则是其将曹操分徙五部匈奴之后又从北亚来投的数十万匈奴部族编入五部匈奴之中，令其牧居在山西中、南部，还有一点则是晋武帝裁撤了全国州郡的军备，仅在大郡配置武吏一百人、小郡五十人。此举导致八王之乱爆发后，州郡的治安立刻陷入混乱，各地盗贼蜂起；另一方面为诸王、刺史所招募的五胡则作为佣兵构成了武装力量的主体，随后甚至介入中央的政争之中，这应当归因于晋武帝的错误政策。顺带一提，像这样异民族的佣兵部队介入政争并掌握政权的过程，可以说是与欧洲中世纪的日耳曼族相类似的历史现象。

刘聪攻陷洛阳后命令刘曜进攻长安，316 年西晋王朝灭亡，中原归于刘聪之手。一般来说在历史上，将西晋王朝灭亡的这一年(316)作为五胡十六国时代的开始；不过就实际情况而言，就如之前所说，五胡十六国应当始于刘渊即汉国皇帝位之时。

另外，长安陷落时，城内的户数尚不满一百，各处房屋的围墙都已腐朽坍塌，杂草茂密，《晋书・愍帝纪》中云“长安城中户不盈百，墙宇颓毁，蒿棘成林”。仅从此文字，也可以推测长安城已荒废到了何种程度。长安陷落、愍帝被俘后，晋室王族之一(参照第 14 页晋室世系图)、此前已占据江南建康(今江苏南京)并领有华中的琅琊王睿于建武元年(317)在建康即位，复兴了晋室。史家将前者称为西晋，后者称为东晋，将司马睿称为东晋元帝。

推翻西晋王朝后，刘聪又派遣石勒、刘曜等勇将，将势力范围扩展到河北、山东、河南、陕西，而到此时，汉国的国家建设已逐渐就绪，官制也大体齐备。只是所谓官制的齐备，是指建立起一套中原式的官制，而左右贤王以及左右骨都侯等匈奴固有的王号、官称或是消失，或是已经成为点缀。在这一点上，刘聪看起来拥有与这一国家转型相称的教养。据《晋书》卷一百二《刘聪载记》记载，他幼而聪悟好学，十四岁时便已究通经史并兼综百家之言，能背诵孙吴兵法，善写诗文并且精于武艺弓射，文武均冠绝一时。而其自弱冠时起便游学京师洛阳，广交名士，颇有名声，在这一点上与其父刘渊很相似。

然而自从即位以后，刘聪便沉湎于女色，饮酒作乱，其残忍淫乱的行为让人无法忍受，且外戚靳准(皇后靳氏之父)擅权，据说因此逐渐失去了人心。被立为刘聪皇后的有宣怀之女宣氏、王沈的养女王氏等，由此看来，汉人的名门望族中有不少都主动与胡族的权力者缔结婚姻。

刘聪在位八年后，于318年去世，皇太子粲嗣立。刘粲也是兼具文武之才的俊杰，但其性格严刻少恩，疏远忠臣贤相而亲近奸佞之人，终至沉湎酒色而不顾国事，此事详见于《晋书》的记载。而靳准就如同在等待这一时机到来一样弑杀了刘粲，将刘氏一族不分老幼均捕获杀死，又掘开了刘渊、刘聪的坟墓，将其宗庙也焚烧掉，图谋灭绝刘氏，最后自立为汉大王，并向晋朝提出投降。于是，刘渊的汉国在建国之后仅仅十五六年便灭亡了。

刘曜的赵国政权 接到汉国灭亡的消息后，长安的刘曜以及以东方襄国为据点的石勒当即率领讨伐靳准的军队前往国都平阳，但途中刘曜在蒲坂（今山西永济）即位并就此返回长安宣布复兴汉国，随后又以长安为都并将国号改为大赵。此时刘曜宣称：

> 吾之先兴于北方。光文（刘渊）立汉宗庙，以从民望，今宜改国号，以（冒顿）单于为祖。

表达了兴于北亚的匈奴民族以汉为国号的不合理、不必要之处，将国号改为赵，并将始祖冒顿单于配享于天。《晋书》卷一百三《刘曜载记》中又云“置单于台于渭城，拜大单于，置左右贤王已下，皆以胡、羯、鲜卑、氐、羌豪桀为之”，可以看出刘曜政权极力强调匈奴色彩，亦有排斥汉国的汉化倾向并进行路线调整的意义。

另一方面，从东方襄国向平阳进军的石勒击败叛军并进入平阳，但他不屑于逗留此地而甘拜刘曜的下风，放火焚烧平阳后返回了襄国，于同年(319)自立为王，国号同样为赵。史家将刘曜在长安复兴的政权称为前赵，而石勒在襄国建立的政权称为后赵。由此，刘渊的平阳匈奴部政权分裂为前赵、后赵两个政权，且彼此东西对立。

两个政权中，前赵的势力范围最初只是以长安为中心的渭河流域，不过刘曜逐渐压制了藏系的氐族、羌族，将其疆域从陕西一带扩展到了甘肃的一部分。而在东方，洛阳成为其与石勒的后赵国的接触点，两者展开了激烈的冲突。

刘氏政权(汉、前赵)世系略图

(汉)
刘渊[1]
(304—310)
├─和[2](310)
├─聪[3](310—318)——粲[4](318)
│　(前赵)
└─曜[I](318—328)——熙[II](328—329)

Ⅱ　石氏政权(后赵国)

石勒的建国　后赵石氏政权的建国者是石勒。他一般被称为羯人、羯胡、羯贼、匈羯等，而据《晋书・石勒载记》以及《魏书・匈奴传》之石勒条等记载，这是因为其迁徙并潜居在山西上党郡(今山西长治)武乡的羯室，其先祖是匈奴别部羌渠部之人。据《晋书》所言，羌渠部是匈奴十九种中的一个部族。而在东汉末讨伐黄巾起义以及中山太守张纯的叛乱时，南匈奴的一部分拒绝强制征兵并叛逃到鄂尔多斯之际所杀掉的羌渠单于，便应当是从羌渠部中推选出的(参照第 9 页)。

石勒本是上党武乡羯室的一个小部落首领，在并州发生饥馑后与同族一起流亡时，被并州刺史司马腾的部下所捕获并卖到山东，成为汉人师欢的奴隶。后来又被主人师欢所解放，成为十八骑的首领，①随后纠集草野的亡命之徒，来回劫掠魏郡(今河北临漳)、武安(今河北武安)、阳平(今河北大名)、官渡(今河南中牟)等河北省南部到河南省黄河以北地区、山东省西部的各个郡县和城市。他改名为石勒也是在这个时候。

其间石勒转移到山西的乐平(今山西和顺)地区，从属于上党蛮族——应当是鲜卑系或匈奴系的部族——部族首领张訇督、冯莫突等人，刘渊起兵后，又劝说张、冯等人和数千人的部下一起归顺了刘渊。此外，石勒还让乐平地区的乌丸部族长张伏利度的部众两千人也归附刘渊。仅从这些事例，也可以看出当时深入潜居在华北的胡族数量之多。像这样在麾下召集了众

---

①　《世说新语・识鉴》篇注中所引《石勒别传》云：

> 永嘉初，豪杰并起，与胡王阳等十八骑(《十六国春秋》云王阳、夔安等十八骑)诣汲桑，为左前督。

汲桑是牧人的管理者，王阳是胡人，而十八骑中的夔安、支雄、呼延莫、支屈六等从其姓名来看也应是胡人。此外，十八骑中刘姓的三人也是胡人，因而十八骑中的大半都应当是胡人。

多胡族后，石勒以他们为核心兵力，在刘渊手下经略河北、河南、山东等东方地区。

刘渊死后，石勒密谋自立，以河北的要冲襄国（今河北邢台）为据点而集中力量经营东方地区，而这主要是出于其军师张宾的计策。张宾是赵郡中丘（今河北内丘）人，其父张瑶出仕晋朝，官至中山太守。石勒受刘渊之命经略河北时，张宾云“吾历观诸将多矣，独胡将军可与共成大事”，主动前往其军门，后来成为石勒的谋主。关于石勒与张宾的关系，还请另外参照本书第76页。

刘渊帐下有众多勇将，而其中石勒最为防备的是王弥。石勒在参加刘聪对洛阳城的总攻并立下大功后，又曾送人情给对手王弥，并以此为理由邀请王弥赴宴而在宴席上将其手刃，得以吸收其部众。据说这也是出于张宾的计策。

打倒王弥、将其部众编入麾下是石勒迈向霸业的第一步，之后他逐个攻陷分散于河南、山东、河北诸郡县的流民集团的垒壁、堡壁，对垒主、堡主授予将军、都尉的称号以进行安抚，而将壮丁编入军队之中，又让其子女老幼从事农耕而向他们征收义谷（捐献的米）。通过这些卓越的流民政策，[①]石勒的战斗力日渐强大。就这样，石勒得以将散布在黄河南北的上百个垒壁以及各个城市的大半都掌握在手中。

胸怀大志的石勒并不满足于此。在刘聪死后，为了防备眼下的强敌、盘踞在西方长安的刘曜，石勒与太原的并州刺史刘琨以及幽州刺史王浚互通声气，并且与当时在北方从辽西地区直到河北北部都极有势力的段部也开始交往，以襄国为中心逐渐巩固了自己的势力。

段部与慕容部、宇文部一样都是鲜卑系的部族，在三国时代之初摆脱了控制蒙古高原东部的乌丸族的影响，而在辽西的南部地区扩张势力。到4

---

① 据《晋书》之《石勒载记》，还在刘渊时期，石勒便曾攻陷流民集团的诸壁垒并对其加以安抚：

> 元海命（石）勒……率众三万寇魏郡、顿丘诸垒壁，多陷之。假垒主将军、都尉，简强壮五万为军士，老弱安堵如故，军无私掠，百姓怀之。

而同书中关于征收义谷一事亦云：

> （石勒在刘聪时期）攻掠豫州诸郡，临江而还，屯于葛陂，降诸夷楚，署将军二千石以下，税其义谷，以供军士。

关于此事还请参照本书第三章第二节《五胡政权与汉人流民》。

世纪初的部族首领务勿尘（务目尘）时，据说其势力范围西接渔阳，东限辽水，合胡汉共有人户三万余户，控弦之士四五万骑。当时的幽州刺史王浚与务勿尘通婚，利用段部的武力而不时让石勒尝到苦头。为此众人劝石勒杀掉当时作为人质置身石勒处的段末杯——务勿尘之侄、其名亦作段末波，但石勒说：

> 辽西鲜卑，健国也，与我素无怨仇，为王浚所使耳。今杀一人，结怨一国，非计也。放之必悦，不复为王浚用矣。

放还了人质段末杯，并与段部结为兄弟。石勒成功地与段部缔结盟约一事随后对乌丸族也产生了影响，据说乌丸大人之中接连有人背叛王浚而来投石勒。仅从此事，也能够看出石勒乃是乱世中非凡的枭雄。

314 年，石勒打倒王浚并将幽州地区纳入势力范围，这是刘曜攻陷长安、灭掉西晋王朝两年前的事情。接下来，在三年后的 317 年，石勒又得到并州（今山西太原），而打倒占据此地的并州刺史刘琨的则是段部。319 年，石勒为与长安的刘曜对抗而称赵王——后赵国主之意，而据说此时后赵国石氏政权的疆域包括了南至河南孟津、西至河南龙门、东至黄河、北至长城的二十四郡。① 由此，在刘渊、刘聪的汉国灭亡后的 4 世纪上半叶，中原地区以洛阳为界，长安的刘曜与占据河北襄国的石勒均以赵为国号而东西对立，为此史家将前者称为前赵，而将后者称为后赵以进行区别。

后赵石氏政权在 328 年（东晋咸和三年）设立年号，以当年为太和元年。这一年后赵军攻打东晋，攻陷了淮河南岸的要冲寿春，俘获二万余户并将其徙至领内。不过石勒政权的南方边境依然止于淮河一线，后赵军对东晋境内的攻势只不过是佯动作战。实际上石勒的主力所向乃是西方长安的前赵国刘曜政权。两者的激烈冲突发生得出乎意料地早，以 330 年刘曜击败后赵部将、石勒从子石虎（季龙）军并围攻洛阳为开端，后赵石勒和前赵刘曜都

---

① 关于石氏之二十四郡，《晋书》卷一百四《石勒载记上》中作三十四郡，不过《十六国春秋》（《后赵录》）、《资治通鉴》（卷九十一胡注）等资料中列出了河内、魏、汲、顿丘、平原、清河、钜鹿、常山、中山、常乐、乐平、赵国、广平、阳平、章武、渤海、河间、上党、定襄、范阳、渔阳、武邑、燕国、乐陵共二十四郡的名字，故而当从二十四郡之说。

在洛阳聚集大军一决雌雄。而战斗在石勒军取得大胜后便猝然终结，刘曜被俘，前赵国灭亡。石勒得以将淮水以北西至陕西、甘肃的几乎整个华北都纳入势力范围，并即帝位，其时为 330 年。此时还有一段鲜为人知的逸闻，即当时恰巧受到石勒皈依并置身其幕下的西域僧人佛图澄在大军出征前预言说“大军若出，必擒刘曜”，鼓舞了出征兵士的士气，而其预言果然应验，石勒军大获全胜。

石勒在五胡诸君主中是最为杰出的政治家。如本书接下来在第三章第三节《五胡政权与士人、汉文化》中所述，他在政治上的特长为流民政策，特别是致力于安定汉人的生活，同时积极招揽、优待汉族的士人、望族阶层，尽量在政治上充分利用他们的手腕和才能。而石勒的杰出之处还不仅仅在于政治手腕。对当时新兴的外来宗教——在人们之间开始得到尊信的佛教，石勒也抱有很深的关心，将由西域而来的高僧佛图澄迎为顾问并向其请教，注意将佛教的精神作为统治的指导方针（参照五胡篇第五章《五胡时代的佛教》），这也是其作为政治家的非凡之处的一个例证。只不过石勒在即位后仅仅三年便去世，对于后赵国的石氏政权来说，这是极为不幸的事情。

石虎时代　333 年后赵国的石勒死后，其子石弘继位。然而石弘是个喜爱学问的文化人，因而实权掌握在石勒的从子及部将石虎（季龙）的手中，翌年石虎便废掉石弘而即位。在石氏一党中，也有人对此进行了激烈抵抗，不过在石虎的实力面前被悉数镇压。大概也是顾虑到反对派的势力，石虎于 335 年离开襄国，迁都到了之前一直是自己根据地的邺（今河北临漳）。

石勒在世时，在打倒幽州刺史王浚、平定冀州后，便已经听从智囊之一程遐的计策，开始在邺营造都城，并命令世子石弘镇守。而在此前，石虎也曾经作为石勒的魏郡太守镇戍此地，因而在即位后便迁都于此，并真正开始营建国都。

邺原本从春秋、战国时代开始便是河北平原上有名的战略及军事要地，自从三国时代魏国的曹操将根据地置于此地之后，便开始具备真正意义上的都城规制。西晋时邺作为魏郡的治所而占据重要地位，而石虎迁都至此后大兴土木，仅仅在邺都便兴建了宫殿、台、观等大型建筑物多达四十余所。《水经注图》中的邺都图云“城东西七里，南北三里”，可见其规模相当大。据说其中东、西太武殿的壮丽雄大可与秦之阿房宫、鲁之灵光殿相媲美，而城门之一凤阳门（西南门）高达二十五丈。[①] 此外据《资治通鉴》卷九十七中“永和元年（345）……正月……发雍、洛、秦、并州十六万人治长安未央宫”，以及“发诸州二十六万人修洛阳宫”等记载，除邺都之外，石虎对长安、洛阳的宫殿也进行了大规模的修复，此外还在襄国也修建了太武殿，并且据说在连接邺都和襄国的道路上每隔四十里便修建一座行宫，每宫都有一位夫人。

到了石虎时代，后赵国的领土范围进一步扩大了。在南方呈突破国境线淮河之势，不断地对江南的东晋王朝形成极大威胁。在北方，与占据辽西朝阳、义县方面的鲜卑系慕容部相通，灭掉了将地盘扩展到从长城地带至幽州东北部的段部，将其两万余户徙民到雍、司、兖、豫四州。自从上一代的石勒以来，段部对于石氏政权来说是眼中钉肉中刺一样可恶的存在。而到此时，在鲜卑诸部族中，段部的势力距离后赵国最近，其势力范围与石勒时相比进一步从辽西南部扩大到了长城内的北京、天津附近，在西方于山西省北部与同为鲜卑系的拓跋部相接。[②]

然而对于后赵国来说，段部灭亡所带来的绝非是好结果。之所以这样说，是因为这导致后赵与更加强大的新兴势力慕容部直接接壤，两者之间立刻便爆发了冲突。石虎轻视对方为小敌，乘势围攻慕容部的要地棘城（今辽宁义县）[③]，但后赵的远征军却吃了败仗，结果段部的故地为慕容部所占据。在西方，石虎对占据凉州的前凉张氏政权的攻击同样失败，在其统治的晚年，后赵的国力逐渐走上下坡路。而加速后赵国力衰落的，则是接下来所述的石虎淫乱、暴虐的行为，引起内廷人心动摇。

---

① 关于邺都，晋人陆翙有《邺中记》，研究论文则可参考村田治郎《鄴都略考》（《建筑学研究》第89号，1938年）、宫崎市定《六朝時代華北の都市》（《东洋史研究》第20卷第2号，1961年），以及宫川尚志《六朝史研究》之《政治・社会篇》第八章第六节《鄴》（第537—546页）。

② 石虎时期段部的势力范围比起石勒时期似乎进一步扩大，从现今的辽西到达幽州（今北京），向西则似乎到达了山西省北部。《晋书》卷六十三之段匹磾条中云：

> 其地西尽幽州，东界辽水。然所统胡晋可三万余家，控弦可四五万骑，而与石季龙递相侵掠，连兵不息，竟为季龙所破。

关于段部的灭亡，《晋书》卷一百六《石季龙载记》中云：

> （段）辽单马窜险，遣子乞特真送表及名马，季龙纳之。乃迁其户二万余于雍、司、兖、豫四州之地。

③ 编者注：关于“棘城”的位置，参照第34页注②说明。

不过石虎的行政手腕的确有可观之处。他从最初便继承了石勒的施政方针，热心于实施选举制，曾颁布诏令[①]要求对官吏人才的铨衡要努力期于慎重，并允许御史对不奉行诏令者进行弹劾(《晋书》卷一百六《石季龙载记》)。尽管如此，吏部在进行选举时还是慑于豪戚的威势，又或是接受贿赂而对耆德视而不见，且往往只举用世族和势门的子弟为官吏，为此石虎感到愤怒，将负责人郎中令魏奂免官而亲自任命御史中丞李矩来整肃中央、地方的人事。不管是石勒还是石虎，就其在任用官吏时对于人才主义的认真态度来看，比起东晋南朝保守的世族优先主义，可以说是极为进步的。

此外，后赵石氏政权在流民政策上也取得了很大的成果。后赵国所采取的流民政策，并非是让流民回归原籍，而是尽量将其徙民到自己的根据地——襄国或邺都——附近令其从事耕作，利用其生产力并对其劳动成果进行掠夺；其二是动员壮丁以增强自身的战斗力。如前述，在石勒、石虎时代，被迁徙到襄国及邺都附近的汉人流民及五胡达到了极为庞大的数量。比如据《资治通鉴》卷八十九建兴四年(316)七月条所记，刘聪治下的平阳一带发生蝗灾而导致人民的半数以上外出流浪后，石勒派遣部将将流民二十万户招纳到了河北。二十万户的人口应当超过了一百万，而能够让如此多的流民迁徙并定居，石勒非凡的能力确实值得惊叹。

作为强化权力的手段之一，石勒还付出了很大的努力来建设和充实都城。为此，正如第28页注①中所列举的诸篇论著所云，当时襄国和邺取代西方的长安、洛阳，繁荣得让人几乎不敢相信。石虎也在迁都至邺后，如前文所述的那样大兴大型土木工事，建设了官衙、台、观等数十座建筑物。而且不仅是邺都，如前所述，石虎为复兴之前在“八王之乱”“永嘉之乱”，以及刘曜与石勒的争斗中成为战场而荒废已极的洛阳以及长安等都城，也从诸州动员了数十万人，尽力对宫殿、城楼等进行修复。

如上所论，石虎继承了石勒的政治方针。不过他毕竟只是一介武夫，缺少作为人君的资质。四川的大成国所派遣的使节在归国之后向国主李雄的报告中有“赵王以刑杀御下”一语，由此亦可见石虎只是依靠严酷的刑罚勉

---

① 关于这道诏令，《晋书》卷一百六《石季龙载记》中云：

> 吏部选举，可依晋氏九班选制，永为揆法。选毕，经中书、门下宣示三省，然后行之。其著此诏书于令，铨衡不奉行者，御史弹坐以闻。

强压制住了众人的离叛而已。正如之前所说，其暴虐、淫乱的行为有很多都违反了中原传统的社会秩序。关于石虎的淫虐行为，《晋书·石季龙载记》以及《高僧传》卷九《佛图澄传》等资料中列举了众多逸出常轨的举动。这些记载虽有些夸张，为慎重起见，还是略记如下。

（1）将宫人斩首置于盘上，交亵尼姑并将其残杀。[①]

（2）将国内十三岁到二十岁的美女三万人分为三等，分赐给宫廷及七千余人之公侯。为此在地方上掠人妻妾九千余人，而豪族之中也接连有人趁机掠夺平民美女。

（3）盗挖历代王侯的陵墓。自古以来无论胡汉，发掘别人的陵墓都是最不道德的行为，而石虎却悍然做出了这样的恶行。

（4）残杀自己的儿子石宣。据《高僧传》记载，佛图澄对石虎也曾像对石勒一样说道“若暴虐恣意杀害非罪，虽复倾财事法，无解殃祸。愿陛下省欲兴慈，广及一切，则佛教永隆，福祚方远”，劝诫其不要使用残酷的刑杀，但石虎对于佛图澄的这一谏言也不能尽从。在听闻儿子石宣暗杀了其弟、一直受到自己宠爱的另一子石韬之后，石虎怒不可遏，不顾佛图澄的谏止，用残酷无比的手段杀死了石宣，又将其妻子九人乃至侍臣、宦者等三百五十人也都处以车裂之刑。

另外，《资治通鉴》卷九十七永和二年（346）五月条中所记氐族主帅蒲（苻）洪（前秦的建立者）的谏言中也有以下几条：（1）长安、洛阳等处并非急需的土木工程增加了人民的负担；（2）不应掠夺众多平民的妻女以充填后宫；（3）不应轻率地杀死尚书朱轨等高官。由此看来，此前所略记的《晋书》载记中的记载也未必都是夸张之辞。

顺带一提，永和二年（346）乃是石虎在位的第十三年，距其去世还有三年。到此时，之前石勒时代的胡汉重臣大多都已离世，而且似乎也没有能够犯颜死谏的廷臣。于是，石虎不仅是汉人，就连同族、重臣们的信赖也失去了。349年石虎病死后，国内再次因后继者之争而陷入混乱，汉人冉闵（石虎的养子）趁机发动政变而取代石氏即位，定国号为大魏。

此外，从以下的世系图中，亦可看出石虎死后石氏一族间为继位而爆发的内部纷争情况。

---

① 编者注：此处有误，此事当为石虎之子石邃所为。

后赵石氏世系略图

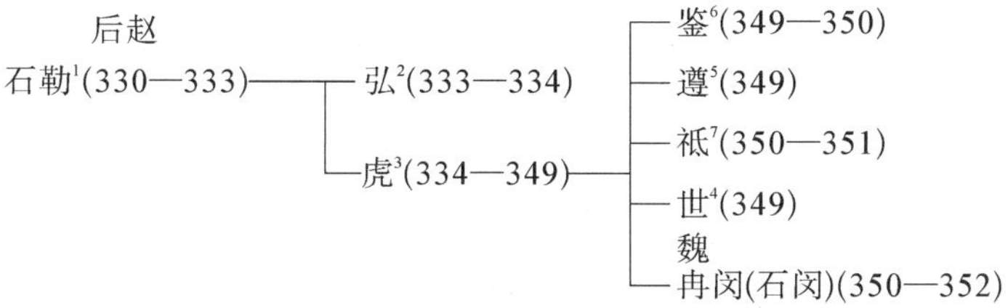

冉闵的革命　冉闵本是汉人,《晋书》之《冉闵载记》中云其“身长八尺,善谋策,勇力绝人”,故而因为谋略及勇猛被石虎收为养子,改名石闵。石虎死后,石氏一族间围绕后赵的王位而爆发纷争,石闵(冉闵)支持石虎的长子石鉴使其得以即位。石鉴感激其恩义而许以皇太子之位,却又未能实现诺言,为此冉闵心中怨恨,终于在350年杀掉石鉴,随后又篡夺了后赵而即王位,定国号为大魏,改元永兴。石鉴的弟弟石祗听闻石鉴的死讯后,在曾经是石勒根据地的襄国即位,纠集国内的胡族与冉闵对抗。并且石祗还向鲜卑族的慕容儁以及羌族的姚弋仲请求援军,结果三方合在一起共达十余万的联合军在河北平原击败了冉闵的魏军,冉闵与十余骑一起逃回了邺都。此时魏军受到重创,死者达十余万人,但冉闵坚守邺都不屈,石祗虽派遣部将刘显乘胜围攻邺都,但遭遇冉闵的拼死抵抗而大败。惧怕受到责罚的刘显杀死了石祗而向冉闵提出投降,但冉闵并没有接受,而是进入襄国并诛杀了刘显及以下诸人,在灭绝了整个石氏之后,将襄国的人民迁到了邺都。

冉闵通过政变而实施的革命之所以能够成功,原因在于自从刘渊的汉国建立以来,在华北潜居的五胡数量急剧增加——如同后述(参照第62页),其人口据推测至少达到九百万人以上,且五胡掌握政权后,如同石虎那样无视中原的传统、生活习惯以及儒教道义的无法无天的行为终究不能为汉族知识分子所坐视不管。冉闵巧妙地利用了这些汉人的民族反感。与刘氏政权以同族匈奴部为首的五胡充任政权中枢不同,离开汉族士人的参与,石氏政权既无法形成也无法运转。石勒充分留意到了这一点,而石虎却在这一点上有所疏忽,其所作所为也多有违背仁义礼德之处,终于导致汉人对胡族的反感达到了极限。

冉闵在即位后利用汉人的这种反感,决意将所有的五胡从领土内一扫而空,下令屠杀胡族,并且率先示范而亲自诛杀胡人。为此在以国都邺为首的国内各地，大规模的追杀胡族活动横行，有二十余万胡族受害，而据说此时有很多容貌类似胡人的高鼻、多须的汉人也受到殃及而被杀。不过仔细想来，以“高鼻多须”来表现五胡容貌上的特色是很让人感到怀疑的。之所以这么说，是因为当时被总称为“五胡”的部族大多都是匈奴、乌丸、鲜卑、氐、羌等部族。其中关于匈奴的民族归属，有人认为是突厥系，还有人认为是蒙古系，至今还弄不清楚，但绝不可能是伊朗系。剩下的乌丸、鲜卑是蒙古系，氐、羌则是藏系，因而其容貌与古来的中国史书中所记的伊朗系部族的特征即高鼻多须正相反，一般应是鼻子低平，胡须较少。匈奴想来也应是类似的外貌。如果他们果真是像伊朗系那样高鼻、多须的话，那将是一个让人很感兴趣的问题，不过恐怕还是因为涉及与汉人不同的民族，而不经意地使用了“高鼻多须”这一表述吧。

总之，由此可以推察此时冉闵政权对胡族的追杀是如何被野蛮、无序地强行实施的。《晋书》卷一百七《冉闵载记》中也记载说：

> （冉闵）与羌胡相攻，无月不战。青、雍、幽、荆州徙户及诸氐、羌、胡、蛮数百余万，各还本土，道路交错，互相杀掠，且饥疫死亡，其能达者十有二三。诸夏纷乱，无复农者。闵悔之。

这段话中即使多少有些粉饰和夸张，也足以让我们了解冉闵政权的这种暴举能够横行无阻的背景中，石虎的行为所象征的那种胡族政权粗暴无法的政治，究竟激起了汉人多么深刻的民族反感。然而冉闵政权这种对胡人过激的复仇除了招致华北社会的混乱和疲敝之外，没有带来任何效果。就像刘氏政权和石氏政权离开汉人的合作无法存续一样，冉闵政权离开了胡人的合作也无法存续下去。尽管如此，冉闵却还是图谋肃清胡族，结果反而是自掘坟墓。总之冉闵肃清胡族的政策最终只是带来了华北社会的混乱，而趁着这一混乱导致人心动摇之机，之前便曾一直对后赵国的混乱进行武力干涉的慕容儁以幽州为根据地进攻河北，冉闵亲自率军迎战，结果反而被俘，于352年被送到慕容氏的根据地龙城（今辽宁朝阳）并遭到斩杀。另外，《资治通鉴》卷九十九永和八年（352）四月甲子条中对此间之经过有简明扼要的记载，为慎重起见在此附记一笔。

第二节　鲜卑族政权

Ⅰ　慕容氏政权(前燕国、后燕国、西燕国、南燕国)

鲜卑族的崛起　五胡之中，继匈奴之后者为鲜卑族。鲜卑在匈奴王国分裂为南北二部并衰亡之后取代其成为北亚世界的霸主，而这一部族属于《史记》和《汉书》中可见的东胡民族，与乌丸(乌桓)一样是兴起于东蒙古西拉木伦河流域的蒙古系游牧民族。鲜卑族最初于北匈奴部在东汉和帝永元三年(91)受到汉朝远征军驱逐而逃到西方伊犁河流域后，占据了蒙古高原一带，不过当时的鲜卑族还不是整合蒙古高原所有游牧部族的中心势力。

然而到了2世纪上半叶时，英雄檀石槐横空出世，统一了鲜卑部族并掌握蒙古高原霸权，并且又扩张了领土，将匈奴王国的故地全部纳入势力范围。对此东汉帝国感到极大的威胁，对其采取了曾对南匈奴部，即漠南长城地带的匈奴部同样的怀柔手段，但终究没能抵挡来自北方的鲜卑族的侵压。

檀石槐统治其广大领土的方式，是将领内分为东部、中部和西部三大部区，并分别设置大人(部族长)，而自身则居于其上位，统率诸部大人。据王沈《魏书》所记，东部由右北平(今河北平泉附近)至辽东(今辽宁辽阳)的二十余邑由四大人(弥加、阙机、素利、槐头)统领；自右北平以西至上谷(今河北怀来)的十余邑由柯最、阙居、慕容三大人统率；西方由上谷至敦煌以及邻接西北乌孙部族游牧地域的二十余邑由五大人(置鞬、落罗、日律、推演、宴荔游)统率。在选举产生的大人之下，又分为若干部族集团。而檀石槐自身则将根据地置于马邑郡管辖内的高柳(今山西阳高西北)以北三百里的弹汗山(今河北尚义县和内蒙古兴和县交接处之大青山)。如此看来，这一王国的核心鲜卑部在漠南统合了众多游牧部族，将它们大体分为东部、中部和西部，分别由几名大人进行统辖，而檀石槐自己则以张家口外的弹汗山为根据地统领三大部。可以认为檀石槐成功地将这样的部族集团打造成为有统制的政治组织，并形成了一大游牧王国。[①]

---

① 关于檀石槐及其统治下的鲜卑族，可参照船木胜马《後漢後期の鮮卑について——檀石槐時代を中心として》(《东洋大学纪要》第19集，1965年9月刊)一文。译者注：原书中以上两段文字似有错讹，此处根据文意及第四章第一节中的类似内容进行了调整和补充。

东汉灵帝光和年间——据《资治通鉴》则为光和四年(181),檀石槐在四十五岁时死去,其子孙继承父祖成为首长。也就是说,看起来从此时开始鲜卑族本来的选举制崩溃,首长之位改为世袭。然而檀石槐的子孙中没有才能品行可服众者,因而部众逐渐离散,到了三国魏时期,被出自中部集团的大人轲比能所取代。据《三国志·魏志》中的本传所记,轲比能出身鲜卑族中的弱小部族,但却因其勇健和裁决公正而得到众望,成为大人。并且其部族靠近长城,因而有很多为躲避东汉末内乱投降而来的汉人。轲比能从这些汉人处学到了新式兵器及铠甲盾牌等武器的制作方法,又学习了用兵战术,并且还学会了汉文。不过虽说轲比能取代了檀石槐的子孙,其势力所及却只限于中部集团,檀石槐的子孙依然在东部保持着实力,因而两者间必然呈颉颃之势。然而到了魏青龙三年(235),轲比能被当时担当镇守北方之任的幽州刺史王雄设计杀害,鲜卑王国便立刻分裂为几个部族集团。

慕容部与慕容廆 到了3世纪中叶以后,从轲比能被杀后四分五裂的鲜卑族中,有三四个部族逐渐崭露头角。这几个部族是以大凌河下游、相当于现在辽宁义县和凌海一带的昌黎郡为根据地的慕容部,[①]占据西拉木伦河流域的宇文部,宇文部南方的段部,以及游牧在西方内蒙古南部今和林格尔县一带的拓跋部。其中,慕容部与拓跋部最终占据华北,前者建立了燕国(前燕、后燕、西燕、南燕),后者则建立了北魏王朝。

而使得慕容部成为历史性部族的则是慕容廆。据《晋书》卷一百八《慕容廆载记》,最初其曾祖莫护跋于3世纪初期、正值魏初时率领部民来到辽西地区居住,并跟随魏军征讨公孙氏而立下战功,定居在棘城[②]的北方。莫护跋之子木延及孙涉归(慕容廆之父)继续担任守卫柳城(今辽宁朝阳)的任务,因为此功被封为鲜卑单于。其后涉归不知因为什么理由——冯家昇认

---

① 关于慕容部的名称,据白鸟库吉博士所说,当是蒙古语 Bayan(富人、富有)的音译(《東胡民族考》,《史学杂志》第22编第1号,收入《白鳥庫吉全集》第四卷)。大凌河古来被叫作白狼水,而这里的"白狼"应当也是与 Bayan 相近的音,故而慕容部的名称或许是来自白狼水。

② 关于棘城的位置,《通典》卷一九六《北狄三》中注棘城云"今柳城郡之地",此外卷一七八之营州柳城郡条中云棘城"在郡城东南一百七十里"。又,《魏书》卷一百六上《地形志》之昌黎郡龙城条下列记有柳城、昌黎、棘城。现在虽不能确定其位置,不过《"满洲"歷史地理》第一(第248页)将其比定为锦县(今辽宁凌海)附近,杨守敬的《晋地理志图》将其置于义县之北。此处则将其置于锦县之北方。

为是为了躲避宇文部的压迫(《慕容氏建国始末》,《禹贡》第3卷第11期)——将根据地迁到了辽东地区。

涉归死后,慕容廆于285年为部民所迎立。关于其被拥立的经过,据《晋书》之《慕容廆载记》及《十六国春秋》之《前燕录》所记,涉归于太康四年(283)死后,其弟耐(《资治通鉴》作“删”)篡位并谋划杀死慕容廆,慕容廆为避祸而潜逃至辽东的徐郁家。两年之后的太康六年(285),耐为部民所杀,慕容廆被迎回。此外,《通典》卷一九六《慕容氏传》中记涉归有吐谷浑及慕容廆二子,其中庶兄吐谷浑(参照《资治通鉴》卷九十)移居到西方的河湟之间。

慕容廆被拥立后,对于西晋王朝,有时入寇辽西北部,有时又遣使表示恭顺,巧妙地并用战争与和平两种手段,逐渐使部族内部得到充实。而攻打西北的扶余国[①]并攻陷其国都也是在即位后不久。同时,慕容廆还与位于慕容部南方的同族、较有势力的段部(段辽[②])通婚以保持和睦,于289年终于由辽东南下,移居到辽西的青山(今辽宁义县东北)。到了294年又移居到了棘城,而有记载称其此时开始向部民传授农桑,这说明慕容部民已开始转入定居生活。想来一部分慕容部民开始进入农耕定居的生活,应该与对农耕国扶余的征服有很深的关系。在统治方面,为建设国家,慕容廆亦开始致力于模仿晋朝而设立各种制度,由此可认为其已着手进行部族国家的组织化。

正巧此时为躲避晋末中原的骚乱,有众多汉人到辽西、辽东地区来投。慕容廆根据这些流亡士民的本贯乡郡,分别将其收容迁徙到领土内指定的地域之中。如为冀州人新设了冀阳郡,为豫州人新设了成周郡,为并州人新设了唐国郡,又为青州人新设了营丘郡(参照第70页)。从新设了如此多的郡一事可以看出,有相当多的汉人前来投靠。

从此事也可以看出,当时慕容部在辽西、辽东地区的威势已是不可动摇。而在此之上,慕容廆从这些流亡汉人之中选举贤才能吏作为政治顾问,又或是作为谋主而将其留置帐下,又或者让一门子弟向其中有德的学者学

---

① 关于慕容部与扶余国,慕容部自涉归迁至辽东到慕容廆攻击扶余国(285)为止,应当主要位于辽阳西北方、辽河以西,与扶余国接境。

② 关于段部,《晋书》卷六十三段匹磾条中对其在段辽时期的势力情况有这样的记载:

> 据有辽西之地,而臣御晋人。其地西尽幽州,东界辽水。然所统胡晋可三万余家,控弦可四五万骑,而与石季龙递相侵掠,连兵不息,竟为季龙所破,徙其遗黎数万家于司雍之地。

习，更可看出慕容廆之志不小。

其间，将整个辽东郡完全收入慕容部掌中的机会到来了。西晋灭亡、东晋在江南建立后，趁此机会，作为东夷校尉驻守在辽东的崔毖忌妒慕容廆的威望，企图占有辽东、辽西，于 319 年引诱高句丽、宇文部、段部前来攻打慕容部。然而崔毖的图谋以惨败告终，其本人逃亡到高句丽，辽东郡成为慕容廆的势力范围，慕容部在东方和北方都与高句丽直接接壤。333 年慕容廆去世，不过慕容政权的基础并没有动摇。就这样，慕容部在辽东、辽西不可动摇的地位可以说是在慕容廆这一代确立起来的。

慕容皝与燕国的建立 继承慕容廆成为慕容部帅的是其第三子慕容皝（参照第 39 页燕世系略图）。慕容皝就如《晋书》载记所称，雄毅多权略，于父亲在世时便随军各处征伐，立下了不少战功，而据称在武略之外他还尚经学、善天文，积累了文化素养，在文武两方面的素质都很优秀。这应当是拜前面所说的汉族知识分子，如裴嶷、高瞻等人的教导所赐吧。

不过慕容皝继承了父亲之位后，其与庶兄慕容翰以及弟弟慕容仁、慕容昭等兄弟之间发生了争夺，其中多年以来一直担当经营辽东之任的慕容仁以平郭（今辽宁盖州市区附近）为据点进行了顽强的抵抗，一时之间部落内发生了动摇。趁此机会，同是鲜卑族的宇文部以及段部（段辽）等对手频繁地入侵青山、棘城、柳城等要地。但慕容皝挺过了这一困难局面，于 336 年捕杀慕容仁，平定了辽东之乱。翌年（337，东晋咸康三年），慕容皝即燕王位，以世子儁为皇太子，置国相、司马以下列卿将帅，而自身御六马之车，出入称警跸，模仿天子制定威仪。

随着慕容部势力的扩大，其与南方相邻的大势力段部发生了冲突。段部亦称为段辽，如同之前所说（第 25—26 页），在鲜卑族中位于最南方，其势力范围从今天北京、天津的北方直至山西的东北部。慕容皝与后赵的石虎联手，南北夹击灭掉了段部，其部民由石虎和慕容部分割占有。在北方，慕容皝亦对东北的高句丽给予彻底的打击而使其屈服，[①]在 344 年又灭掉了北

---

① 关于攻破高句丽一事，慕容皝于咸康八年（342）——《慕容皝载记》中的“七年”乃是“八年”之误——攻破鸭绿江畔的高句丽国都丸都城（位于今吉林集安），掠走国王之父（乙弗利）的尸体以及国王之母、妻和男女五万余人，焚毁了宫殿和宝物。为此次年国王向其称臣，并派遣王弟前来朝贡。此外，高句丽与慕容部的斗争此后也在持续。关于两者之间的关系，可参照池内宏《晋代の遼東》（《帝国学士院记事》第 1 卷第 1 号，1941 年）。

邻宇文部，将其部众五万余落迁入自己的领土内。此时的慕容部不仅拥有辽东、辽西，其疆域北起西拉木伦河流域至中部吉林农安一带，南越长城，从北京、天津的北方至山西东北部，成为一大势力。

不仅仅是势力范围的扩大，慕容皝在国家体制建设方面也倾注了心力。首先从此前段部治下的汉人中徙民三万余户、十数万人至都城，增筑或改建宫殿、楼阁、厅舍，将地名改为龙城，并于341年迁都，向内外宣示自身乃是燕王。龙城即是唐代以后的营州（今辽宁朝阳），自古以来便是从内地前往辽西、辽东以及朝鲜方面官道的要冲，占据此地之后便可轻易地一路挺进至华北。由此可以看出慕容皝之志远大。在迁都的同时，慕容皝还模仿汉地设置了官制，又兴建学校振兴教育，或是树立自身作为君王的威福，并且停用东晋年号，使用自身的即位年数。之前所说的慕容皝在捕杀弟弟慕容仁之后，于翌年337年称燕王并置列卿将帅等①建设国家的措施，便是在迁都龙城之后真正展开的。就这样，在仅占据关外辽西地区时，慕容部便已在很大程度上建立起了中原式的国家体制。而他们在此之后不到数年时间便能够君临中原，正是因为这些准备工作已经大体完成。

348年，慕容皝的第三子慕容儁继承其父成为燕王。翌年，中原后赵国在石虎死后爆发内乱，慕容儁乘机由龙城越过长城进驻蓟城（今北京），开始逐渐蚕食后赵的领土，为此与篡夺了后赵国的冉闵政权的魏国发生冲突。冉闵政权非慕容部之敌，于352年被击灭，慕容儁终于在中山（今河北定州）即帝位，称大燕国，随后又于358年将国都由龙城迁到邺。从祖父慕容廆以辽西棘城为根据地开始，经过了六十余年，自其父慕容皝定都龙城开始，经过了十七年，慕容部终于建立大燕国而君临华北。顺带一提，此国不久后为前秦的苻坚所灭，其后同族相继建立起同名的王朝，因而史家将此国称为前燕国，而将此后建立者称为后燕、西燕、南燕。

前燕国的灭亡与后燕国　迅速崛起的前燕没落起来也很快。360年慕容儁死后，其第三子慕容暐少年即位。慕容暐在其统治之初攻陷洛阳，将版图扩大到河南，燕国南与东晋、西与新兴的前秦接壤，由此形成了燕、秦、晋三国鼎立、互探虚实的态势。而在此之间，369年东晋的将军桓温率

---

①　关于前燕国的建立，可参照关尾史郎《前燕政権の成立の前提》（《历史学研究》第488号）。

军第二次北伐进攻燕国,感到恐惧的燕王慕容暐以割让洛阳东方的虎(武)牢关以西的土地为条件向秦王苻坚求援。不过幸运的是,燕军不等苻坚的援军到达便得以击退桓温军。然而虽然赶走了前门之虎,但后门之狼苻坚却因前燕不肯履行割地之约而攻下洛阳,继而进军攻陷邺都,俘虏燕王慕容暐并将其带往长安,因而燕国于370年灭亡。其短暂命运自慕容廆以来共历四代八十五年,而自慕容儁君临华北以来仅有十七八年。

而在此前,于369年击退桓温的北伐军、立下大功的燕王慕容暐的叔父(慕容儁之弟)慕容垂因为受到佞人嫉妒,安全受到威胁而逃亡到秦王苻坚之处。其后,苻坚于383年南征并在淝水之战中败给东晋军,[①]而率领以慕容部为主力的鲜卑军团参战的慕容垂收容了负伤的苻坚并从战场上撤回,途中得到苻坚的允许访问了故都邺。正巧此时邺都发生了叛乱,慕容垂便乘机集结河北各地的胡族势力,于385年在过去其兄慕容儁即帝位的中山即位,复兴了燕国。史家将此国与之前的燕国相区别,称为后燕国。

慕容垂文武均极为出色,建国之后整备法治,建立秩序,同时致力于免除领民的赋役等善政,因而据说在战乱之中民生得以宽裕,河北、山东一时恢复了和平。后燕国领有淮水以北的河北、山东、河南北部以及山西南部,并且慕容垂又派遣其子慕容农以故都龙城为据点经略辽河东西地区(辽西、辽东),其威势所及超过了前燕时代。

后燕的末路与西燕、南燕　再来看被慕容垂所灭掉的同族西燕国的情况。苻坚在淝水之战中一败涂地后,之前与燕王慕容暐一同被带往长安的慕容暐之弟慕容泓于次年的384年带领鲜卑兵在长安起事,宣布重建燕国,并改元燕兴。不久慕容泓为反叛的部下军队所杀,其弟慕容冲即位并改元更始(385)。然而慕容冲也为部下所杀,同族的慕容永占据山西南部的长子(今山西长子)即帝位,但数年后的393年便为慕容垂的后燕军所灭。此国因为其眼花缭乱的国主更迭以及短暂的国运,并未被史家算入五胡十六国之中。

---

① 关于苻坚南征东晋与在淝水战败一事,《晋书》卷一一四《苻坚载记》中有详细记载,而《资治通鉴》卷一一四之太元七年(382)十月条以下亦得当地记述了其要点。

而后燕国主慕容垂在位十三年后，于七十一岁时去世，其世子慕容宝嗣立。慕容宝如《晋书》载记中所云“少轻果，无志操，好佞人”，并没有父亲那样的器量，亦缺乏统率之才，而且时运不济。之所以这样说，是因为当时在邻接的山西北部的代国，同为鲜卑系的拓跋部中出现了英主拓跋珪（北魏太祖道武帝），其崛起之势不可阻挡。从慕容垂的晚年起，后燕军已经在参合陂等各地接连战败（参照北魏篇第二章第一节《太祖道武帝的创业（386—409）》第 157 页），而 398 年慕容宝在河北东南隅的钜鹿之战中大败后，国内发生内讧，慕容宝放弃国都中山而北走古都辽西龙城以避难，不过最终还是在此地被弑杀。其庶长子慕容盛代为平定反叛而致力于恢复国势，却因近卫军的叛乱而被杀（401），取代慕容盛的慕容熙亦为汉人将军冯跋所杀（407），其后慕容熙的养子慕容云受到拥立而称天王（参照燕国世系略图）。

由此算来，后燕国正式灭亡于第四代国王慕容熙之时。慕容云本出身高氏，虽然受到拥立而即天王位，却不过是冯跋的傀儡。次年的 409 年，慕容云被近臣所弑——这恐怕也是出于冯跋的指使，其后，冯跋继承了天王之位，同样称燕国，以龙城为都。史家将其称为北燕国或冯燕国，但此国并不应算入慕容政权之中。北燕在冯跋之后由冯弘嗣立，于 438 年被北魏第三代国君世祖太武帝所灭（参照第 94 页）。

燕(慕容政权)世系图

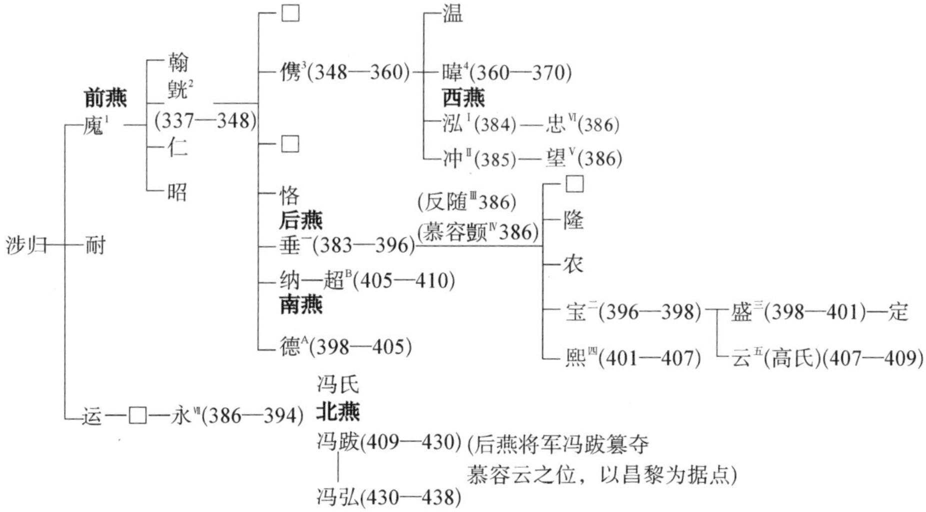

至于燕国世系中的最后一个政权南燕，最初是在后燕王慕容宝放弃国都中山时，慕容麟继承了帝位，但受到北魏军的追赶而逃至占据河南东北隅滑台（今河南滑县）的慕容德（慕容皝之子、慕容垂之弟）之处，让位给了慕容德。慕容德于398年模仿其兄慕容垂称燕王，400年从滑台迁都至山东广固（今山东益都西北）并即帝位。慕容德死后，从子慕容超即位。410年东晋将军刘裕（宋武帝）攻陷广固，慕容超也被捕送到建康并被杀。南燕的国运只有两代十三年。

Ⅱ　拓跋氏政权（代国）

建立起北魏王朝的拓跋部亦是鲜卑部族，不过出于以北魏王朝统一华北来划分五胡时代与接下来的南北朝时代这一理由，相当于北魏王朝建国期的代国时期百余年间的拓跋部尽管在时期上与五胡时代重合，在中国的历史上却一般并不算入五胡十六国的国家系列。而本书则不从此例，因代国时期的拓跋政权乃是鲜卑系政权，故将其与慕容政权放入同一范畴内进行考察。另外，关于代国时期的拓跋部，在接下来的北魏篇第一章第二节《代国时期的拓跋政权》中论述更详，因而此处仅加以略述。

拓跋部　此部的历史据说始于其始祖力微之时。力微在西晋武帝时占据幽州西北方，当今的和林格尔县北的盛乐，似乎时时成为晋的边患，而据《晋书》卷三十六《卫瓘传》所云，咸宁三年（277）或是四年时力微中了西晋幽州刺史卫瓘之计而忧死。除《晋书》以外，据南朝《宋书》等资料的记载，也可知道在3世纪后半的晋朝之初，拓跋部乃是在以盛乐为中心直至山西北部的地区有部落数万户的强大部族。

拓跋部的政治活动逐渐清晰，乃是从力微之孙，从首领世代来说相当于第六代、第七代的猗㐌、猗卢兄弟时开始（参照拓跋部世系略图）。猗㐌的根据地在参合陂（今山西阳高）的北方，距离晋朝最近，因而在中原的治安因八王之乱以及永嘉之乱而紊乱后，有众多的汉人到其处避难或是来投。猗㐌的事迹见于《魏书》帝纪部分之《序纪》、同书卷二十三《卫操传》中所引大邘城南碑文以及《晋书》卷六十二《刘琨传》等处，而据其中所记，猗㐌最大的功业乃是为救援西晋的并州刺史司马腾而于永安元年（304）出兵中原，与汉国主刘渊及其部将石勒的匈奴军作战。

猗㐌于翌年去世，死后部民为其弟猗卢所吸收。接下来之前提到的幽州刺史卫瓘的部将卫操率领宗室、家人数十名前来投降并成为参谋，劝说猗卢招纳了大量晋人。猗卢亦继承其兄猗㐌的方策援助晋朝，帮助太原的并州刺史刘琨防御刘渊的侵寇，因为其功而在永嘉四年(310)被晋怀帝封为代公。[①] 这便是拓跋部代国时期的开始。

代国时期　猗卢被封为代公后，便通过刘琨向晋室要求雁门关南北的马邑、阴馆、楼烦、繁畤、崞等山西北部的五县——当时被称为句注、陉北之地——作为自兄长猗㐌以来出兵援助的报偿。这些地区因为山西南部刘渊汉国的独立而与晋室断绝了联系，成为徒具空名之地，因而晋室也接受了猗卢的要求，于311年将这些地方给了拓跋部。据《资治通鉴考异》卷四所引的《刘琨与丞相笺》所云，此时猗卢的部民中已有三万余家十数万人潜居于这一带，因而五县的给予应当是在既成事实的基础上实施的。对于拓跋部来说，这里是进出中原的绝好据点，因而猗卢当即将众多部民迁移到五县，让其担负起相当于屯田兵的任务。

就这样，在猗卢时期，拓跋部将东至代郡、南至雁门关南北的山西北半部纳入势力范围，扩大了代国的领土。而猗卢在其后也出兵关南，援救了受到汉国刘聪及石勒攻击的太原刘琨。从这样的形势推测，可以认为猗卢在代国的统一权力逐渐得到了强化。《魏书》卷一《帝纪一》中记载此时猗卢对其部民施用"明刑峻法"，对部内进行严格控制，也说明了其威令开始行于部内。

观察猗卢的统治方针，可以看出他打算将代国的重心由西北的盛乐移到东方的平城(今山西大同)。即位后的第六年，猗卢修复了平城的古城，将盛乐称为北都，而将平城称为南都，并且又在平城的南方(黄瓜堆，或称黄花冈)筑新平城，令其长子六修镇戍此处，统领包括晋朝给予的雁门关南北五县在内的南部地区。南部与猗卢所统领的北部(以盛乐为中心的地区)相比汉人较多，其势力也较强，并且六修的帐下有众多汉人，六修通过他们亦与幽州刺史王浚结好。

而在猗卢即位后的第九年，其与六修之间发生了激烈的争斗，结果猗卢败北。据《魏书》卷十四《六修传》，发生争斗的原因是猗卢因为溺爱其妾所

---

① 关于猗卢被晋怀帝封为晋公一事，《晋书》记载是在永嘉六年，而此处则遵循内田吟风《魏書紀序、特に其世系記事に就て》(《史林》第22卷第3号)中的考证，将其时间系于永嘉四年。

生的幼子比延，而打算让比延继承自己之位，结果招致六修的反抗。不过从同书卷二十三《卫雄传》中“六修之逆，国内大乱，新旧猜嫌，迭相诛戮”等记载来看，这次争斗的背景中似乎有着猗卢周边的北部派与拥护年轻的六修的南部派之间的对立这一暗流。也就是说，这次内战很可能是猗卢周边的拓跋贵族所构成的北部派与拥护六修的开明拓跋人以及新附汉人组成的南部派之间的对立激化的结果。像这样在代国，在拓跋部族间产生新旧对立的同时，汉人与拓跋部之间也发生了对立，并且这种多层次的对立还有着逐渐导向阶级冲突这一复杂的面貌。

代国的危机　据《魏书》之《序纪》，从 316 年猗卢死于与六修的内战中到 338 年什翼犍被拥立为止的二十二三年间，拓跋部共有六名部族长依次而立。仔细观察其系谱关系，可以知道受到北部派推举的猗㐌诸子与以南部派为后援的猗㐌末弟（弗）的子孙在不断抗争的同时迭相代立（参照下面的拓跋部世系略图）。

对拓跋部来说，从猗㐌到什翼犍的二十余年间这段时期，是内外交困的时期。其时因诸部人心动摇而不得不将根据地迁到平城北方的东木根山，时而遭受后赵国军队的进攻而沦落到大宁北方即现在的河北省张家口附近，寄身于宇文部，一副悲惨模样。为此部内分裂为仰赖宇文部之后援的北部派与以后赵国为后盾的南部派并互相抗争，而最终作为人质置身后赵国都邺的什翼犍于 338 年被南部派从邺都迎回并即王位，并以北部派的据点盛乐为都，试图以此来统合两派。

代国拓跋部世系略图

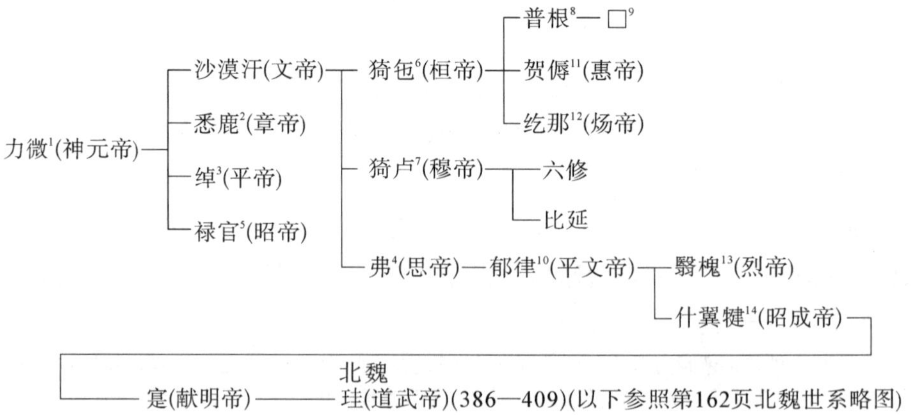

什翼犍共在位三十九年，其间很好地控御了部内，并致力于机构的整备。据《魏书》之《官氏志》，他模仿晋朝的官制设置了右长史、郎中令以及内侍史等官，又从诸部大人及贵族的子弟中选择有才干者令其侍直禁中，还在南北两部中分别置大人加以统摄，以此来消解南北之间的对立。在对外政策上，什翼犍最初亦与后赵国交好，等到慕容部代替后赵国以燕国的名号君临华北后又与其通婚，相反对于北方则压制了突厥系的高车部。南朝的《宋书·索虏传》中云：

> 什翼犍勇壮，众复附之，……北有沙漠，南据阴山，众数十万。

其中透露出这一时期拓跋部在什翼犍治下强化了其统一势力。不过虽然势力得到了强化，但国家的基础还没有充分形成，故而什翼犍在即位后的第三十九年也就是376年遭到前秦国主苻坚的进攻后遭到毁灭性的打击，其本人亦在战乱之后横死。①

由于什翼犍的横死，好不容易形成的拓跋部的部族统一也立刻开始动摇，有不少部族离散。而苻坚为了收拾部内，在平城置乌丸府，将其治下的代国以黄河为境分为东（南）、西（北）两部，将南部派的匈奴独孤部长刘库仁任命为东部大人，将鄂尔多斯匈奴部的铁弗部长刘卫辰任命为西部大人，令

---

① 关于什翼犍之死，有北朝史料中的他杀说和南朝方面的俘虏说。《魏书》之《序纪》中云：

> 王师不利，帝时不豫，群臣莫可任者，乃率国人避于阴山之北。高车杂种尽叛，四面寇钞，不得刍牧。复度漠南。坚军稍退，乃还。十二月至云中，旬有二日，帝崩，时年五十七。

而同书《寔君传》（卷十五）中则详细记述了其死因：

> 寔君者，昭成皇帝之庶长子也。……初，昭成以弟孤让国，乃以半部授孤。孤卒，子斤失职怀怨，欲伺隙为乱。……斤因是说寔君曰："帝将立慕容所生，而惧汝为变，欲先杀汝，……"寔君……乃率其属尽害诸皇子，昭成亦暴崩。……苻坚闻之，召燕凤问其故，以状对。坚曰："天下之恶一也。"乃执寔君及斤，轘之于长安西市。

依据《魏书》的《北史》中亦云：

> 坚军稍退，乃还。十二月至云中。旬有二日，皇子寔君作乱，帝暴崩，时年五十七。

与此相对，《晋书·苻坚传》以及《宋书·索虏传》《南齐书·魏虏传》等南朝方面的史料皆云什翼犍成为俘虏，被带往长安。什翼犍之长子寔君的情况不明，但太祖道武帝之父献明帝寔在世系上乃是什翼犍之次子，或许与寔君是同一人。此外，如内田氏之推测，什翼犍被俘至长安说或许是见于《魏书》之《昭成子孙传》中窟咄被掳往长安一事的误传。

其分统两部。据《魏书》卷二十四《燕凤传》，这乃是出于老臣燕凤的献计。[①]此外关于拓跋部与匈奴独孤部的关系，可参照内田吟风《匈奴史研究》中所收《五胡及び北魏时代の匈奴》一文。至于铁弗部长刘卫辰，此人乃是鄂尔多斯匈奴单于刘虎之孙，占据朔方。之前刘卫辰曾受到什翼犍的攻击，失去了所部之大半，之后逃往长安投靠前秦王苻坚，并受到苻坚的援助而进攻代国。由于这样的宿敌关系，刘卫辰在被苻坚委以代国西部的统治之后即以鄂尔多斯的代来城[②]——也就是后来赫连勃勃的都城统万城——为据点，与拓跋系诸部族进行了长年的抗争。

拓跋珪建国 将因为什翼犍的横死而陷入分裂的代国再次统一的是什翼犍之孙拓跋珪。拓跋珪在祖父什翼犍横死时还是六岁的幼童，故而如本页注①中所述，得以因老臣燕凤的计策而免于被前秦军掳往长安的命运，与其母一起寄身于东部大人独孤部长刘库仁之处。其流寓生活自 376 年至 385 年，长达十年。而 384 年刘库仁阵殁之后爆发后继者之争，拓跋珪感觉有生命危险，逃到了其母出身的贺兰部处。386 年，拓跋珪在位于平城与盛乐之间的牛川受到部民的推戴即代王位，并建元登国，而这与后秦国主姚苌在长安即位(第 54 页)是在同一年。拓跋珪的即位应当是建立在东方平城的南部派与西方盛乐的北部派之间势力均衡的基础上的。在即位之初，拓跋珪依然受到鄂尔多斯的刘卫辰的势力、逃亡到前秦的叔父窟咄以及继承了东部刘库仁的刘显的联合势力的威胁，苦难接连不断。据《魏书》之《官氏志》记载，拓跋珪从即代王位的登国初年开始，便让以拓跋部为主的游牧诸部定居，并对诸部落民进行编户。不过要像《官氏志》所说的那样将游牧部落制改为编户制，没有强大的权力是无论如何做不到的，故而从以上所见的

---

① 关于此事，《魏书·燕凤传》中云：

> 及昭成(什翼犍)崩，太祖将迁长安。凤以太祖幼弱，固请于苻坚曰："代主初崩，臣子亡叛，遗孙冲幼，莫相辅立。其别部大人刘库仁勇而有智，铁弗卫辰狡猾多变，皆不可独任。宜分诸部为二，令此两人统之。两人素有深仇，其势莫敢先发。此御边之良策。待其孙长，乃存而立之，是陛下施大惠于亡国也。"坚从之。

② 代来城即后来赫连勃勃所都的统万城，亦是北魏夏州的治所。关于代来城，有志田不动麿的《代王世系批判》下(《史学杂志》第 48 编第 3 号)等论著中的若干说法。此外关于夏州，自《水经注》以来中国学者之间亦有诸说，但因为位于长城之外，迄今并无定论。据宫崎市定博士所论，夏州治之址被比定于西拉乌苏河(奢延水)之上游，哈柳图河(黑水)之西南(参照《アジア史研究》第一册所收《水経注二題》)。

登国初年拓跋部困难的政治立场、社会形势，或是其部内拓跋珪权力之薄弱来推测，很难认为当时断然实行了像游牧部落制的改编这样的社会变革。

其间拓跋珪得到外戚、后燕国主慕容垂的支援，击败了窟咄和刘显的联合军，收其部众，成功地再次统一了代国内部。统一代国之后，他所着手的是征服以宿敌刘卫辰为盟主的鄂尔多斯诸部的事业。《魏书》之《帝纪》及《食货志》中云：

> [登国六年(391)]十有二月，获卫辰尸，斩以徇，遂灭之。……自河已南，诸部悉平。簿其珍宝、畜产，名马三十余万匹，牛羊四百余万头，班赐大臣各有差。收卫辰子弟、宗党，无少长，五千余人，尽杀之。

由此看来，拓跋珪此时对鄂尔多斯匈奴部进行了彻底的打击。在征服鄂尔多斯部前后，他对北亚的突厥系高车部、蒙古族系的蠕蠕(柔然)，以及西拉木伦河流域的蒙古系库莫奚部也加以讨伐。在西方的鄂尔多斯地区以及北方、东北方辽西蒙古地区的大半被纳入拓跋部的势力范围后，最终迎来的是与后燕国主慕容垂的对决这一讽刺的命运。之所以这样说，是因为慕容垂是拓跋珪的舅爷爷，在当初拓跋珪经受苦难时曾派遣援军将其从困境中解救出来，但随着其后拓跋珪的势力强大起来，慕容垂逐渐开始防范和敌视拓跋部。而当刘卫辰的遗子赫连勃勃纠集鄂尔多斯匈奴部反叛于统万城后，慕容垂趁拓跋珪集中力量讨伐赫连勃勃之际，乘虚袭击其背后。为此拓跋珪不得不暂时中止了对鄂尔多斯的讨伐，而当军容齐整后，于395年在参合陂(今山西阳高)迎击后燕军并取得胜利，乘其余势将后燕军驱逐。因此战胜利而顿时意气高扬的拓跋珪于次年接受幕下汉人的劝请而即皇帝位，并于两年后的398年进军河北平原，相继攻陷中山、真定(今河北正定)等要冲，并与刚刚继承了在前年(396)病死的父亲慕容垂之位的慕容宝在钜鹿交战，获得大胜。慕容宝丢弃国都邺而逃亡到辽西的龙城，拓跋珪成为事实上的河北霸主，将国号改为魏。史家为了避免与三国魏混同，而将这一王朝称为后魏或者北魏。

虽然北魏完全控制华北要等到拓跋珪(太祖道武帝)之后的第三代皇帝世祖太武帝——关于此事在北魏篇第二章中有详细叙述，但五胡时代大致以此而宣告终结。而由此亦可理解本书将代国时期的拓跋政权作为五胡政权之一加以讨论的理由。

第三节　藏族政权

五胡的各个政权中，继匈奴族的刘氏政权、石氏政权以及鲜卑族的慕容氏政权、拓跋氏政权之后而兴的，是氐族的苻氏政权和羌族的姚氏政权。

Ⅰ　氐族苻氏政权(前秦国)

氐族、羌族的关中移居　汉代游牧在长城一带到西北地区的异民族中，除了匈奴族和鲜卑系的乌丸族、鲜卑族，还有藏系的氐族、羌族。他们原本以青海为中心，占据了从中国西北到山西、甘肃边缘的地区。在民族上，两者都是藏系游牧民，拥有类似的语言和风俗，因此经常遭到混淆。不过他们所占据的地域各不相同，氐族分布在从甘肃南部到四川北部的山地，羌族则散居在青海到黄河上游一带及洮河流域，因而氐族的散居地比羌族更接近中原内地。他们的行动逐渐变得清晰是在东汉以后，《后汉书》中有《西羌传》，对羌族的情况进行了详细叙述，兼及氐族。

东汉时担任陇西太守的将军马援讨伐甘肃边境的氐族、羌族后，为分散其势力而将羌族的一部分迁到了陕西中部。然而后来东汉的国力衰弱后，残存的氐族、羌族也潜入甘肃一带，随后扩展到陕西、四川的边缘，终于开始显露出压倒汉族之势。

东汉人王符的《潜夫论》中云：

> 前羌始反，公卿师尹咸欲捐弃凉州，却保三辅。……万民(汉人)……或覆宗灭族，绝无种类；或孤妇女，为人奴婢，远见贩卖。……太守令长，……争郡县以内迁。……民既夺土失业，……逐道东走，流离分散，……饥饿死亡，复失太半。……今边郡千里，地各有两县，户财置数百，而太守周回万里，空无人民，美田弃而莫垦发；中州内郡，规地拓境，不能半边，而口户百万，田亩一全，人众地荒，无所容足，此亦偏枯躄痱之类也。

便证明了这样的形势。尽管王符发出了这样的忧虑和警告，但氐族、羌族潜入中原内地的势头依然没有停止。

进入三国时代，魏国的曹操终于将武都郡的氐族迁到秦川（今甘肃天水），令其与汉人杂居。[①] 这乃是因为如本页注①中所引的《晋书·江统传》、《三国志》之《魏志·杨阜传》中所言，氐族的根据地之一武都地处偏远，魏国害怕自己的控制力无法到达那里。随着氐族的移动，羌族也开始向东方移动。氐族杂居于陕西的扶风（今陕西扶风）、京兆（今陕西西安）、始平（今陕西兴平）等各界，羌族则杂居于冯翊（今陕西大荔）、北地（今陕西铜川）、安定（今甘肃镇原）等各界。由此，到西晋时，如《晋书·江统传》所云"关中之人百余万口，率其少多，戎狄居半"，关中人口的一半都是氐族和羌族。而且他们叛服无常，其桀骜不驯的行动不断使得关中和西北地区的汉人陷入不安之中。

到了西晋末，中原社会因八王之乱而秩序紊乱，晋朝的军事力量由此弱化，氐族和羌族潜入的规模更加扩大，陕西南部的要冲略阳终于成为氐族的一大根据地，苻氏、杨氏和吕氏作为略阳氐族的三大部族而知名。其中杨氏以仇池（今甘肃成县）为根据地而建国，时而臣服于东晋，时而臣服于后赵石氏政权，成为仇池、略阳一带的一大势力。杨氏历八主七十六年，随后被前秦苻坚所吞并。

苻洪建国　前秦的建立者苻洪出身于略阳（今甘肃秦安）。据《晋书》卷一一二《苻洪载记》所云，苻氏最初为蒲氏，苻洪之父怀归是氐族的一个小部落首领，多权略，善骑射。一说苻氏家族乃是出于鲜卑族。

苻洪乘永嘉之乱，于永嘉四年（310）成为氐族诸部的盟主。而这正好是汉国的刘渊死去的那一年。苻洪最初跟随前赵的刘曜，后来跟随后赵石虎，被任命为龙骧将军、流人都督，驻于枋头[②]（今河南浚县西南）。从其被任命为流人都督来看，他当时应当是后赵国内的氐族、羌族和其他非汉族流民以

---

① 关于此事，《晋书》卷五十六《江统传》中云：

> 魏武皇帝令将军夏侯妙才讨叛氐阿贵、千万等，后因拔弃汉中，遂徙武都之种于秦川，欲以弱寇强国，扞御蜀虏。

而此处记载当与见于《三国志》之《魏志》卷二十五《杨阜传》中"刘备取汉中以逼下辩，太祖以武都孤远，欲移之，恐吏民恋土。阜威信素著，前后徙民、氐族，使居京兆、扶风、天水界者万余户"一条相对应。

② 关于枋头，据《资治通鉴》卷八十八胡注云：

> 杜佑曰：枋头在今汲郡卫县界。宋白曰：枋头城在今卫县南，去河八里。

及俘虏的最高管理者。据说后赵内迁陕西地区的豪族和氐族、羌族，便是出于苻洪的献计。[①]

后赵国主石虎死后，苻洪一时曾降于东晋，随后于永和五年(349)十一月在枋头为陕西、甘肃的秦雍流民十余万人所推戴，成为其首领。由此亦可推知当时中原地区氐族、羌族的数量之多。而苻洪由蒲姓改为苻姓便是在这个时候，当时他称大将军、大单于、三秦王，而大单于的称号被当作是刚才提到的其家族出于鲜卑说的一个旁证。苻洪打算以长安为根据地而自立，但不幸被部下毒死，其意图遭遇了挫折。

苻健 继承苻洪的是其三子苻健。苻健继承父亲的遗志，打败了当时以长安为中心形成势力的杜洪，建立起秦国，并于永和八年(352)在长安即帝位。此事与取代后赵国石氏政权的冉闵为燕王慕容儁所灭是在同一年，由此在华北燕、秦两国挟关而东西对立。

在建国之初，苻健的势力所及只不过是渭水流域的一部分。但随后于永和十年(354)击退渡江北伐的东晋桓温的军队之后，其势力范围开始急速扩大。此外，此时桓温军队的北上被称为第一次北伐。桓温趁着华北因为冉闵对胡族的杀戮而陷入大混乱，将此视作天赐良机，率领大军从湖北经河南南部而进入陕西。东晋方面的史料记载桓温军击败苻健的军队而屯驻于长安东南的灞水之畔时，长安的汉人皆感激出迎。然而东晋军粮草不继，桓温不得不经洛阳而还军湖北。

在国家建设方面，苻健采取所谓重商主义政策，致力于充实国内。为此，其首先在长安东南、丹水(江)河畔的丰阳(今陕西山阳)新建了荆州，在此地设立关市并从四方招徕商人，利用丹水、汉水和长江频繁地与东晋展开通商贸易。此外又从南方进口珍贵的货物和弓竿、漆蜡等特产。这应当是从关中因长年战乱而荒废的角度考虑，迅速恢复和振兴农业实在难以做到，最终只能以商业贸易作为国家的财源。

苻健在位四年后去世，其子苻生继位。但苻生性格残忍，行为残虐，在位两年后被从兄弟苻坚所杀。

---

① 关于苻洪向石季龙献计一事，《晋书》卷一一二《苻洪载记》中云：

> 洪说季龙宜徙关中豪杰及羌戎内实京师，季龙从之，……其部下赐爵关内侯者二千余人，以洪为关内领侯将。

苻坚与王猛　苻坚在氐族诸部族长之中是非常杰出的人物，在伯父苻健还在世时就已经被前秦的重臣和宿将所瞩望，其帐下王猛、吕婆楼、强汪、梁平老等人则为辅佐。苻坚生于祖父苻洪跟随后赵国主石虎移居国都邺之时，并成长于此地，因而拥有汉文化的教养，并以尊重这一传统为施政方针，致力于兴学校、教化民众，在其领内的汉人中也很有信望。因此就如《晋书》之《苻坚载记》中所云，[①]其治绩日显，国内秩序得到整顿，一直横行国内的盗贼销声匿迹，土地得到开垦，官吏受贿之风绝迹，国库充盈。

苻坚还注重国内交通的整顿，特别是在从国都长安通往地方诸州的道路上每隔一定距离便设置驿舍——二十里一亭，四十里一驿，在道路两侧种植槐柳，以为行路者提供便利。据说通过这样对交通安全、治安的确保，国内的和平得以很好地维持。再来看《晋书》的《苻坚载记》，其中记载了人们讴歌当时和平的歌谣：

长安大街，夹树杨槐。下走朱轮，上有鸾栖。英彦云集，诲我萌黎。

歌词虽有过褒之嫌，但即便如此，仍可以看出在晋末接连不断的骚乱中荒废已极的长安此时实现了令人惊叹的复兴。而不可忽视的是在这复兴景象的背后，有着辅佐苻坚、献身于国政的宰相王猛的功绩。

王猛（325—375）最初栖身于都城近郊，过着贫贱的生活，但其悠然自得，不拘泥于琐事，博学而尤好兵书。在被苻坚招请入幕后，王猛立刻获得苻坚的信任，作为宰相执掌国政。他类似于战国时代秦国的商鞅，整备法制，以严刑峻法来确立国内秩序。王猛还压制自苻健以来受到保护优待的工商业者，基于农本主义而采取重农政策，致力于开发国土。

王猛之所以采取压制工商业者的抑商方针，[②]直接动机是对豪商们与王

---

① 《晋书》卷一一三《苻坚载记》中称颂其治绩云："于是人思劝励，号称多士，盗贼止息，请托路绝，田畴修辟，帑藏充盈，典章法物，靡不悉备。"

② 作为苻坚抑商之一例，可举出《晋书》卷一一三《苻坚载记》中的一令。富商赵掇、丁妃、邹瓫皆家累千金，其车服之盛拟于王侯，秦国的诸公争相接引其为国之二卿。对于这样的风潮，苻坚下"犯者弃市"之令而加以严禁：

坚于是推检引掇等为国卿者，降其爵。乃下制："非命士已上，不得乘车马于都城百里之内。金银锦绣，工商、皂隶、妇女不得服之，犯者弃市。"

室一族相勾结而登上高官之位，又利用其地位干出抬高物价、贪图贿赂等种种坏事，又或是对商人们过着豪奢的生活而破坏社会秩序的情况感到担忧，但也是基于他所抱有的华北落后地区关中的真正发展要以重农政策下对国土的开发为根本这一信条。

现在看来，王猛之所以能够采取相当彻底的压制商人的政策，其背景应当是当时的复兴已足以使苻氏政权将其经济基础从立国之初的商业贸易一边倒转换为依赖农业生产的政策。比如苻坚因为王猛的献策，为保护民生而免田租、散谷帛，同时又致力于关中灌溉设施的复兴。他通过从王侯以下的富豪之家中征发奴婢、僮丁三万人开凿泾水的上源，以及修建堤坝、疏通沟渠等措施努力开拓和复兴田土，据说关中盆地的农业生产力因此而急剧提高。苻坚还从人口方面尽力充实关中，将并州的三千户、匈奴族六千户和鲜卑族三万户徙民到长安，370 年灭掉燕国后又从东方的山东、河北地区将汉人豪族、胡族共约十万户迁徙到关中。关于这一点，《晋书》之《苻坚载记》中亦云：

> 徙关东豪杰及诸杂夷十万户于关中，处乌丸杂类于冯翊、北地，丁零翟斌于新安，徙陈留、东阿万户以实青州。

由于苻坚充实关中的政策，据说长安的人口达到数十万，胡族与汉人相半。就这样，苻坚在充实关中人口以实现富国强兵的同时努力整顿内政、振肃纲纪，在对外方面也对代国的拓跋部以及东方的强敌燕国慕容政权采取攻势。特别是对燕国治下的河北、山东地区，苻坚令王猛负责经略其地，因而与慕容政权的正面冲突自然不可避免。与此相比，前燕国内继承英主慕容儁之后的慕容暐年少且缺乏气魄，一族之间纷争不断，已经出现了国家崩溃的迹象。再加上如前节中(第 37—38 页)所述，369 年江南的东晋将军桓温毅然实行第二次北伐而攻入燕国，惊恐的燕王慕容暐派遣使节，承诺割地而请求苻坚派遣援军。苻坚立即接受了这一请求，但接下来摆脱危机后，燕国又不愿履行割地之约。苻坚正好以此为口实，任命王猛为主帅兴兵征讨燕国，首先以攻取洛阳为目标。当时人称得洛阳者得天下，而王猛所率领的秦军立刻便将洛阳屠城，接着从山西一路进攻到河北平原。前燕军不堪一击，全体溃败，国都邺终于也被攻陷，燕王慕容暐被俘后送往长安，前燕国灭亡，而苻坚由此掌握了华北的霸权。

此时燕国统治区域的名籍中所载地域（行政区）和户口的总数达到郡一百五十七，县一千五百七十九，户二百四十五万八千九百六十九，口九百九十八万七千九百三十五（《晋书》卷一一三《苻坚载记》所载）。而这些统计数据恐怕没有包括五胡诸部族。此外，据说因为此时王猛对燕国的战后处理得当，燕国内部并没有发生大的混乱。

王猛于375年51岁时病死，而苻坚在王猛死后依然继续扩张政策，于次年的376年，以占据河西地区凉州（今甘肃武威）的张氏政权前凉国此前曾与前燕国结成同盟为口实而灭掉此国（参照五胡篇第五章《五胡时代的佛教》，第102页），又于同年侵入代国，打败了新兴的拓跋部长什翼犍（参照第43页）。接下来于379年攻陷作为进攻前秦的据点而受到江南东晋重视的要冲襄阳，将实际控制区域推进到汉水一线。苻坚便是在此时遇到了名僧释道安并将其带回长安（参照第109页）。苻坚还派遣将军吕光经略龟兹、焉耆等西域诸国。就这样，苻坚在位期间秦国暂时成功地统一了整个华北。《高僧传》卷五中称赞此时的情形说：

> 至是（苻坚的秦国）民户殷富，四方略定。东极沧海，西并龟兹，南苞襄阳，北尽沙漠。唯建业一隅未能抗伏。

最后的“建业一隅”云云是指东晋依然健在于江南的建业，而这一句可以说很好地表达了苻坚的心情。果然，因为华北统一的成果而精神振奋的苻坚终于梦想着实现南北中国的大一统而毅然亲征占据江南的东晋，而此处却潜伏着意想不到的巨大陷阱，苻坚因此而落入自掘坟墓的境地。

苻坚南伐与秦国的灭亡　382年苻坚提出亲征江南的计划后，群臣无不反对，但苻坚却听不进去。作为最后的手段，大臣们说服当时苻坚极为尊信的释道安去劝谏苻坚取消南伐，苻坚还是没有接受。此外据《晋书》之《苻坚载记王猛附传》记载，之前王猛曾在临死之际对苻坚说：

> 晋虽僻陋吴越，乃正朔相承。亲仁善邻，国之宝也。臣没之后，愿不以晋为图。

想来王猛是打算与江南的东晋维持友好关系，而首先专心于经略华北。然而苻坚背弃了王猛的这一遗言，也不听群臣的谏言和所尊信的释道安的劝说，性急地兴起远征东晋之师，结果在淝水（今安徽寿县东南）之战中一败涂地，终致亡国丧身。

苻坚所率领的远征军号称戍卒六十余万、骑兵二十七万，就算数字有所夸大，这次的出征对于苻坚来说也是举全国之力的一次大冒险。然而当时前秦内部的形势其实包含着很多危险的因素。伴随着苻坚对外扩张之际采取的徙民政策，前秦吸收了鲜卑族的慕容部、拓跋部以及匈奴或是汉人等众多民族、部族，其多民族性开始动摇前秦的根基。随着前燕国的灭亡，前燕国主慕容暐的叔父慕容垂、弟弟慕容冲等慕容一族的实力人物，或是羌族的主帅姚苌等被前秦重用，同时统领各自的部民形成了割据势力，便是此事之例证。但苻坚却不顾这样复杂的部族情况，反而将氐族分散部署在其广大版图内的各个要地，以宗亲加以统领。也就是说在吞并前燕国后，关中的氐族十五万户被部署在远在东北的龙城以及蓟城，或是山西中部的晋阳、蒲坂等地，而在征服代国后又令氐族驻屯在平城（今山西大同）。这应当是为了防备万一的非常情况，但这种做法反而使得关中空虚，以致将国都长安的守卫交到了鲜卑族、羌族等的手中。[①] 宗亲之一苻融便暗中为这种形势感到忧虑，极力谏止苻坚南伐。

382年，苻坚率领的远征军分两道南下，主力随即攻陷了寿阳（今安徽寿县）并驻扎于此处。但十一月其先锋在淝水被东晋名将谢玄击败后，全军陷入大混乱，苻坚也因流矢而受伤，被慕容垂的军团所收留，好不容易才撤回关中。这样一来，前述的前秦国内部所包含的弱点立刻暴露，慕容垂、慕容冲、姚苌等异族首领占据各地而独立，经苻坚和王猛之手好不容易统一起来的华北也再次陷入四分五裂的局面。

再具体地观察一下当时分裂的情形，苻坚军在淝水战败后，率领鲜卑族

---

① 关于苻坚将同族的氐族徙民至远处而疏于防卫关中一事，《资治通鉴》卷一百四之太元五年(380)条中指出了这样的事实：

> 坚以诸氐种类繁滋，秋七月，分三原、九嵕、武都、汧、雍氐十五万户，使诸宗亲各领之，散居方镇，如古诸侯。……诸氐别其父兄，皆恸哭，哀感路人。赵整因侍宴，援琴而歌曰："阿得脂，阿得脂，博劳舅父是仇绥，尾长翼短不能飞。远徙种人留鲜卑，一旦缓急当语谁！"

参战的慕容垂幸运地保全了军队，收留了负伤的苻坚而退却，而如同之前所述(第 38 页)，慕容垂在途中经过前燕国的故都邺时正好当地发生叛乱，慕容垂便乘机集结河北、山东各地的胡族而宣布独立，于 385 年在中山即位，复兴了燕国。这便是后燕国，而关于此国，之前已有详述。

相对于东方河北地区的后燕国，慕容暐的弟弟慕容冲以及继承其后的同族慕容永等在山西南部建立起了西燕国，但随后于 393 年被慕容垂的后燕国吞并。而在此之前，战败的苻坚为保卫长安而勇敢地迎战慕容冲，却因粮食不足而放弃长安，欲逃亡甘肃，结果在北地(今陕西铜川)被羌族部长姚苌的军队捕获并遭到囚禁。385 年，据说苻坚因激愤而自杀。

苻坚死后，太子苻丕在山西晋阳即位，但受到从长安转移到此地的西燕慕容永军队的攻击而败死。随后苻氏一族的苻登在甘肃受到氐族拥立，与姚氏政权激烈对峙，令姚苌在八九年间饱受其苦，姚苌死后，苻登被姚苌之子姚兴于 394 年杀死，苻氏一族的命脉终于断绝。

前秦国苻氏政权世系略图

苻洪(蒲洪) —— 健[1](高祖，351—355) —— 生[2](废帝，355—357)
　　　　　　　　　　　　　　　　　　└ 坚[3①](世祖，357—385) — 丕[4](哀帝，385—386)
　　　　　　└ 雄
└ —— 登[5](太宗，386—394) — 崇[6](394)

Ⅱ　羌族姚氏政权(后秦国)

后秦的建国　苻氏是氐族，而姚氏则出于羌族。姚氏最初占据南安的赤亭(今甘肃陇西)，到了姚弋仲时从属于前赵国主刘曜。刘曜被后赵石勒打败后，姚弋仲又从属于后赵。后赵主石虎徙秦、雍之氐、羌豪族至关东时，姚弋仲亦率领部众数万人镇戍于清河(今河北枣强县东南)。后赵国灭亡后，他又降于东晋，被授予使持节六夷大都督、车骑将军、大单于、高陵郡公的称号。

永和八年(352)姚弋仲去世，其子姚襄代其统领部众，为东晋守卫国境，②而

---

① 编者注：此处有误，苻坚为苻雄之子、苻健从子。

② 《资治通鉴》卷九十九之永和九年(353)条中就姚襄为东晋巩固国境之守卫一事有以下等记载：

九月，……姚襄屯历阳，以燕、秦方强，未有北伐之志，乃夹淮广兴屯田，训厉将士。

十二月，……姚襄济淮，屯盱眙，招掠流民，众至七万，分置守宰，劝课农桑。

于357年在与前秦苻坚的战斗中败死。姚苌据说是姚弋仲的第二十四子，在继承兄长姚兖之后降于前秦国，被苻坚重用，封扬武将军、益都侯。苻坚在淝水战败后，姚苌于384年占据长安北方的北地而自立，称秦王，将从陕西北部到甘肃泾水、渭水流域的地区纳入势力范围。如前述，苻坚在北地被姚苌的军队俘获并囚禁后羞愤自杀，而乘机占据长安的慕容冲也被部下所杀，慕容军离开长安转入山西南部，并拥戴慕容永建立西燕。于是姚苌代之以长安为都，于386年即帝位，国号大秦，改元建初。相对于苻氏政权的前秦，此国被称为后秦。而这与之前所述（第45页）的代王拓跋珪于参合陂击破后燕军后在并州即帝位正巧是同一年。

姚兴治下的后秦国 姚苌在位九年去世，其子姚兴继位。姚兴于394年打败前秦的苻登而最终灭掉了前秦，接下来在398年攻下洛阳，又从东晋那里夺取了淮水、汉水以北之地。在西北地区，姚兴亦灭掉了自386年以来取代前凉的张氏政权而统治以凉州为中心的甘肃西北部的吕氏后凉国（403）。关于前凉、后凉和北凉，将在第五章《五胡时代的佛教》中述及，而这里先对后凉国稍加叙述。

后凉国的建国者是吕光。他生于略阳氐族的一个部族首领之家，并成为前秦苻坚的部将。太元八年（383）吕光受命经略西域各国，降伏了龟兹、焉耆，但在听闻苻坚于淝水战败后回军向东，途中击破众多反对势力并进入前凉国都姑臧（凉州，即今甘肃武威，386年），随后占有河西十九郡。这便是后凉国。384年降伏西域诸国中的龟兹国时，吕光俘获了当时深受国中人们尊信的名僧鸠摩罗什，并欲带其一起回到长安，但正值苻坚自杀，吕光便就此停留在凉州建立起后凉国，罗什三藏亦在吕氏的庇护之下驻锡凉州十余年，致力于宣扬佛教（参照第111页“鸠摩罗什在龟兹、凉州的活动”小节）。

后凉国从建国之初便内乱不断，吕光在位末年，北凉、南凉独立，吕光死后不断发生政权之争，经吕绍、吕纂到吕隆时，被灭掉前秦后将势力扩张到甘肃西北地区的后秦国主姚兴所灭。姚兴即位以来，对关中和西北河西地区推行武力扩张政策，而在东方（关东），最初后燕国慕容政权实力强大，随后又与新兴的代国拓跋政权对峙，在南方亦常受到东晋将军刘裕的武力压迫，因而在对外方面未能充分扩张国力。不过正因如此，他在国家建设方面极为积极，整备了各项制度，又兴建学校，致力于内政。

姚兴是羌酋之中的杰出人物，他并非武力一边倒，而是致力于文教。从年轻时开始，即使在兵难之中也绝不中断对经籍的讲论。成为后秦国主后，他将众多耆儒硕德请到长安，让他们教导年轻人，据说国中的风教因此而大盛。在灭掉后凉后，姚兴又将鸠摩罗什从凉州迎到长安加以厚遇，并以佛、法、僧三宝之城堑而自封，举后秦国家之力，以鸠摩罗什为中心，组织传译了被称为大乘佛教、中观教学之根本经典的龙树《大度智论》（一百卷）等大乘经论三十余部三百余卷，为中国大乘佛教的兴盛作出了极大的贡献，这是很有名的事情。此外，关于姚兴与鸠摩罗什之间的密切关系，可参照本书五胡篇第五章《五胡时代的佛教》。

姚兴在位二十二年后，于 416 年在五十一岁时去世，其长子姚泓继位。姚泓在《晋书》之《姚泓载记》中被评价为“无经世之用，又多疾病”，是个经常生病的不肖子，因而很快就被东晋的刘裕夺走了洛阳，接着国都长安又被攻陷，其自身也被捕杀。姚兴去世的次年即 417 年，后秦国在经历了三代三十二年的短暂国运之后灭亡。而这在北魏正相当于第二代国君太宗明元帝的统治时期。

后秦(姚氏政权)世系略图

姚戈仲—┬—襄
　　　　└—苌(太祖)(384—393)— 兴(高祖)(394—416)— 泓(416—417)

五胡主要政权兴亡略图(◎皇帝　○王)

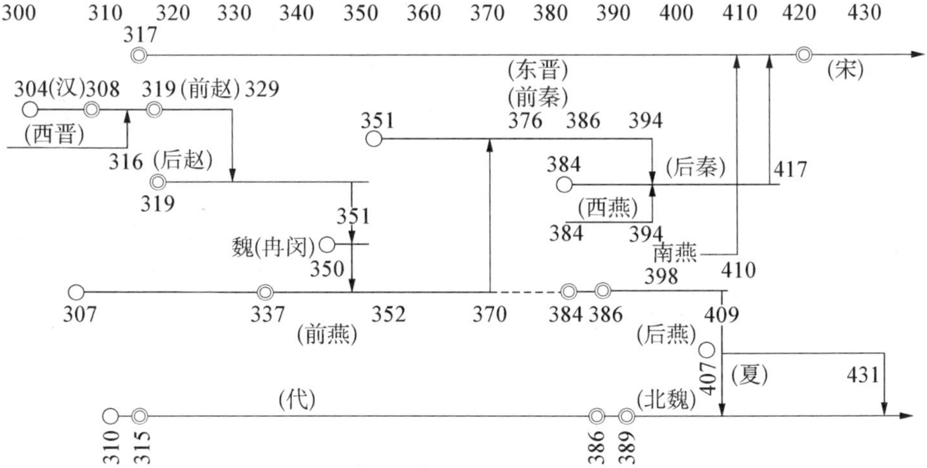

第四节 五胡民族诸政权的特征

从304年刘渊独立建国到439年北魏世祖太武帝统一华北为止的一百三十五六年间，匈奴族刘氏的汉国、前赵国，同为匈奴族的石氏后赵国，鲜卑族慕容氏的前燕、后燕、西燕、南燕诸国，同为鲜卑族的拓跋氏代国，藏系的氐族苻氏前秦国，同为藏系的羌族姚氏后秦国等五胡民族所建立的大小十六个政权迭相兴亡，而通观这些政权的特征，大体可归纳为四个类型。

第一类型的代表是刘氏政权。刘氏政权以山西南部汾水流域的五部匈奴为中心，并集结了其他匈奴部族以及当时潜居在华北并扮演佣兵角色的乌丸族、鲜卑族以及藏系的氐族、羌族等民族的势力。这一政权的中枢为匈奴屠各种的刘氏一族所垄断，而刘氏乃是匈奴名门之单于氏族，并且因为长期牧居在靠近中原的洛阳、长安的山西南部，不少人都拥有中原文化的教养。① 其中刘渊曾作为侍子留居晋都洛阳，故而教养极深，并且据说与中原

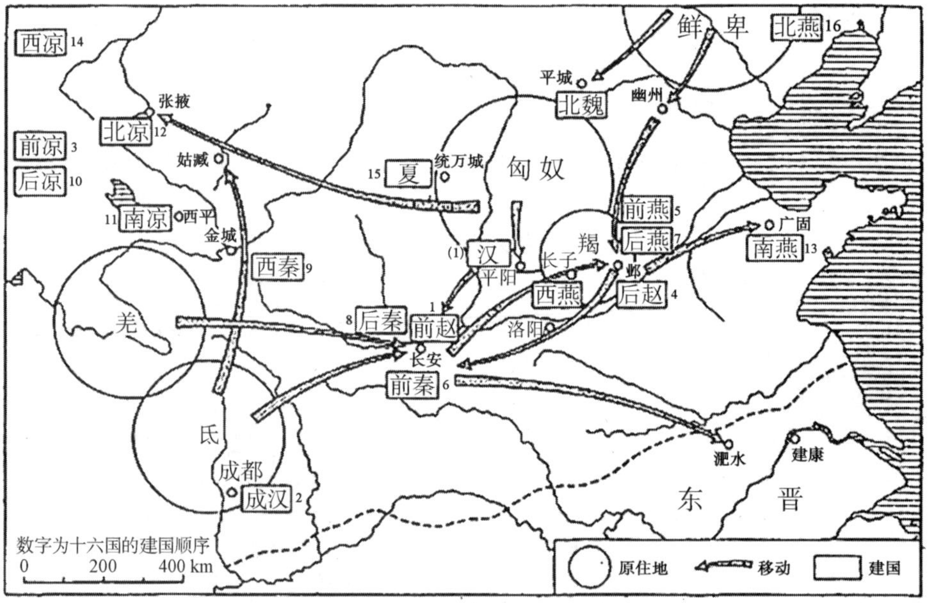

五胡诸政权与五胡民族的移动略图

① 参照内田吟风《匈奴史研究》第89页“刘氏の教养と物质生活”条。

士人亦广泛交游。

刘渊于308年即帝位后，宗室刘氏一族在担任匈奴原有的左右贤王、於陆王、鹿蠡王、独鹿王等官职——或者有些人应该在刘渊建国之前就已经担任了这些官职——同时，还被封为按照亲疏来设定等级的郡王、县王等。而刘氏以外的匈奴贵族即呼延氏、卜氏（《后汉书》中的须卜氏）、綦毋氏（《后汉书》中的丘林氏）、乔氏等外戚氏族则据说按照其建国之功而被封为郡、县之公、侯。为此，虽然众多汉族知识分子加入了刘氏政权，但除了若干幕僚之外，可以说都只不过是边缘化的事务官僚。

第二类型的代表是后赵国石氏政权。石氏政权与刘氏政权不同，其建国者石勒虽然是匈奴人，但其乃是《晋书》中可见的匈奴十九种中的部族之一羌渠部人，且在羌渠部中亦出身卑贱，并且在少年时期就被掠卖，作为奴隶而辗转流浪于汉人之间，故而在建国时主要依靠汉人的协助。张宾、韦谀、徐光、程遐、李阳、卢谌、裴宪等是其中的主要人物，此外还有号称石氏的石闵即冉闵、石聪等身为汉人而被作为养子赐予石姓者。由此，石氏政权在建国之后亦与出身名门的刘氏政权不同，无法仅以同族占据统治阶层。

观察石氏政权的建立过程，石勒从奴隶身份获得解放后成为群盗，与其同伙十八骑一起率领郡县囚人、山泽亡命而举兵，故而其集团只不过是个人之聚集，并且大部分只不过是胡人和汉人中的无赖之徒。石勒能够支配一个有统一管理的集团乃是在归属刘渊之后，尤其是在打倒对手王弥并收容其部众之后，势力渐强，并在山东、河北巩固了地盘。他在刘渊死后平定靳准的政变时，之前汉国统治下的氐族、羌族、匈奴族十四万落以上前来投奔，石勒将他们迁徙到以自己的根据地襄国为中心的东方地区的十郡。而在灭掉刘曜的前赵国后，又将其势力之下的氐、羌十五万落徙民到河北的司、冀二州。这是总计达到大约三十万落一百数十万人的胡族的大规模移民。

接下来到石虎时代后，石虎令匈奴部族之一索头郁鞠部的三万户分居到河北六州，又据《晋书》之《石季龙载记》，在消灭段部后将鲜卑族二万户徙民到河北、河南、山东的雍、司、兖、豫四州之地，在石勒之后继续强制推行大规模的徙民政策。而以上只是见于史书者，此外还应有不见于记录的徙民，将这些亦考虑进来而进行推测，则后赵末年其国内被徙民的五胡民族的数量应当如后面关于人口问题的章节中所推算的，达到四百万人以上。

就这样，石氏政权在迁徙五胡民族、利用其武力之外，还想要将其力量用于开发荒废的国土。另一方面，对于汉人，除了将知识分子、士人用于行政、财政、经济开发或是学校、教化等方面以发挥其能力之外，还将一般民众以及定居下来的流民用于农业生产。而当这样的平衡被打破时，虽然只是暂时的事件，但冉闵的革命还是取得了成功。

第三类型的代表是燕国慕容政权，而代国时期的拓跋政权也可以算入其中。以下对慕容政权，尤其是前燕国的特征进行考察。285 年慕容廆成为鲜卑慕容部的部族长，而正是在 3 世纪后半叶，慕容部将其势力从辽西扩张到辽东的部分地区，并且在领土内收容汉人及扶余国的遗民等农耕民，因而在慕容部族的畜牧之外，还有这些被统治民众所经营的农业。不久后随着晋末八王之乱等中原地区的骚乱日趋激烈，避难、投奔到政治上相对安定的慕容政权势力下的辽西地区的流亡汉人也日渐增多。如同第二章第一节Ⅰ“慕容氏政权”小节中所述（参照第 35 页），慕容政权收留了这些人，在领内各地设置郡县，令其从事农耕，又将一部分知识分子招用为政治上的顾问、谋主，或是令其担任一门子弟的教育等而大加优待。

慕容政权在像这样利用迁徙、定居到其领内的汉人从事农业生产，将国家的经济基础从至今为止的游牧生产转换到农业生产的同时，还通过熟悉官制礼法的汉人来吸收汉文化，致力于制定礼制、整备政治制度等国家建设。这些都是作为第三类型的特色而值得注意的地方。此外，慕容政权还向江南的东晋王朝提出请求而被授予“河北诸军事大将军”“燕王”等称号，各功臣也分别被授予官职，而对位于塞外辽西、辽东地区的政权来说，之所以要从中国的正统王朝东晋朝廷那里正式获得承认，不外是要提高其相对于治下汉人的威望。就这样，慕容政权在其打倒冉闵政权而君临华北以前，从居于长城之外的东北辽西、辽东地区时开始，便已经确立起了足以成为中原征服王朝的、基本的国家体制。这可以说是与属于第一、第二类型的政权极为不同的特征。

第四类型是藏系的氐族、羌族所建立的前秦苻氏政权（氐族）、后秦姚氏政权（羌族）等政权。这一类型政权的特色包括：

（1）以藏系的氐族、羌族为主体。不过虽以氐、羌族为主体，此外还有匈奴族、鲜卑族（慕容部）等形成了外围、边缘势力，他们在苻坚大败于淝水之战后率先反叛、独立，使得前秦政权解体、瘫痪。

(2) 因为以藏系民族为核心，其根据地乃是以长安为中心的关中地区，而这从地理上使得它们较容易向关东地区扩展。

(3) 关中地区与关东地区相比虽然是落后地区，但另一方面又经由汉水而与东南的长江中下游地区相通，而这非常有利于前秦国主苻健在建国之初以重商主义为国策，在汉水流域的荆州、襄阳等地设立互市市场，与长江中下游的城市频繁展开贸易以进行经济开发。

接下来列举被大体划分为以上四个类型的五胡诸政权的共通特征。

Ⅰ　构成各政权核心的是通过同族的团结意识结合起来的部族集团，其周边及下部则有着相对于核心部族而担任佣兵角色的胡族部族群，以及主要从事生产的汉人流民集团的坞。

Ⅱ　五胡时期整个华北都荒废已极，因而各政权都以自己的根据地为中心，在其势力范围内的各处令五胡部族及汉人流民集团徙民、定居并建设大小城市都邑，以此为中心努力开拓国土以及促进农业生产。因而对于掌握政权者来说，五胡部族的集团徙民以及汉人流民群体的定居是最紧急的任务。

Ⅲ　在开拓国土时，各政权都采用了计口授田方式——按照人头分配土地、令其进行开垦和生产的方式。北魏的均田制可以说其实亦是将这种土地分配方式进一步合理地制度化的产物(参照北魏篇补章《北魏均田制的考察》)。

Ⅳ　与五胡政权的国土开发相对立的是豪族的大土地私有。这个时代的豪族中虽然有因为战乱及其他原因而离开乡土、带领流民集团沦落为坞主兼农民者，但大多依然坚持留在乡土，并专注于扩大私有地、招纳佃户以强化其地主势力。因而对于五胡政权来说，尽可能将这些土豪吸纳到自己的体制之中、令其协助国家建设亦是紧要任务。

Ⅴ　国家建设的主要内容是恢复社会秩序、整备政治制度以安定民心，并开展正常的行政，因而官僚制度的整备乃是急务。为此五胡时期的官僚选用方式超越了历来依靠九品中正制的门阀主义，而倾向于重视个人能力的人才主义。于是，华北汉人大小豪族的同族、子弟都逐渐被吸纳到各五胡政权之中。

第三章　五胡时代的华北社会

——特别是五胡政权与汉人的关系

在五胡诸政权的统治之下，汉人与胡族虽然居于不同的聚落，但也偶有杂居于同一部落内者。比如据《晋书》卷一百四《石勒载记》所记，石勒便曾与邻家的汉人李阳争夺沤麻池。因此，在这种情况下，除了像汉人社会中的地主、豪族相对于农民这样的阶级矛盾，还有汉人社会与胡人社会的民族对立，这种多重的社会关系极为复杂、深刻。在掺杂着这种多重对立关系的民族移动期，该从何种观点来把握当时复杂的华北社会呢？虽然对于史料缺乏的这一时期来说，这是极为困难的问题，但本书还是打算以仅有的史料为线索，以五胡政权与汉人流民、五胡君主与汉人士人及望族、又或是五胡政权接受汉文化的方式等问题为焦点来进行考察。不过作为前提，对于五胡时期华北究竟混入了多少五胡，以及他们与汉人的人口比例大概为多少等问题，我认为有必要首先进行粗略的观察。

第一节　华北的胡汉人口问题

Ⅰ　华北五胡民族的人口

刘渊在山西独立并建立汉国之际，构成此国核心的是所谓山西五部匈奴。他们潜居在从鄂尔多斯到山西省中南部地区已有相当的年月，故而其户口数也相当庞大。《晋书》卷九十七《四夷北狄传》及卷一百一《刘元海载记》中记载有：

1　左部都尉　一万余落　并州西河郡(山西汾阳)

2　右部都尉　六千余落　并州太原郡(山西祁县)

3　南部都尉　三千余落　司州平阳郡(山西隰县)

4　北部都尉　四千余落　并州新兴郡(山西五台)

5　中部都尉　六千余落　并州太原郡(山西文水)

合计达到二万九千余落，可以认为是大约三万落。而如同之前所推算的(见第12页)，若将一落的帐篷即包数算作平均五包或六包，每包的人数算作六人或七人，则一落的人数在三十至四十二人。包之总数在十五万至十八万，平均十六余万，则人口达到百余万人。不过这一数字终究只是推测。此外据《晋书》之《地理志》，太康元年(280)并州辖下六郡的汉人数量为五万九千二百户，若一户有五人，则共有约三十万人，据此计算在并州只是五部匈奴便大大超出汉人的数量。《晋书》云匈奴部之种类共有十九种(十九个氏族)，而以所谓单于氏族屠各氏为主体的五部匈奴仅是整个匈奴部的一部分，因而华北各地除了鄂尔多斯匈奴部以及其他匈奴部之外，应当还有众多的乌丸、鲜卑、氐、羌等胡族潜居。而汉国兴起后，经第一代国君刘渊，到刘聪时灭掉西晋王朝，将其势力范围从原本的山西、关中扩大到东方的河北、山东、河南地区，此时汉国内部包括匈奴族在内的五胡推测至少应有约二十万落，户数达到百万包甚至一百二十万包，总人口应超过六百万甚至达到七百万。

接下来观察石勒、石虎时期后赵国内的胡族徙民。刘聪死后靳准在汉国发动政变之际，石勒镇压了这一叛乱，而他收服当时归属于汉国的巴蛮、氐、羌等诸部族中的十四万落，为开发自己的根据地河北地区荒废的土地以及增强军力，将他们集体迁徙到了以襄国为中心的河北十郡之内。就算是保守估计，十四万落的户数也应当达到七十万包，人口则达到四百数十万人。

而除了这些藏系胡族之外，当时石勒的势力范围河北、山东、河南地区还应当潜居着数量更多的匈奴、鲜卑、乌丸等部族。上文中提到的石勒曾实施的人数达到几十、几百万的对胡族的徙民之举并非只限于一时。继承石勒之后的石虎曾从前赵统治下的陕西地区迁徙氐族、羌族十五万落到河北西南部，其人数甚至超过石勒时的徙民。这些被迁徙的胡族之中包括后来建立后秦国的氐族姚襄——姚兴乃是其子——之父姚弋仲，据说姚弋仲当时作为氐族的一个部落首领率领数万部民迁到了河北清河。

如此看来，在后赵国石氏政权时期，迁徙到河北、山东、河南北部的胡族至少有石勒所迁徙的约十四万落与石虎所迁徙的氐族、羌族十五万落，加起来共约二十九万落，其户（包）数约一百四十五万包（按照一落五包计算），人口达到约八百七十万（按照一包六人计算），数字极为庞大。此外，还有残留在山西中、南部汉国故土内的匈奴族，河北、山东等地原有的数量达到数十万的胡族，以及《晋书·石季龙载记》所记的石虎时分散徙民到河北、山东诸郡县的匈奴索头郁鞠部三万户及鲜卑系段部的两万户。石虎所迁徙的胡族应该还不止于此，而仅从以上所列举的记载推算，石勒、石虎时期潜居在河北、山东、河南、山西、陕西的为数众多的五胡总数至少也应当超过九百万人。可以说这一胡族的数量超出了我们大多数人的预想。

从当时的情况来看，冉闵发动政变取代后赵国时杀戮了邺都胡族二十余万人的记载，以及数百万人的氐、羌、胡蛮欲从后赵国领内逃归故土而交错于道路、为此到处杀掠不断的记载也不能说都是夸张之词。倒是冉闵的屠杀、驱赶五胡的命令看起来像是对胡族人口之多感到恐惧的汉人危机感的表现。不过冉闵政权驱赶胡族的命令只维持了短暂的时期，因而我们不能认为后赵领内的五胡大多都返回了故地。接下来慕容氏政权入关并取代冉闵的魏政权后，胡族又再次得势。

此外，虽然对于习惯定居的我们来说，以上所提到的胡族多达数万落甚至数十万帐（数百万人）的大集团迁徙是难以想象的民族移动现象，但对习惯游牧的胡族来说，应当并不是困难的事情。

Ⅱ 华北汉人的户与口

那么，相对于五胡，当时华北地区汉人的人口大约有多少呢？关于此点亦无法明确进行把握而只能推测，不过据《晋书·地理志》及其他记载，汉国的刘聪领有左、右司隶（司州平阳诸郡、荆州河南诸郡）的汉人二十余万户，每一万户置内史一人，而共有内史四十三人，则其治下的汉人仅司隶部便有四十余万户、二百万人上下。当然，当时有很多大家族以及拥有众多奴婢和佃户的豪族，因而实际的人口数量应当比这一数字更高。此外在左、右司隶之外，河北、山东诸州郡的汉人要多得多，总计应当达到一千万人以上。比如据《晋书》之《苻坚载记》，前秦苻坚在 370 年灭掉前燕国时，前燕治下的一百五十七郡、一千五百七十九县的户口总数为二百五十五万八千九百六十九户、九百九十八万七千九百三十五口——约一千万人。

这乃是登记在户口册上的汉人总数，其户口数之比为一户三点九人，相对较少。而之所以口数相对于户数的比率较低，除了五胡时代这一非常时期户口调查草率之外，亦当是因为豪族、富户有很多寄户和隐户。另外作为参考，西晋武帝统一天下的太康元年（280）的户口总数为二百四十五万九千八百四十户、一千六百一十六万三千八百六十三口，平均每户六人多。其中《晋书·武帝纪》中可见江南吴国的户口数为五十二万三千户、二百三十万口（平均每户不到四点四人），故而减去吴国的人户，则太康元年（280）华北——所谓华北主要是河南、山东、河北、山西——汉人户口数为一百九十三万三千八百户、一千三百八十六万三千八百六十三口，其后经过九十多年到前燕国灭亡时，华北的汉人口数在户籍上减少了大约一百八十七万余人。

此外，如同之前所说（参照第 26 页），319 年石勒建立后赵国时共计有二十四郡、二十九万户，即便是在五胡时代，这一数字也实在太少了。想来当是记载中有数字的脱误。不管怎样，就前燕灭亡时华北汉人与五胡数量之比来说——考虑到寄户、隐户，则汉人的实际数量应该更多——至少在统计上汉人超过了五胡。但考虑到当时是五胡掌握政权的时代，就社会、政治上的力量关系来说，五胡相对于汉人应当处于优势。

第二节　五胡政权与汉人流民

关于流民　在华北，因为东汉末以来的社会混乱而落入最悲惨的境遇之中的是农民。他们除了来自上头的过于沉重的负担，还遭受屡屡发生的饥荒所带来的灾害——本来饥荒是自然灾害，故而并非只在王朝末期和乱世频繁发生，尤其是在中国这样广大的地域，饥荒随时随地都可能出现。然而如果国家的政治力量比较安定，就算发生了饥荒，政府也能够适时采取适当的对策，将其带来的损害抑制在最小范围，故而能够防范社会混乱于未然；然而在王朝末期及乱世，饥荒的应对跟不上现实情况，因而损害会大大超出预想。再加上多达数百万的胡族潜居、迁徙或是伴随着政权更替而反复发生的内乱，受到这些因素影响而沦落街头的农民最终不得不抛弃住惯了的故土，而成为流浪之民。

如此说来，似乎农民们很容易便会沦为流民，但其实他们抛弃故乡而踏上流浪之路，乃是因为实在被逼到了无比悲惨的境地。故乡乃是祖先坟墓之所在，祖先的灵魂栖息在这片土地上，这种朴素的民俗信仰不允许他们轻易离开故土。《晋书》卷六十二《刘琨传》中的《在路上表》一文用极其生动的笔触描写了当时的农民究竟陷入了多么悲惨的境地，以至于走投无路而不得不背井离乡。刘琨出身于与西晋皇室有姻戚关系的家庭，他在永嘉元年(307)成为并州刺史，从洛阳经由彰德(今河南安阳)、潞安(今山西长治)等地前往晋阳(太原)赴任的途中写下并向晋廷上呈了这道表文。这道表文让我们眼前浮现出当时山西南部的州县，特别是壶关周围农村荒废的景象，以及农民们的悲惨状况、郡县治安的混乱以及任地晋阳城内的萧条。[①]《晋书》卷七十五《范宁传附范汪传》中亦云范宁曾提议“今荒小郡县，皆宜并合，不满五千户，不得为郡，不满千户，不得为县”。

从范宁之语，亦可以窥见当时地方郡县逃散者众多、人口锐减的情况。

---

① 虽然篇幅稍长，但此处仍从《晋书》卷六十二《刘琨传》中引用刘琨《在路上表》之文如下：

永嘉元年(307)为并州刺史，加振威将军，领匈奴中郎将。琨在路上表曰：“……九月末得发(洛阳)，道崄山峻，胡寇塞路，辄以少击众，冒险而进，顿伏艰危，辛苦备尝，即日达壶口关。臣自涉州疆，目睹困乏，流移四散，十不存二，携老扶弱，不绝于路。及其在者，鬻卖妻子，生相捐弃，死亡委危，白骨横野，哀呼之声，感伤和气。群胡数万，周匝四山，动足遇掠，开目睹寇。唯有壶关，可得告籴。而此二道，九州之险，数人当路，则百夫不敢进，公私往反，没丧者多。婴守穷城，不得薪采，耕牛既尽，又乏田器。……”

《刘琨传》中接下来叙述晋阳附近及城内的情况云：

时东嬴公腾自晋阳镇邺，并土饥荒，百姓随腾南下，余户不满二万，寇贼纵横，道路断塞。琨募得千余人，转斗至晋阳。府寺焚毁，僵尸蔽地，其有存者，饥羸无复人色，荆棘成林，豺狼满道。琨翦除荆棘，收葬枯骸，造府朝，建市狱。寇盗互来掩袭，恒以城门为战场，百姓负楯以耕，属鞬而耨。琨抚循劳徕，甚得物情。刘元海时在离石，相去三百许里。琨密遣离间其部杂虏，降者万余落。元海甚惧，遂城蒲子而居之。在官未期，流人稍复，鸡犬之音复相接矣。

此文如实地描写了当时的凄惨景象。另外，关于此事，《资治通鉴》卷八十六晋惠帝光熙元年(306)十二月己酉条中亦有稍为具体的记述：

刘琨至上党，东燕王腾即自井陉东下。时并州饥馑，数为胡寇所掠，郡县莫能自保。州将田甄……等及吏民万余人，悉随腾就谷冀州，号为“乞活”，所余之户不满二万。寇贼纵横，道路断塞。琨募兵上党，得五百人，转斗而前。至晋阳，府寺焚毁，邑野萧条，琨抚循劳徕，流民稍集。

不只是地方郡县，连洛阳、长安等大都市的惨状亦绝不下于刘琨所记述的晋阳城内的情况。《晋书》卷五中记载洛阳城陷落时的情况云：

> 至是饥甚，人相食，百官流亡者十八九。……遂焚烧宫庙，……百官士庶死者三万余人。

关于长安，同篇中亦云“长安城中户不盈百，墙宇颓毁，蒿棘成林”[①]。

坞主与坞堡　流民产生于这样极为动荡不安的社会形势之中，故而乃是几个部落一起成为流民，或是几个村子的农民大半外出流浪。由此当时的流民成为一大集团，能得众心的望族、大姓（士族、民望）被选为领导者。他们在流浪之后寻找适当的地方定居下来，分别筑起堡垒而寻求自给自卫的手段，其中有的甚至具备自治政权的形态。这种组织被称为坞堡，其领导者被称为坞主。[②] 魏晋以来，像这样由坞主率领的流民集团遍布华北各地，尤其多见于河北南部及河南南境地区，其数量多达数百上千。据《晋书》之《石勒载记》，石勒曾经：

（1）奉刘渊之命攻陷魏郡、顿丘五十余垒壁，分别授予其垒主将军或都尉之号，从其部众之中挑选强壮者五万人为军士，老弱则安抚如故，并令其从事农耕以生产军粮。若以强壮者五万人计算，则总人口应达到十二三万甚至更多。

（2）攻陷冀州郡县堡壁百余，获部众十余万，并集其中的士人编为君子营。其后又降三十余壁，并降中山、博陵、高阳诸县数万人。

（3）攻陷黄河以北的几乎全部垒壁，从堡壁之长那里索取人质并令其立誓效忠。

（4）进攻襄阳，攻陷江西堡壁三十余所。

《晋书》卷一百二《刘聪载记》中则记载刘聪曾：

---

① 关于洛阳、长安的荒废，可参照宫川尚志《六朝史研究　政治・社会篇》第八章第三节《五胡時代の長安》，及同章第四节《五胡時代の洛陽》。

② 据说坞堡最初见于西汉时期，而关于坞堡、坞主，可参照那波利贞《塢主攷》（收入创文社刊《唐代社会文化史研究》）。亦可参照清水盛光《中国郷村社会論》（岩波书店，1951 年）、佐久间吉也《晋代の塢主》（《東洋史学論集》第三卷）、金根发《永嘉乱后北方的豪族》（1964 年 9 月）等著作。

(5) 攻陷梁、陈、汝、颍之间的垒壁百余所，又降齐鲁之间郡县壁垒四十余所。

据《鸣沙石室佚书》之《晋纪》云：

> 永嘉大乱，中夏残荒，保壁大帅数不盈册，多者不过四五千家，少者千家、五百家。

此外《资治通鉴》记载比此稍晚的后秦时期399年的事例云，“魏前河间太守范阳卢溥帅其部曲数千家就食渔阳，遂据有数郡”，根据这些事例亦可推测坞堡的规模之大。而这些坞堡的大多数都如同刚才所列举的石氏政权的事例那样，由于怀柔、安抚等政治手段——这些手段行不通时则使用武力，坞主降伏或是被族灭，坞众被分散徙民。受到怀柔、安抚时，坞主及士人被允许依然保持他们所享有的社会身份及特权——免除赋役及兵役等，且坞主、垒主中还有人被授予将军、都尉之头衔。而这些人被要求协助新国家的秩序建设，关于此点在次节(《五胡政权与士人、汉文化》)中再加以考察。

在以上所列举的事例之外，作为坞堡统领者的坞主、坞帅之中，亦有不少人出于身为汉族的自豪感和保卫乡党的强烈民族意识、乡党意识，而坚持对五胡政权的反抗态度。接下来从《晋书》及其他史料中列举关于这样的坞主、坞帅的若干事例：

李矩之例：李矩是平阳人。刘元海攻平阳时，李矩因为素为乡人所尊敬而被推为坞主。他率领乡人向东渡过黄河而屯营于荥阳(今河南荥阳)城外，后来又移动至新郑(今河南新郑)，修理洛阳之千金堨，以便漕运。其后假补为荥阳太守，招怀离散者，远近多附之。然而后来为石勒所攻，在襄阳战死。(《晋书》卷六十三《李矩传》)

此外，以下几个是成为西晋灭亡原因的永嘉之乱所造成的流民群的事例。

(1) 祖逖之例：祖逖在京师大乱(永嘉之乱)后率领亲党数百家前往淮、泗(今江苏、安徽一带)避难，而在避难之际，他用自己所乘的车马搭载老人和病人，自己步行，药物、医粮与同行之人共用。祖逖又多权略，故而少长皆推其为行主(坞主)。到达泗口(位于今江苏淮安)后，其仕于东晋之元帝而成为徐州刺史，承担了守卫东晋北境的任务。据说石勒之所以最终不能直接威胁东晋的建康，主要是因为坞主祖逖的活跃。不过祖逖与石勒虽是对立关系，在经济上却相互交易，尤其是祖逖因为与后赵国的互市而获利十倍，史称其“公私丰赡，士马日滋”（《晋书》卷六十二《祖逖传》）。此外关于祖逖的智谋及其政治手腕，《资治通鉴》卷九十一大兴三年（320）七月条中亦有详述。

（2）郗鉴之例：在祖逖死后成为东晋王朝江北防线中心人物的是郗鉴。据《晋书》之《郗鉴传》，郗鉴率领坞众相继守卫峄山、邹山、合肥、广陵、京口等江北战线的要镇，没有给后赵军可乘之机。而据说这些坞众大半都是华北人。①

据此可知，移动到淮水以南的江北、淮南地区而筑起坞堡的华北人出乎意料地多。接下来列举一些有名坞主的事迹：

（3）郭默之例：郭默是河内怀县（今河南武陟）人，因为壮勇而成为河内太守裴整的督将。永嘉之乱时，郭默率领众人成为坞主，经年而积累起巨富，流民前来依附者众多（《晋书》卷六十三《郭默传》）。

（4）魏浚之例：魏浚在永嘉之乱后率领流人数百家东保河阴之硖石（今河南孟津东北），支援了身处洛阳的晋怀帝。洛阳被刘聪军攻陷后，魏浚屯营于洛北之石梁坞，抚养众人，修整武器，令附于刘聪的汉人归服而获得了大量部众，但最终被前赵的刘聪所杀。其族子魏该领有其遗众并屯于宜阳（今河南宜阳）之一泉坞，与李矩、郭默相呼应（《晋书》卷六十三《魏浚传》）。

（5）邵续之例：邵续出于魏郡安阳的官吏邵氏一族，晋末天下大乱后，他舍弃沁水县令的官职而返回乡里，召集亡命之民数百人而屯于厌次（位于今山东惠民县），并被任为都护，②与其子邵乂一起安抚流民。其对石勒采取彻底抵抗的态度，为此石勒势力之下的县令等六千余家反而归投邵续。为此东晋元帝任命其为冀州刺史。后来邵续据山东济南黄巾固城与石勒、石虎作战，最终力尽战死（《晋书》卷六十三《邵续传》）。

---

① 《晋书》卷六十七《郗鉴传》中所收的郗鉴上疏云：

> 臣所统错杂，率多北人，或逼迁徙，或是新附，百姓怀土，皆有归本之心。臣宣国恩，示以好恶，处与田宅，渐得少安。闻臣疾笃，众情骇动。

② 译者注：此处有误，被任为都护者当是邵续之子邵乂。

（6）刘遐之例：刘遐与邵续是女婿与岳父的关系，他亦是遭骚乱之世，作为坞主率领流民群据坞堡而抵抗胡族并因勇武而驰名之人。[①]

（7）苏峻之例：苏峻亦是著名的流民群领导者。他生于山东掖县（今山东莱州）的官吏之家，集结因永嘉之乱而流亡的百姓数千家，在掖县筑垒壁而屯聚。苏峻派遣使者前往诸屯，说服它们向晋室尽忠，又收拾被抛弃在各处的亡人之枯骨而加以埋葬，远近皆感其恩义而推其为盟主。东晋元帝听说苏峻的威名后授予其安集将军——安集流民之长官之意，当时为怀柔流民集团而设置了这样的临时官职——之衔。当时作为青州刺史而独立的曹嶷为拉拢苏峻而任命其为掖县令，但苏峻加以拒绝，为此受到曹嶷的讨伐，最终率领部下数百家从海上逃到江南，仕于东晋（《晋书》卷一百《苏峻传》[②]）。

以上所列举的，是作为望族、大姓而分别率领乡人流亡，将仅有的一丝希望寄托在江南的东晋王朝身上，为恢复中原而拼尽最后的力量，坚持抵抗五胡政权的坞主、坞帅。为此《晋书》等当时的史书才特别记下了他们的姓名和事迹。然而他们若是坚持反抗态度，则只有逃离五胡政权的势力范围这一条路。为此当时在五胡政权与东晋王朝之间的中间地带——江北淮南地区，存在着众多这样的坞堡以及拥有大规模组织的自治政权。

五胡诸政权的流民对策　接下来考察五胡诸政权所采取的流民对策。对五胡诸政权来说，过度与坞主及流民群敌对而遭到他们激烈抵抗的做法对于其统治极为不利。故而这些政权或者采用怀柔、安抚的手段，或者即便诉诸武力，也要尽量将坞众收容到其领内而令其定居、安居。而从之前所列举的各事例亦可看出，在这方面成果最显著的乃是后赵国石氏政权。后赵国石氏政权所采取的流民对策并非是让流民回归原籍地，而是从强化政权自身权力的必要出发，尽量将流民们迁徙到其政权的根据地附近令其从事

---

① 关于刘遐，《太平御览》卷四三五中所引何法盛的《晋中兴书》中有这样的记载：

> 刘遐，字正长，广平人，性果毅，便弓马。遭天下乱，遐自为坞主，攻抄日至，无时不战。遐每奋击，直入贼军，陷坚摧锐。乡人邵续深知之，以女妻焉，遂立壁河、济之间，胡不敢逼，时人号关羽、张飞。

② 关于苏峻，《资治通鉴》之大兴二年（319）条中亦有如下记述：

> 春，二月，……初，掖人苏峻帅乡里数千家结垒以自保，远近多附之。曹嶷恶其强，将攻之，峻率众浮海来奔。

耕作，以利用、压榨其生产力，以及征发其中的壮丁以增强军力。此外，作为强化权力的举措之一，亦努力建设都城、充实都民。

进入五胡时代后，自古时周代以来的华北中心城市长安、洛阳因为八王之乱和永嘉之乱而彻底荒废。虽然长安在其后的前秦国苻坚政权和后秦国姚氏政权时期曾稍有复兴，但其繁荣并没有长期持续。而东方河北、山东地区的襄国（后赵）、邺（后赵）、中山（前燕、后燕）、广固（南燕），山西地区的平阳（汉国）、长子（西燕）、平城（代国）以及辽西的龙城（前燕）、河西的姑臧（前凉、后凉）等城市作为五胡政权的国都而代为繁荣。① 其中尤为繁荣的是后赵国石氏政权所重建、修整的襄国及邺都，以及代国的平城等。例如之前在"人口问题"条中所指出的，在石勒、石虎两代，被迁徙到襄国、邺都及其周边的汉人流民及五胡诸部族达到数百万的庞大数量。其外"人口问题"条中虽然未指出这一点，但据《资治通鉴》卷八十九建兴四年（316）七月条所记，此时汉国主刘聪治下的平阳一带发生蝗灾，居民的大半都外出流浪，而石勒将这些流民二十万户、约一百二十余万人招纳到河北，此处亦可以看出石勒流民对策的非凡之处。

与后赵国石氏政权相比，流民对策成效更为显著的是前燕国慕容政权。从建立前燕国以前的辽西时代开始，慕容部便已收留从华北各州郡前来避难、投奔的众多汉人流民。如同之前在第二节Ⅰ"慕容氏政权"小节中所考察的，打下慕容政权基础的乃是慕容廆，而他当时致力于收留为避开西晋末中原的骚乱而来到关外辽西地区逃难的众多流亡汉人。而这并非只是对汉人进行无序的收留，而是按照他们的原籍州郡，在领内各地设立拥有相应名称的州郡，并将其徙民至此。据《晋书》卷一百八《慕容廆载记》以及《资治通鉴》卷八十八等，慕容廆为从冀州投奔而来者设立冀阳郡，为豫州人设立成周郡，为并州人设立唐国郡，又为青州人设立营丘郡。由此亦可看出从华北各地流亡到辽西地区的人数之多。像这样有组织的针对流民的徙民政策乃是慕容政权最先开始实施的，而将这种形式更加大规模化并取得成功的乃是后来契丹族的辽帝国（参照田村实造《中国征服王朝の研究》上第六章第一节《徙民政策と州县制の成立》）。

---

① 参照前述宫川尚志书第八章《六朝時代の都市》、宫崎市定《六朝時代河北の都市》（《东洋史研究》第20卷第2号）。

继承慕容廆的慕容皝亦留意于汉人流民的徙民。在灭掉同族的段部后，他从其领内的汉人户中迁徙三万余户（约十八万人）到龙（柳）城（今辽宁朝阳）以充实根据地，此外从辽东亦迁徙大姓、豪族到青山（今辽宁义县东北）附近，设置了和阳、武次、西乐等县。慕容皝还整理归并之前父亲慕容廆为流亡汉人在领内各地设置的成周、冀阳、营丘、唐国等郡，并为渤海人新设乐集县，为河间人新设宁集县，为广平、魏郡人新设兴平县，为东莱、北海人新设育黎县，为吴人新设吴县，以使其生活能够安定。并且慕容皝亲自巡视诸郡，督励农桑，将官有的牧牛借给没有土地的贫农，让其耕作以慕容一族为首的统治阶层的苑田。此外，对这些苑田农民的压榨似乎比较苛酷，《晋书》卷一百八《慕容皝载记》中有这样的记载：

> 皝迁都龙（柳）城……以牧牛给贫家，田于苑[1]（庄园）中，公收其八，二分入私。有牛而无地者，亦田苑中，公收其七，三分入私。

《资治通鉴》卷九十七永和元年（345）正月条中有更为详细的记载，但不管怎样，这样的榨取比率实在太高，因而封裕对慕容皝进行劝谏，将借官牛者的田租改为十分之六，使用私牛者的田租改为十分之五，才终于与曹魏的屯田税率相同。像这样的苑田经营不只限于慕容皝，以慕容氏一门为首的贵族、功臣们应当也都分别进行着。就这样，慕容氏通过迁徙汉人流民令其定居并榨取其生产力而奠定了建国的经济基础。而更进一步，亦可以说慕容政权赖以打倒同族的段部以及冉闵政权并掌握华北霸权的能量是从其巧妙的流民对策中挤榨出来的。

此外，将慕容政权的徙民政策进一步扩大、在流民的定居方面取得显著成果的是成为华北征服王朝的北魏。关于北魏的徙民政策，河地重造《北魏王朝の成立とその性格について》（《东洋史研究》第12卷第5号）一文中曾经论及。而就五胡时代拓跋部的徙民来说，其中规模最大者，是太祖拓跋珪在征服后燕国后将山东六州的民吏以及慕容部民、高句丽人之杂夷三十六万人、百工伎巧十万余人迁徙到平城，接下来又将官吏、豪族等两千家迁徙

---

① 《晋书》中原作“宛”，据《通典·赋税门》以及《资治通鉴》卷九十七改为“苑”。

到平城之举。[1]

第三节　五胡政权与士人、汉文化

建立起五胡诸政权的刘渊（汉国）、石勒（后赵）、慕容皝（前燕）、苻坚（前秦）、姚苌（后秦）等相对于汉人都出身于异民族，但他们在华北建立起政权后，都积极吸收中原的制度、文物，致力于国家建设。为此五胡政权治下的汉人中，知识分子分别按照其能力而在行政、学问或教育等领域得到提拔，又或是被任用于制度的设计，为新国家的秩序建设而合作并作出贡献。对这些汉人进行分类，可以将其归为两大类型。

第一类是尽管遭受了西晋末的八王之乱、永嘉之乱等频仍的战乱，却能够保住父祖所传下来的地盘、致力于守卫乡党的所谓在乡豪族、大姓。他们不仅维持了自己的地盘，而且趁着政治、社会上的混乱，专心于扩大自己所有的土地、招徕更多的佃户。并且有时为维持自己的身份和社会特权，亦与异民族政权妥协，或是积极地参与、协助政权的建立和国家建设。

第二类——虽然其数量应当远远不及第一类——乃是如前所述（第65页），不堪穷乏而舍弃故乡、率领流民集团而定居他乡的坞主及其一党。他们也曾经是在其乡土被称为望族、姓族的人们，而五胡政权对这些流民集团或是怀柔，或是诉诸武力而将其纳入自己的势力之下，以使其协助国家建设。

就这样，不管是属于第一类还是第二类，将一身寄托于五胡政权的人们在以此来寻求一门一家的安全和荣达的同时，即使身处非汉族政权，亦努力通过让这些政权实施中原传统的礼制政治来实现自身的理想。接下来便举出具体事例，来对这些汉族士人与五胡君主以及政权的关系进行考察。

---

① 太祖向平城进行大规模徙民是在攻陷邺都、灭掉后燕国的天兴元年（398）。《魏书》卷二《太祖纪》中云：

> 春正月，……徙山东六州民吏及徒何（慕容部民）、高丽杂夷三十六万，百工伎巧十万余口（《食货志》中云"吏民及徒何种人、工伎巧十万余家"），以充京师（平城）。

接下来十二月条中又云：

> 徙六州二十二郡守宰、豪杰、吏民二千家于代都（平城）。

据这些记载，此时约有近五十万人被强制徙民。

刘氏政权与士人、汉文化　关于建立起第一个五胡政权汉国的刘渊，《晋书》卷一百一《刘元海载记》中有如下记载：

> (刘元海)幼好学，师事上党(今山西长治)崔游，习《毛诗》《京氏易》《马氏尚书》，尤好《春秋左氏传》、孙吴兵法，略皆诵之，《史》《汉》、诸子，无不综览。

由此可知刘渊是匈奴族中第一流的有教养之人。而这应当是因为他在年轻时(西晋咸熙年间)作为质子留居洛阳期间，曾交结中原的知识分子和游侠。故而刘渊在山西左国城起兵并宣布独立时，据《晋书》中所云：

> (匈奴)五部俊杰无不至者。幽冀名儒，后门秀士，不远千里，亦皆游焉。

出身华、夷的众多士人皆赶往其帐下。

刘渊建立汉国后，从这些辅助的士人中任命刘宣为丞相、崔游为御史大夫、刘宏为太尉等，依照中原的制度整备了官职。

刘宣出身于匈奴五部中的右部，乃是刘渊的从祖。据《晋书》卷一百一中的记载，此人朴钝少言，曾师事乐安(今山东博兴)的孙炎，好读《毛诗》《左氏传》。学成归来后，每读《汉书》之萧何、邓禹传皆大为感慨奋激。其后刘宣因并州刺史王广的关系而得以谒见晋武帝，并受到武帝欣赏而被任命为五部匈奴中的右部都尉。据说刘渊即位完全是出于刘宣之谋(第18页)。

而除了上述的崔游之外，汉人中还有左於陆、王宏、范隆、朱纪、崔懿之、陈元达等往投刘渊。崔游是山西上党人，刘渊独立时已经七十多岁。他虽被任命为御史大夫，但固辞而没有就任。

除这些人以外，刘渊帐下还有石勒、王弥等有名的武将。关于石勒，在第二章第一节Ⅱ“石氏政权”小节中已经加以介绍。而王弥则是山东东莱郡人，其家世为二千石。他生来无赖，但长于权略，西晋惠帝末年东莱郡发生动乱后，王弥率领家僮投奔作乱者。首领死去后，王弥进入长广山招集流民而侵寇泰山、鲁国、汝南、颍川、襄城等山东、河南诸郡，又侵入许昌，从府库中盗取武器以武装部众，成为一大势力。他乘晋末大乱而袭击国都洛阳，但反为晋军所败，于是依靠曾在刘渊作为匈奴五部质子留居洛阳时与其相知遇的关系而投靠刘渊。

就这样王弥成为刘渊的部将转战河南，他利用曾身为流贼的经验，成功地将各地的流民群吸收到部队中，其势力日渐强大。在刘渊的晚年，王弥成为侍中，青、徐、兖、豫、荆、扬六州诸军事，征东大将军兼青州牧，以山东一带为势力据点(《晋书》卷一百《王弥传》)。

在继承刘渊的刘聪之下，除了前朝以来的石勒、王弥外，还有族弟刘曜等勇将，政治方面则有刘景任大司马、刘殷任大司徒、王育任大司空，此外王鉴任尚书令、前朝以来的崔懿之任中书监、曹恂任中书令。尽管刘聪是性格粗暴、猜疑心很重的君主，其臣下中却很罕见地有众多忠诚的汉族士人。比如之前所列举的王鉴、崔懿之、曹恂三人在刘聪欲以其宠婢为左皇后时以死进谏，要求其遵守礼制。而中军王彰对刘聪耽于游猎、不分昼夜的做法感到忧虑，决死进谏，结果触怒刘聪，当即被下令处以斩刑，因为刘聪生母、弟刘乂、子刘粲以及诸公卿列侯百余人的劝说才得以保住性命。

此外，廷尉陈元达曾直谏刘聪之乱行云，"臣所言者，社稷之计也，而陛下杀臣。若死者有知，臣要当上诉陛下于天，下诉陛下于先帝"(《晋书》卷一百二《刘聪载记》)，为此刘聪震怒而欲将其处斩，因为刘聪宠姬刘贵人的劝说才免于一死。陈元达此后亦不断对刘聪脱离常轨的行为犯颜直谏，而到最后终于说出：

> 人之云亡，邦国殄悴。吾既不复能言，安用此默默生乎！

而自杀。这些事例仅仅用"忠臣"一词无法完全概括。应当说他们作为尊奉有着自东汉以来悠久传统的儒教道德的中原士人，即使是面对出身异族的君主，亦努力让其遵守儒教秩序而践行人伦之道，最终因为这一不能舍弃的意念而献出了生命。

石氏政权与士人、汉文化　后赵国主石勒虽然出身卑贱，但在异民族出身的君主中却能充分理解汉文化，并且是出色的政治家。恐怕在五胡、北朝时期的诸君主中，石勒可以说是第一流的政治家。其施政的要诀有：(1) 流民的定居化,(2) 对汉族知识分子、士人的召用等。

(1) 关于石勒的流民对策,如同前节中已经考察的,主要是怀柔、招抚各地的坞主,瓦解坞堡组织,将坞众吸收并集体徙民到自己的势力范围内。

(2) 在对待士人、汉人知识分子的政策上,对持中立、观望态度的士人、望族积极加以招请,并设法让他们的知识、能力能够在政治、学问、教化以及其他相适应的领域得到发挥。为此石勒保留士人、望族阶级的特权地位,采取了免除其兵役、课役等优待措施。特别是对于学者、知识分子(有学识经验者),将其作为顾问团而设立"君子营",又在根据地襄国城内的崇仁里设置特别区域,或是仿照魏晋之制而按照九品实施选举,又创设秀孝试经之制而任命士望为官僚等,在收揽汉人之人心方面展现出了非凡的政治手腕。① 不过他任用官僚的方针与历来重视门第的门阀主义相比,更着重于重视个人能力的人才主义。②

不过,石勒在以冀州二十四郡为赵国(后赵)而独立建国后,其建国之原则乃是以胡族为核心的政治,比如"以大单于镇抚百蛮""号胡为国人"等宣言即可以说是胡族中心的政治。然而在表面方针上,他作为华北的霸主还是公开提出了儒教主义的重农政策。为此他需要具有儒教教养的人才,因而不得不在选用官吏时采取重视个人能力的所谓人才主义。

承石勒之后的石虎亦如《晋书》卷一百六《石季龙载记》中所云:

---

① 关于君子营,有以下记载:

> (石勒)进军攻钜鹿、常山,害二郡守将。陷冀州郡县堡壁百余,众至十余万,其衣冠人物集为君子营。乃引张宾为谋主。(《晋书》卷一百四《石勒载记上》)
>
> 石勒每破一州,必简别衣冠,号为君子城。(《太平御览》卷一九三《居处部二十一》)

此外,关于襄国崇仁里的特别区域,在《晋书》之《石勒载记下》中有以下记载:

> 季龙引军城封丘而旋。徙朝臣掾属已上士族者三百户于襄国崇仁里,置公族大夫以领之。

② 《晋书》卷一百五《石勒载记下》:

> 勒清定五品,以张宾领选。复续定九品。署张班为左执法郎,孟卓为右执法郎,典定士族,副选举之任。令群僚及州郡岁各举秀才、至孝、廉清、贤良、直言、武勇之士各一人。……以牙门将王波为记室参军,典定九流,始立秀、孝试经之制。……又下书令公卿百僚岁荐贤良、方正、直言、秀异、至孝、廉清各一人,答策上第者拜议郎,中第中郎,下第郎中。其举人得递相荐引,广招贤之路。

据《资治通鉴》,石勒定五品之制、令张宾领选乃是在大兴三年(320),承晋制而立秀孝试经之制是在咸和元年(326)。

> 镇远王擢表雍、秦二州望族，自东徙已来，遂在戍役之例，既衣冠华胄，宜蒙优免，从之。自是皇甫、胡、梁、韦、杜、牛、辛等十有七姓蠲其兵贯，一同旧族，随才铨叙。

他继承了石勒的方针，在优待有才能的姓族的基础上分别“随才铨叙”。而这样的贤才主义在整个五胡时代都被沿袭，并且到北魏时代其倾向逐渐加强。[①]

像这样的人才第一主义正是瓦解以门阀主义为堡垒的贵族制的原动力，后来发展为隋、唐时代的科举制。

接下来回到石勒与士人们的关系进行考察。石勒能够充分听取自己所举用的士人们的意见，诫饬百官，令其整饬威仪而对汉族施行礼制政治，同时又为流民群建立秩序，令其计口受田而从事开拓耕作。并且石勒还经常向地方州郡特派使节令其督课农桑，并且为了地方人民能够安居乐业而新设了以监护汉人为使命的“门生祭酒”营。

而对于胡族，为了惩处不习惯新国家的体制而经常脱离常轨的胡族，石勒设置了“律学祭酒”，并着意于法令的整备及其严格实施。接下来又命令为管理有关胡族的诉讼而设立的“门臣祭酒”采取严肃措施，禁止胡族凌侮汉人士族等不法行为。由此可知在胡族处于优势的五胡时期，不仅是一般汉人，就连士族亦受到胡人的凌辱。关于这些胡族蛮横无理的不法行为，《资治通鉴》卷九十二太宁元年(323)条中可以见到这样的事例：

> 后赵王勒以参军樊坦为章武内史，勒见其衣冠弊坏，问之。坦率然对曰：“倾为羯贼所掠，资财荡尽。”勒笑曰：“羯贼乃尔无道邪！今当相偿。”坦大惧，叩头泣谢。勒赐车马、衣服、装钱三百万而遣之。

根据以上所述的石勒对士人的照顾一事，亦可以窥见君临汉族的胡族君主石勒的政治姿态。

此外，石勒自身虽然无学，但却很理解汉文化，而且亦是汉文化的可靠

---

① 关于北魏时期的贤才主义，参照谷川道雄《北魏官界における門閥主義と賢才主義》(《隋・唐帝国形成史論》第二篇第二章)。

保护者。关于此点,《晋书》之《石勒载记》中有这样的插曲:

> 勒因飨高句丽、宇文屋孤使,酒酣,谓徐光曰:"朕方自古开基何等主也?"对曰:"陛下神武筹略迈于高皇,雄艺卓荦超绝魏祖,自三王已来无可比也,其轩辕之亚乎!"勒笑曰:"人岂不自知,卿言亦以太过。朕若逢高皇,当北面而事之,与韩彭竞鞭而争先耳。脱遇光武,当并驱于中原,未知鹿死谁手。大丈夫行事当礌礌落落,如日月皎然,终不能如曹孟德、司马仲达父子,欺他孤儿寡妇,狐媚以取天下也。朕当在二刘之间耳,轩辕岂所拟乎!"

其言可谓是有自知之明。而据此亦可知石勒所私淑的当是汉高祖。

关于石勒自幼喜爱汉文化一事,《晋书》中亦记载其在军旅中经常令学者读《春秋》《史记》《汉书》等史书而热心地听讲,有时还发表自身的评论、感想以为臣下之诫。石勒此种为人及其对汉文化的深厚理解应当将很多士人及汉人知识分子吸引到其帐下。那么,石勒的智囊都有哪些人呢?首先应当举出的是张宾。

石勒之霸业多仰赖于张宾之翼赞之功。关于张宾,前文中(第 25 页)亦有言及,其乃是河北赵郡中丘(今河北内邱)人,在石勒还只是刘渊的部将经略河北、山东方面时便将希望寄托在石勒的将来而入其麾下。此时石勒的对手是王弥,两者为将河北、山东纳入势力范围而互相拮抗、各不相让,随后石勒依靠张宾之计而打倒这一强敌,收其部下兵士,这成为石勒实现霸业的重要一步。而建议石勒将根据地设在襄国的亦是张宾。

占据襄国开始国家建设的石勒首先为整备官僚制度以统治汉族而决定实施选举制度,并令张宾领铨。据说后赵国石氏政权的政治体制大多参酌魏、晋之制,而在这一点上张宾亦应发挥了相当大的作用。从《晋书》之《石勒载记》末尾所附的《张宾传》中"成勒之基业,皆宾之勋也",以及"勒甚重之,每朝,常为之正容貌、简辞令,呼曰'右侯'而不名之"等文字来看,亦可知石勒对军师张宾之另眼相看。

以张宾为首的汉人智囊还有长史张敬,左右司马张屈六、程遐,中书令徐光以及韦谀、赤阳、卢谌,还有刁膺、续威、夔安、孔苌、支雄、桃豹、逯明等,而在灭掉幽州刺史王浚后，裴宪、荀绰、傅畅、杜宪、任播、崔渊等亦投入石勒之帐下。[①] 在幕僚之中，地位排在张宾之后的是程遐。他很早便作为司马辅佐石勒，邺都建成后，石勒令世子石弘代替石虎镇守邺都，而这据说是因为石勒接受了很早便看出石虎有不轨之心的程遐的进言(《资治通鉴》卷九十五咸和七年四月条)。中书令徐光亦经常对石勒直言进谏。而咸和三年(328)石勒欲攻击身处洛阳的前赵国主刘曜时，不顾诸将的强烈反对而赞成、鼓舞石勒的亦是徐光。据《高僧传》所记，徐光听说佛图澄预言"大军若出，必擒刘曜"后劝说石勒出击。

如此看来，当时野心勃勃而不得志的士人们云集到石勒的麾下，而石勒能够将这些人才不分清浊一概招揽，并将合适的人安排到合适的位置上，从奴隶、野盗之身最终成为华北霸主，不愧是五胡群雄中的英杰。

慕容政权与士人、汉文化 慕容部政权对待汉人士望及汉文化的姿态与以上所述的刘氏政权及石氏政权的不同之处在于，当初慕容部在长城外的辽东、辽西地区时便已将众多汉人吸收到政权之内，通过巧妙地利用这些汉人的农业生产能力、政治能力或是儒教教养而致力于国家建设以及强化国力、进入华北。也就是说，慕容部在打倒冉闵政权而占据华北时，已经拥有了与前辈刘氏政权和石氏政权相比毫不逊色的统治能力以及国家体制。而这都要归功于慕容廆、慕容皝、慕容儁三代人致力于招用汉人知识分子和有能力的士人，接受汉文化及制度。

《晋书》卷一百八《慕容廆载记》中云：

> 曾祖莫护跋，魏初率其诸部入居辽西，从宣帝伐公孙氏有功，拜率义王，始建国于棘城之北。……父涉归，以全柳城(今辽宁朝阳)之功，进拜鲜卑单于，迁邑于辽东(今辽宁辽阳)北，于是渐慕诸夏之风矣。

---

① 《资治通鉴》卷八十七永嘉三年(309)条中列举石勒所任用的主要人物云：

> 以赵郡张宾为谋主，刁膺为股肱，夔安、孔苌、支雄、桃豹、逯明为爪牙，并州诸胡羯多从之。

而《晋书斠注》中所引敦煌本《晋纪》中记载石勒灭掉幽州刺史王浚后，以下人物归顺石勒并得到任用：

> 旧族见用者，河东裴宪、颍川荀绰、北地傅畅、京兆杜宪、乐安任播、清河崔渊。

当时在辽东(今辽宁辽阳)驻留着为晋朝监视东北的东夷校尉,因而此地成为辽东地区一带的军政及文化中心,而由以上引文可知,在慕容部民之中,中原文化亦开始不自觉地渗透。到了慕容廆时代,从他们的态度中已经可以看出对中原国家的对抗姿态,而这应当是因为受到汉文化洗礼后开始出现民族自觉。比如慕容廆在被晋廷拜为鲜卑都督时以士大夫之威仪前往东夷校尉的衙门东夷府致敬,而东夷校尉何龛严兵引见,为此慕容廆云"主人不以礼,宾复何为哉"而改穿戎服进见(《晋书》卷一百八《慕容廆载记》)。这表明慕容廆已经通晓中原的礼俗,对于何龛的轻侮表现出了强烈的抗拒心理。从他这种态度中亦可以感受到以晋室为不足挂齿的不屈气概。此外晋怀帝从洛阳蒙尘到平阳后,幽州刺史王浚以承制的名义拜慕容廆为散骑常侍、冠军将军、前锋大都督、大单于而欲使其居于自身之下,而慕容廆没有接受。这应当亦是出于同样的态度,而这种态度的背后应当有着慕容廆麾下士人们的献策。

慕容廆从辽东进据辽西并将其根据地移到青山(今辽宁义县东北)后,在中原,匈奴五部的刘渊独立并建立汉国,而为了避开由此产生的骚乱,有众多汉人流民群从河北、山东、河南涌入关外的辽东、辽西地区。慕容廆根据这些汉人流亡士民的乡郡而划出一定地域让他们定居。比如为冀州人设置冀阳郡,为豫州人设置成周郡,为并州人设置唐国郡,为青州人设置营丘郡,而分别迁徙流民令其从事农耕。就这样,慕容廆在其领内各地设置郡县并迁徙流亡汉人,利用他们的农耕生产能力来增强国力。而对这些流亡汉人中的知识分子以及士人中的能吏贤才,亦根据其才能而任用于适当的职位。

此处对见于《晋书》之《慕容廆载记》中的这些人物进行列举。谋主有河东裴嶷、代郡鲁昌、北平阳耽,肱股之臣有北海逢羡、广平游邃、北平西方虔、渤海封抽、西河宋奭、河东裴开,以文才位居枢要的有渤海封弈、平原宋该、安定皇甫岌、兰陵缪恺,而会稽朱左车、太山胡毋翼、鲁国孔纂等亦以德望知名。此外,平原刘赞以通儒而受到尊敬,世子慕容皝等一族子弟均受业其下。《晋书》之《慕容皝载记》称赞此时之慕容部的情况云"于是路有颂声,礼让兴矣",此言虽多少有溢美之词,但亦可以充分看出慕容廆迁到辽西后,慕容部主要通过投奔、留寓在领内的汉人来热心地接受、吸收汉文化,并致力于采纳礼制。[①]

对慕容部的崛起大感惊异的是为监视辽东地区而驻留在辽阳的东夷校尉崔毖。他暗中与高句丽以及与慕容部同属鲜卑系的宇文部、段部等联手，企图打倒慕容廆，结果反而大败奔逃，辽东地区最终成为慕容廆的势力范围。《晋书》之《慕容廆载记》末尾所附的《高瞻传》中云：

> （高瞻）乃与叔父隐率数千家北徙幽州。既而以王浚政令无恒，乃依崔毖，随毖如辽东。……及毖奔败，瞻随众降于廆。

而同书卷一百十《慕容儁载记》末尾所附的《韩恒传》中亦云：

> 永嘉之乱，避地辽东。廆既逐崔毖，复徙昌黎（位于今辽宁义县境内），召见，嘉之，拜参军事。

由此可知由于崔毖的败亡，辽东地区的众多汉人移居辽西，进入慕容部的势力之下。

此外，《资治通鉴》之大兴四年（321）十二月条中云：

> （东晋）以慕容廆为都督幽平二州东夷诸军事、车骑将军、平州牧，……听承制置官司守宰。廆于是备置僚属，以裴嶷、游邃为长史，裴开为司马，韩寿为别驾，阳耽为军谘祭酒，崔焘为主簿，黄泓、郑林参军事。

这应当是东晋朝廷不得不承认慕容廆在辽东、辽西地区霸权的结果。

到了继承慕容廆的慕容皝的时代，辽西、辽东的一体化进一步发展，众多豪族、大姓被从辽东徙民到辽西，棘城（参照第二章第 34 页注②）附近新

---

① 关于此事，《资治通鉴》卷九十一大兴三年（320）三月条中云：

> 裴嶷至建康，盛称慕容廆之威德，贤俊皆为之用，朝廷始重之。……乃遣使随嶷拜廆安北将军、平州刺史。

由此亦可看出东晋朝廷对于慕容政权的评价逐渐发生变化。

设了和阳、武次、西乐三县。其后慕容皝与后赵石虎联手灭掉段部，并将其故地的汉人三万余户迁到柳城，随后又整备都制，于 341 年迁都到此地，将其名称改为龙城，并即燕王位。废除东晋年号亦是在此时。此外三万余户应当有十几万人，而其中应有很多知识分子以及能吏、贤才之士。

慕容皝在整备都制的同时还整备官制，建立学校，致力于振兴教育。此时招募官吏子弟千余人为官学生，而这些任用的官吏中恐怕有为数不少的汉人。慕容皝为正燕王之威仪而模仿中原的天子，出入乘坐六匹马的车驾，又将其妻称为王后，将其世子称为太子，而这些应该都是基于汉人官僚们的进言。

如此看来，慕容政权在慕容廆、慕容皝两代将众多汉人收容到其领内，热心接纳汉文化及文物，采用礼制、官制、法制等而致力于建设中原式的国家体制，故而其在辽西时期便已达到了与华北的胡族诸政权相比毫不逊色的水平。

348 年第三代慕容儁即燕王位后，正逢在中原内地的后赵国发生冉闵革命而陷入混乱，慕容儁当即进驻华北，于 352 年在中山（今河北定州）即帝位，国号称大燕。这便是所谓前燕国。《晋书》卷一一〇《慕容儁载记》中云：

> 建元曰元玺，署置百官。以封弈为太尉，慕容恪为侍中，阳骛为尚书令，皇甫真为尚书左仆射，张希为尚书右仆射，宋活为中书监，韩恒为中书令，其余封授各有差。追尊廆为高祖武宣皇帝，皝为太祖文明皇帝。

也就是说前燕早在此时便已设置了太尉、侍中、尚书令、尚书左右仆射、中书令、中书监以及以下百官。若没有士人的协助、参与，这样的国家官僚机构应当无法建立。追尊父祖慕容廆、慕容皝为皇帝的做法亦在很大程度上有着向华北的汉人宣示这一国家向新生中原式国家转化的意义。燕国之所以能够像这样在进驻华北后迅速转换到中原式的国家体制，乃是因为慕容政权从辽西时期开始便招用众多汉人、接受汉文化，而逐渐驯化于中原式体制。而且不单是慕容氏很早便习惯了汉文化和中原式体制，在慕容政权做官的汉人官僚们也从辽西时期开始便积极怂恿慕容廆、慕容皝①等君临中

① 编者注：原文作“慕容儁”，误。

原。其中有一例乃是《资治通鉴》卷九十大兴元年(318)三月条中所记的谋臣裴嶷对慕容廆的进言：

晋室衰微，介居江表，威德不能及远。中原之乱，非明公不能拯也。今诸部虽各拥兵，然皆顽愚相聚，宜以渐并取，以为西讨之资。

苻氏政权与士人、汉文化　取代前燕国慕容政权的前秦国苻氏政权亦在其高祖苻健与前燕国挟关而东西对立时便致力于国家建设，在打败东晋将军桓温的北伐军后，苻健更加着意于充实内政，优礼耆老，尊重儒学，设法提高文化水平(《晋书》卷一一二《苻健载记》)。而据《全晋文》卷一五一中所云：

公卿已下，岁举贤良方正、孝廉清才、多略博学、秀才异行各一人。

苻健还留意于选用博学、孝廉、秀才等人才。苻健的政策之中与其他五胡群雄显著不同的地方是，他采用所谓重商主义政策而重用商人，在繁荣国内商业的同时与东晋亦通过汉水、长江进行交易通商，并设法从较远的南方输入珍贵的货物以及弓竿、漆蜡等特产，努力充实国库(第 48 页)。为此有经国济民之才的汉人知识分子及士人、商人都得到了任用。

弑杀承苻健之后的不肖太子苻生而代立的苻坚因为生长于邺都，在年轻时就已经具备了儒学教养，再加上天性中的经世大志，故而在其还未继承大业时便已将众多知识分子及士人——王猛、吕婆楼、强汪、梁平老——吸引到其帐下。而即位后，苻坚以尊重汉文化的传统为施政方针，致力于兴学校、教化民众。他令公卿以下子弟进入太学读书，自己也坚持每月一次临幸太学，亲自考学生之经义而评出等第，对于振兴学问倾注了莫大的热情。而对于庶民，若有至少能通一经、秀于一艺者，便将其招用到中央做官，又或是旌表通儒、廉直、孝悌等；另一方面，百石以上的官吏若是不通一经、不成一艺，则将其免官为庶民，采取了以能力为中心的任用方针。

苻坚手下亦有王猛以及吕婆楼、强汪、梁平老等众多汉人、胡人智囊，而其中他最为信任的是王猛。关于王猛，之前亦曾加以介绍(第 49—50 页)。

他是山东人，少时贫贱，以卖簸箕为生，但不拘小事，勤奋好学，尤其精通兵书，苻坚偶然听闻王猛的名声后以厚礼将其招致。苻坚即帝位后，王猛作为丞相而执掌枢机，建立法制，以严刑峻法整顿了秦国的秩序。《晋书》之《苻坚载记》中云“王猛整齐风俗，政理称举，学校渐兴，关陇清晏，百姓丰乐”。关于整顿秩序一事，若举出具体例证，则王猛最初着手的是对专恣无法、时常凌辱汉人、有动辄引起民族纷争之患的氐族统治阶层加以严厉整治。关于此事，《晋书》卷一一三《苻坚载记》中有这样的逸闻：

> 特进樊世，氐豪也，有大勋于苻氏，负气倨傲，众辱猛曰：“吾辈与先帝共兴事业，而不预时权；君无汗马之劳，何敢专管大任？是为我耕稼而君食之乎！”猛曰：“方当使君为宰夫，安直耕稼而已。”世大怒曰：“要当悬汝头于长安城门，不尔者，终不处于世也。”猛言之于坚，坚怒曰：“必须杀此老氐，然后百僚可整。”俄而世入言事，坚谓猛曰：“吾欲以杨璧尚主，璧何如人也？”世勃然曰：“杨璧，臣之婿也，婚已久定，陛下安得令之尚主乎！”猛让世曰：“陛下帝有海内，而君敢竞婚，是为二天子，安有上下！”世怒起，将击猛，左右止之。世遂丑言大骂，坚由此发怒，命斩之于西厩。……自是公卿以下无不惮猛焉。

同卷中还记载：

> 其特进强德，健妻之弟也，昏酒豪横，为百姓之患。猛捕而杀之，陈尸于市。其中丞邓羌，性鲠直不挠，与猛协规齐志，数旬之间，贵戚强豪诛死者二十有余人。于是百僚震肃，豪右屏气。

对此连苻坚亦感叹道“吾今始知天下之有法也，天子之为尊也”。

此外，王猛向苻坚所提出的政策中，还包括之前所述的（参照第48页）抑制先代苻健所采用的重商政策而转向传统的重农政策、劝课农桑而致力于国土的开发（第49—50页）等。想来在当时关中这样的落后地区，就算通商、贸易能够带来一时的景气，也只不过是强心剂所导致的暂时刺激作用，对伴随着物价飞涨的通货膨胀所带来的社会、经济弊害——物价飞涨引起经济混乱、贿赂盛行、盗贼横行等，导致秩序混乱、人心荒废——感到忧虑的王猛采取了彻底的抑商政策，在转换到重农政策，开拓耕地、奖劝农桑的同时兴学校、崇儒学、培养人们的廉耻之心等，致力于德行的涵养。就这样，王猛受苻坚的厚托而总裁诸般军事、政务，终于使苻坚实现了统一华北的霸业。

王猛于375年在五十一岁时病殁，而他对于苻坚来说既是宰相，也是师父，又是将军。因此苻坚才会说出"若文王得太公"之语，将自己与王猛的关系比作周文王与吕尚的关系而大加赞赏，又敕其子苻宏、苻丕等人云"汝事王公，如事我也"。

如以上所论，五胡诸政权的君主在建设国家时，均将汉人知识分子和士人招集到手下，分别根据各自的能力而加以任用，参酌中原传统的礼制、法制、官制等制度，尤其是最近遗存下来的魏晋之制而建立统治体制。想来造成这一现象的原因之一应当是他们之中大多数人——除了统一华北的慕容氏以外——从父祖以来或是从年幼时起，便潜居在中原内地，习惯于中原的风俗，并且具备儒学教养。

另一方面，辅佐这些胡族君主的建国功臣，尤其是其中的汉人知识分子和士人，比如后赵国的张宾、前燕国的裴嶷、前秦国的王猛等即使是士人出身，亦只是所谓寒门士人，他们将成就青云大志的愿望寄托在了胡族君主的身上。他们希求通过胡族君主来实现自己所理想的儒教礼制政治。坚信礼制政治才是纠正动乱的社会秩序并加以维持之大本的他们，不断要求、劝诫胡族的君主和统治阶层在中原的史事和历史人物中寻求政治、道义上的规范，注意自己的言行。赌上性命对汉国主刘聪的乱行进行劝谏的崔懿之、曹恂以及王彰、陈元达等人（第73页）正是对此加以实践的人物。而辅佐后赵国主石勒的张宾以及翼赞前秦国主苻坚的王猛等则是依靠胡族君主而试图实现自己理想的礼制政治的政治家。

想来在五胡时期的胡族君主中，如同后赵国主石勒曾将自己比作东汉光武帝而以此自负那样，比起中原历代的开国之君及贤君来并不逊色的人物绝非少数。比如汉国主刘渊、后赵国主石勒、前秦国主苻坚以及北魏太祖拓跋珪等在五胡战乱时期的众多群雄中亦可以说是杰出的英主。他们将胡、汉的优秀宰相、谋主、勇将招集到自己麾下，将适当的人才举用到适当之位而成就了霸业，但可惜的是除了北魏的拓跋珪，他们都没有合格的继承者，结果一代或两代而终，上演了一出被称为五胡十六国的令人眼花缭乱的政权兴亡大戏。

［昭和四十三年(1968)十月收入《京都大学文学部研究纪要》第十二号，昭和五十七年(1982)九月补订］

第四章　慕容王国的建立及其特征

序　　论

在拙著《中国征服王朝の研究》一书上卷第一章《北アジアにおける历史世界の形成と发展》中，著者曾提出，通观北亚世界的历史发展过程，大体上可区分出像匈奴王国、鲜卑王国、柔然王国、突厥王国、回鹘王国等游牧骑马王国和像辽帝国、金帝国、蒙古帝国以及大清帝国这样的征服王朝这两种国家类型。为展开本章的论述，著者希望读者能够对这两种国家类型有所了解，故而以下先对其要点进行叙述。

游牧骑马王国类型如之前列举的匈奴王国、鲜卑王国、柔然王国、突厥王国以及回鹘王国等那样，即使控制了整个北亚世界，亦始终只以北亚为其生活范围、势力范围，而不曾越过长城、占据中原内地并使其成为自己的领土。并且这些游牧王国以畜牧经济——一部分亦依靠狩猎经济——为发展自己国力的经济基础，此外一般来说还经常征服西域的诸城邦（都市）国家，垄断东西方交通路线以获取陆上贸易的通行费用。故而对于中原，属于这一类型的王国虽然会暂时侵入并掠夺人畜，却不曾将整个部族都移居到中原。

进行了这样类似于定义的叙述后，或许有人会以成吉思汗的蒙古族作为反证。然而蒙古族在太祖成吉思汗及太宗窝阔台汗时进驻中原，乃是他们征服世界过程中的最后阶段，并不是游牧国家国力发展的基础从畜牧转换到农耕的必然结果。因此，从他们对待中原及汉人的态度来看，其立场亦并不重视中原的农业生产力，却反而要将其土地变为牧场，以蒙古族的封建制来统治汉人。然而第五代忽必烈汗建立元朝后，他开始真正君临中原，采取符合传统中原方式的统治方法。从蒙古族的立场来说，这其实是汉化的汗国而并非蒙古本家所统治的蒙古帝国，亦可以看作是忽必烈汗国。自从忽必烈与其弟阿里不哥对抗，以长城地带及中国北部地区为根据地而即帝位以来，他已经不被看作是真正意义上的本家蒙古帝国的继承者。可以说元朝从此时开始，作为蒙古族与汉族合作建立的畜牧农业国家出发，接下来定都于大都（北京）后，则逐渐变质为以农耕为国力发展基础的国家，也就是所谓中原征服王朝。故而虽说都是蒙古族所建立的国家，但应当认为从太祖成吉思汗到第四代宪宗蒙哥汗为止的蒙古帝国属于游牧骑马王国类型，而从第五代世祖忽必烈汗开始的元朝则是征服王朝型。

而在中国的历史上，属于第二类型征服王朝型的，除了元朝以外还可以举出北魏、辽、金、清等王朝。而作为本章主题的慕容王国则可以认为是中原征服王朝的原型。这些征服王朝所共通的历史特征是，在其由首长统一部族内部及北亚世界后，不管其根据地是像世祖忽必烈汗的元朝那样在长城地带，还是像辽朝那样在西拉木伦河，又或是像金朝、清朝那样在东北的中部，它们均会越过长城进入华北，并俘虏作为农耕民的汉族而将其集团徙民——其中亦有汉族在豪族的率领下集体前来投靠的情况，以此形成北亚游牧部民及农耕汉人合体的牧农国家。而它们则依靠这些农耕民的生产力来增强国力，随后作为必然的结果而正式进驻、移居到内地，最终将国家的重心置于中原。像这样进入中原后，它们大多都会随着时间的流逝而在社会生活上、经济上和文化上被汉化，这乃是历史上所见到的中原征服王朝的常例。

以上站在北亚民族的立场上对征服王朝进行了考察，而接下来则有必要转换立场，观察接受这些异民族征服者的中原社会。具体来说，我们要考察中原社会中哪个阶级的人们接受这些异民族作为自己的征服者，并与其合作而建立起征服王朝式的统治权力。关于此点的详细论述可参照《中国征服王朝の研究》中卷所收的《中国征服王朝の总括》（第 624—655 页）一文，此处仅叙述结论。

不管是北魏还是辽、金、元、清诸王朝，在它们进驻华北后，接受它们并与其合谋而构成强大的统治权力的乃是在前王朝——不管是汉族王朝还是异民族政权——末期难以抵抗民众自下而上的农民起义式的压力而一味谋求保身的官僚及豪族乡绅等地主阶级。因此与这些阶级相结合而得以进入内地的征服王朝都理所当然地与农民起义等处于对立关系，以其强大的武力来镇压农民起义。

以上面的论述作为预备知识，基于作为本文讨论对象的慕容政权在古代北亚民族之中建立起了中原征服王朝的原型这一想法，在此对其国家的形成过程进行考察。

第一节　鲜卑王国的形成与分裂

匈奴族所建立的匈奴王国称雄蒙古高原的时期长达二百五十多年，而其王国后来分裂为南北两大集团并衰亡，接下来代其统一北亚游牧诸部族的是以鲜卑族为核心的鲜卑王国。

鲜卑族是蒙古系部族之一，属于《史记》《汉书》中的东胡民族，与据说是东胡族之后的乌丸族同为兴起于东蒙古西拉木伦河流域的部族。最初，东汉和帝时（91 年左右）北匈奴受到东汉远征军的追击而逃亡西方伊犁河流域后，鲜卑族游牧于蒙古高原一带，不过当时他们之中似乎还没有统合整个部族的中心势力。然而到了 2 世纪中期左右出现了英雄人物檀石槐，他统一了鲜卑部族，又进一步扩张领土，将匈奴王国的故地全都纳入势力范围。东汉对此大为恐惧，像曾经对待乌丸族和南匈奴族那样使用怀柔手段，但最终没能抵挡住来自北方的鲜卑的压力。

檀石槐统治其广大领域的方式是将领内分为东部、中部和西部三大部，分别设置大人，而自己则居于其上统率诸部大人。据王沈《魏书》所记，东部包括从右北平（今河北平泉附近）到辽东（今辽宁辽阳）的二十余邑，由弥加、阙机、素利、槐头四大人统治；中部包括右北平以西到上谷（今河北怀来）的十余邑，由柯最、阙居、慕容三大人统治；而西部包括从上谷到敦煌以及与西北的乌孙相接的二十余邑，由置鞬、落罗、日律、推演、宴荔游五大人统治。而檀石槐自己则据说将牙帐设在当时马邑郡辖内的高柳（今山西阳高西北）以北三百余里的弹汗山（今河北尚义县和内蒙古兴和县交接处之大青山）。如此看来，构成鲜卑王国主体的鲜卑部在漠南统合了众多游牧部族，将它们大体分为东部、中部和西部，分别以几名大人进行统辖，而檀石槐自己则以张家口外的弹汗山为根据地统领三大部。

据《资治通鉴》所记，檀石槐于东汉灵帝光和四年(181)四十五岁时去世，其子孙继承其后成为首长，如此看来可以认为在檀石槐一代人之间，以鲜卑部为核心的联合体以檀石槐为首长而大体具备了游牧国家的形式。然而檀石槐的子孙之中没有出现像样的人物，故而其部众逐渐离散，随后被出身于中部鲜卑的大人轲比能所取代。据《魏志》本传，轲比能出身于鲜卑族中的弱小部族，但因其生来勇健、裁决公平而赢得众望，成为部族长。且其部族靠近长城，故而有很多汉人为避开东汉末内地的动乱而前来归降，轲比能从这些人那里学到了制造新式兵器以及铠甲盾牌等武器的方法、用兵的战术，又学习了汉文字。不过虽说轲比能取代了檀石槐，但其势力所及似乎只限于中部鲜卑，而檀石槐的子孙依然在东部拥有势力，故而双方自然形成拮抗之势。然而魏青龙三年(235)轲比能被幽州刺史王雄所杀，鲜卑因此亡国，立刻分裂成了几个部族集团。

第二节　慕容王国建立的过程

檀石槐、轲比能之后，到3世纪过半时，在分裂的鲜卑族中逐渐出现了三四个比较有势力的强大部族。也就是以大凌河下游、相当于现在的辽宁凌海和义县一带的昌黎郡为根据地的慕容部，[①]占据西拉木伦河流域的宇文部，占据宇文部南方辽西郡之地的段部，以及位于这几个部族西方，据有内蒙古南部今呼和浩特一带的拓跋部。其中慕容部和拓跋部后来占据华北，并与汉人有着很深的交涉，故而在中国史上也极为有名。

使得慕容部跃升为历史性部族的是慕容廆这一人物。据《晋书》卷一百八《载记八》中所见慕容廆的传记，其曾祖莫护跋在魏初(3世纪初)率领部民入居辽西，在魏军讨伐称雄于现在的辽宁省的公孙氏时从军并立下了战功，

① 关于慕容部的“慕容”二字，据白鸟库吉博士所说，当是蒙古语 Bayan(富有、富人)的音译(《東胡民族考》，收入《白鳥庫吉全集》第四卷)。大凌河古来被叫作白狼水(《“満洲”歴史地理》第一卷，第146—150页)，而这里的“白狼”恐怕也是与 Bayan 相近的音。如果是这样，那么慕容部的名称或许是得自白狼水。

开始在今辽宁凌海附近的棘城[①]之北安定下来。其子木延、孙涉归(廆之父)继续承担守卫柳城(今辽宁朝阳)的任务,因其功而被封为鲜卑单于。此外在涉归时不知出于什么理由——冯家昇认为是为了避开宇文部的压迫(《慕容氏建国始末》,收入《禹贡》第3卷第11期)——将地盘从辽西转移到了辽东。

晋武帝太康五年(284)慕容廆为部民所迎立[②]后,攻击位于现在的东北地区,即跨吉林、黑龙江两省地区的扶余国,[③]接下来对南方的晋朝也时而入寇辽西地区(辽宁省西南)、时而派出使节表示臣属,巧妙地并用战争及和平两种手段来充实部内。另一方面,慕容廆亦与西邻段部通婚交好,随后于太康十年(289)迁到徒何之青山。[④] 接下来又于元康四年(294)移居到棘城,而在此处教部民农桑,尝试定居,并学习中原的晋朝而致力于建立中原式的国家制度。

---

① 关于棘城的位置,《通典》卷一九六《北狄三》中注棘城云"今柳城郡之地",此外卷一七八之营州柳城郡条中云棘城"在郡城东南一百七十里"。又,《魏书》卷一百六上《地形志》之昌黎郡龙城条下列记有柳城、昌黎、棘城,由此亦可知柳城、棘城并非一地。现在虽不能确定其位置,不过《"满洲"歴史地理》第一卷(第248页)将其比定为锦县(今辽宁凌海)附近,市村瓚次郎博士的《東洋史統》及本页注④中的余逊文考定为义县附近,杨守敬的《晋地理志图》将其置于义县之北。此处则将其置于锦县之北。

② 据《晋书》卷一百八中的慕容廆传记及《十六国春秋》之《前燕录》所记,太康四年(283)涉归死后,其弟耐——《资治通鉴》作"删"——暗中篡位并谋划杀害慕容廆,慕容廆为避祸而亡命至辽东(徐郁家)。两年之后耐为部民所杀,慕容廆终被迎回。《资治通鉴》将此事系于太康六年(285)。此外,《通典》卷一九六《慕容氏传》中记涉归有吐谷浑及慕容廆二子,其中庶兄吐谷浑移居到了西方的河湟之间,对于耐则并没有记载。吐谷浑亦见于《资治通鉴》卷九十。

③ 慕容廆攻击扶余国是在晋武帝太康六年(285),而因为此次攻击,扶余国迎来了国都被攻陷、国王依虑自杀、子弟多走沃沮的悲惨命运。不过,不久后因为晋东夷校尉(负责监视辽东者)的援助,扶余勉强得以复国。当时扶余国的领土范围与三国时期大体相同,以农安附近为根据地,领有土地一万两千余里,其范围应当如《"满洲"歴史地理》第一卷(第220页)中亦曾指出的,大体北起松花江,南到开原北方与魏的玄菟郡相接,以鸭绿江、松花江之分水岭与高句丽分境,又以松花江与牡丹江、图们江两江的分水岭与挹娄族的居住地相连,以连接辽河与嫩江的一线与鲜卑族相接。故而慕容部从涉归移居到辽东起直到慕容廆时期,应当主要位于辽阳西北方、辽河以西,与扶余国接境。此外应当注意的是,众所周知扶余是农业国,因而我们可以想象对扶余的征伐大大助长了慕容部的农耕化。

④ 徒何之青山乃是位于徒何的青山之意。徒何是汉以来所设置的县名,其位置大体可比定为锦县(今辽宁凌海)之西北(余逊《汉魏晋北朝东北诸郡沿革表》,收入《"中研院"历史语言所集刊》第六本第四分)。据《资治通鉴》注,青山位于柳城郡即今天的朝阳之东一百九十里,故将其比定为现在的义县之地。

从以上来看，慕容部在3世纪上半叶左右从辽东进入辽西，暂居朝阳附近，随后又移居到辽东的辽阳北方，到慕容廆时据青山（今辽宁义县东北）而四度迁徙，最终定居于现在的凌海北方的棘城。从此时开始，他们在畜牧的同时也从事农桑——从事农桑的与其说是慕容部族，其实主要应当是被吸收到慕容部领内的扶余国遗民以及投降的汉人等农耕民族，而在统治方面，也开始逐渐创设制度及具有仪卫性质的东西，形成国家所具有的体制。

306年，辽东郡太守庞本因为私怨而杀死东夷校尉，以此为发端，周边的部分鲜卑族反叛晋朝，而苦于中原兵乱的晋朝对此无计可施，两三年间一直对此事置之不理。借此机会，慕容廆出兵辽东，平定反叛的鲜卑族，收复了辽东并将其郡民迁徙到领内。由此辽东郡内虽然依然有辽东太守、东夷校尉、平州刺史等晋朝的官吏，但已失去了往日的权威，慕容氏在辽东郡内的势力进一步扩大。像这样借勤王之名出兵，以及为晋朝收复辽东郡等冠冕堂皇的口号应当是出于慕容廆之子慕容翰的计策。慕容翰时常劝说父亲要尊晋朝之皇帝、得汉人之心，方可成就大业。为此慕容廆收容为避开晋末内地的战乱而前来投奔的流亡汉人，建置郡县，以他们为政治顾问，又让一门子弟向他们学习学问，或是以他们为谋主。

比如从《晋书》之《载记八》中慕容廆传的记载可知，当时慕容廆的手下有众多士大夫、儒士，分别从各自的立场协助慕容廆。关于此事亦可一并参照《十六国春秋》之《前燕录》。又如《资治通鉴》在王浚被后赵石勒所灭的建兴二年（314）条中记载会稽的朱左车、鲁国的孔纂、太山的胡毋翼等汉人数万家前来投奔慕容廆。从这些记载亦可看出，当时慕容部在辽西、辽东地区的威势已难以撼动，且慕容廆之志不在小，而慕容廆及其一族的统治者对汉人、汉文化亦有着很深的理解。

其间将辽东郡完全纳入慕容廆之手的机会终于到来了。西晋灭亡、东晋在江南建立后，嫉妒慕容廆之威望的东夷校尉崔毖企图趁此机会占有辽东、辽西，而于大兴二年（319）招引高句丽、宇文部和段部前来攻击慕容部，结果却战败而逃亡到高句丽。由此慕容部的领土与高句丽直接相连。慕容廆于333年去世，但后来慕容部所建立的大燕（前燕）国的基础可以说是在慕容廆这一代打下的。

承慕容廆之后成为慕容部首长的是其第三子慕容皝。皝有雄略之资，在慕容廆还在世时便征伐四方，立下了众多军功。此外据说他还尊经学、通天文，具有文化素养，而这应当是由于慕容廆所举用的中原人才的教导。不过慕容皝即位之初，在其兄弟之间发生了争斗。亦即其与庶兄慕容翰、弟慕容仁和慕容昭不和，一时部内动摇。尤其是经营辽东多年的慕容仁据其地而与慕容皝对抗。趁此机会近邻宇文部以及段部等鲜卑部频频侵入义县、朝阳等要地，而慕容皝挺过了这些危机，并于咸和九年（334）转而出征辽东，攻下襄平（今辽宁辽阳），将此地的豪族迁徙到棘城，并新设了和阳、武次、西乐三县。由此气势大振的慕容皝又从海路攻入辽东南部，突袭位于平郭（今辽宁盖州市区附近）的慕容仁根据地而将其捕杀。据《资治通鉴》卷九十五，慕容皝平定辽东的叛乱是在咸康二年（336）正月，故而慕容仁的叛乱前后长达四年。平定叛乱后慕容皝接受部下的劝进而于翌年即王位、称燕王，不过得到东晋的正式承认则是在数年之后的咸康七年（341）。

慕容皝的势力扩张后，不久便与南方的大势力段部（段辽）发生了正面冲突。如同之前亦提到的，段部在鲜卑族中位置最靠南，其势力范围从现在的内蒙古东部一直逼近幽州（今北京）。《晋书》卷六十三《段匹磾传》中记述此时段部的势力云：

> 据有辽西之地，而臣御晋人。其地西尽幽州，东界辽水。然所统胡晋可三万余家，控弦可四五万骑。

由此可知其力量之强大。

因而慕容皝求助于中原的后赵国主石虎——此时后赵的建立者石勒已于333年离世，代之成为国主的是其部将石虎，并南北夹击打败了段部。段部与后赵原本就在幽州一带南北接壤，一直互相侵伐。《晋书》之《段匹磾传》中亦在前引文字之后接着说：

> 而与石季龙递相侵掠，连兵不息，竟为季龙所破，徙其遗黎数万家于司雍之地（长安附近）。

由此看来，主导这场夹击战的是石虎，慕容皝的军队不过是配角。即便如此，据记载慕容皝还是俘获了段部遗民三万余户，并将他们迁徙到柳城。随后慕容皝致力于充实此地，建设宫殿、庙宇，将地名改为龙城，并于咸康七年(341)[①]以此地为都。慕容皝又兴军讨伐东方的高句丽，给予其沉重打击。亦即咸康八年(342)——《晋书》之《慕容皝载记》所云八年乃是七年之误，慕容皝军攻陷鸭绿江畔的高句丽都城丸都城(今吉林集安)，掠走国王之父乙弗利的尸体以及男女五万余人，又焚毁了众多宫室。为此次年高句丽国王派遣其王弟表示恭顺，但慕容部与高句丽之争似乎之后也在继续。此外，关于两者之间的关系，可参照池内宏《晋代の辽东》(《帝国学士院记事》第 1 卷第 1 号，1941 年)。

逼迫高句丽屈服后，慕容皝乘胜于 344 年灭掉以慕容部北方西拉木伦河流域为根据地的同族宇文部，将部民五万余落迁徙到领内。

如上所述，慕容部在慕容廆与慕容皝两代人之时不仅据有辽西、辽东，而且在北方将领域扩大到从西拉木伦河流域到现在的吉林省农安方面，在南方亦越过长城而拥有从现在的天津、北京到山西省北部的地区，形成了庞大的势力范围。而 348 年慕容皝之三子慕容儁继承王位而成为燕王后，趁着次年中原的后赵国因石虎之死而爆发内乱之机将王都从龙城推进到蓟城(现在的北京)。由此他开始逐渐侵扰后赵国的领域，352 年灭掉石虎的部将冉闵发动政变后所建立的魏国(参照第 32 页)，最终于 357 年在中山(今河北定州)即帝位，国号称大燕，并迁都到后赵的国都邺(今河北临漳)。

于是，慕容部在第三代慕容儁时将国家的重心从辽西移到了华北。此外，因为后来有同族所建立的后燕、南燕等国的兴亡，故而大燕国被称为前燕国。而从慕容儁派遣部将打击北方的丁零部、敕勒部等突厥系诸部，又接受高句丽的朝贡等情况来看，慕容部在北方、东北方的势力也有了很大的扩展。

360 年慕容儁去世后，其第三子慕容暐年少继位，而慕容暐趁着河洛地区的动乱出兵攻陷了洛阳。由此前燕国的版图扩大到了河北、山东、山西、河南，与江南的东晋和西方的前秦——此国乃是藏系民族的酋长苻健

① 《资治通鉴》卷九十七云此事发生于咸康八年十月。

于351年在长安建立的国家(参照第48页)——直接接壤。故而从整体上来看,当时的中国在华北有东方的前燕国、西方的前秦国,此外还有西北河西地区的凉州(今甘肃武威)——当时出身汉族的张氏以俗称姑臧的凉州为中心建立了前凉这一独立国家,加之江南的东晋,出现了四王国对立的形势。其中尤其是前燕、东晋、前秦三国在鼎立的同时互窥虚实。

然而东晋的勇将桓温趁着慕容暐年少凡庸且其一族之间发生内乱的机会果断发动北伐,向前燕国发起挑战。此时前燕国王慕容暐向前秦苻坚请求援军,并承诺割让虎牢关(位于今河南荥阳汜水镇境内)以西的土地。然而在前秦的援军到达之前,慕容暐的叔父慕容垂便击败了入侵的桓温军队,故而前燕没有兑现向前秦割地的承诺。已经看穿前燕国力虚弱的苻坚以前燕的此次违约为绝好的口实,发动大军攻下洛阳,又攻陷前燕国都邺城,俘虏国王慕容暐,并将王公以下的鲜卑族四万余户带往长安,前燕国于此自慕容廆以来历四代八十余年而灭亡(370)。

前燕灭亡后又过了十几年,之前曾击败东晋桓温的北伐军而挽救了前燕之国难,却反而因此大功而遭到嫉恨、感觉到性命之危而逃亡到苻坚那里的慕容垂趁后来苻坚在淝水之战中大败于东晋之机逃归故地,并于384年在中山即位,复兴了燕国。史书中称此国为后燕国,而后燕国主慕容垂以其英明勇略之资据有河北、山东、山西、河南北部、江苏北部及辽西、辽东,形成了比前燕国时期更大的势力范围。后燕国其后历慕容宝(第二代)、慕容盛(第三代)、慕容熙(第四代)及慕容云(第五代)共五代二十四年,于409年为将军冯跋所灭。

前燕国灭亡后,标榜其复兴的并非只有慕容垂的后燕国。慕容暐之弟慕容冲于385年据长安附近的阿房城(今陕西咸阳)而即位,并改元更始,此乃西燕国。不过此国后来移至山西省南部后,于394年被后燕吞并。此外后燕国末年的398年,同族之慕容德(慕容垂之弟)据河南之滑台(今河南滑县)称燕王(南燕国),其后移至山东广固(今山东益都西北),在维持了两代十二年的国运之后于410年被东晋将军刘裕所灭(参照第40页)。

北燕国亦是燕国的分支之一,而建立此国的是后燕将军、汉人冯跋。冯跋在409年后燕国最后的国王慕容云被逆臣所弑杀后自行即王位,国号称燕，而以慕容部的旧都、辽西的龙城为都。在此之前，前燕在国王慕容暐以及王公以下的众多贵族被苻坚掳往长安、国祚灭亡后，部分败残之民逃往故地辽西昌黎及龙城，而冯跋将这些遗民亦吸收进来建立了北燕国。然而此时在中原，北魏的国威强大，北燕不断受到其压迫。为此冯跋于 430 年死后，继承其后的冯跋之弟冯弘曾向江南的宋朝请求庇护而称藩，又或是逃难到高句丽，而北燕终于在 438 年、历两代二十八年后灭亡。

慕容部世系略图(北燕乃是汉人政权，故而省略)

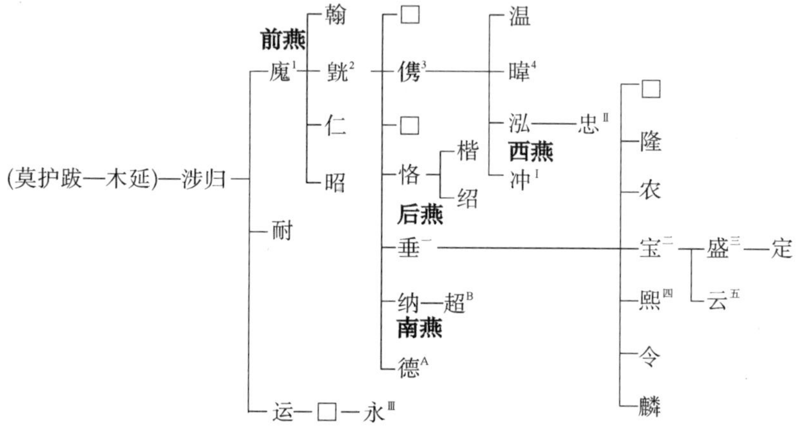

第三节　慕容王国的特征

以上叙述了慕容部所建立的前燕(大燕国)以及其分支后燕、西燕、南燕和北燕在政治上的推移，接下来以这些慕容王国尤其是前燕国为中心，对其国家特征加以考察。

建立慕容氏大燕国的慕容部虽是出自鲜卑族系，但与之前所述的檀石槐的部族等以畜牧狩猎为主、偶有小部分人经营农业作为补充的情况稍有不同的是，他们在辽西时期便已经转换到了半牧半农经济。而此部将根据地从辽西移到华北以后，作为准汉族国家改以农业作为国家的经济基础。故而其国家性质亦从北亚式国家逐渐变为中原式国家。为此在对此国进行考察时，出于便利将慕容部划分为将根据地置于辽东、辽西的时期和进入华北后的燕国时期，应当更易于理解。

辽东、辽西时期　如前节中所述，慕容部在3世纪初便已经进入辽西，在游牧于朝阳、义县一带期间逐渐习染中原之风，其中的一部分人开始经营朴素的农耕生活。其后慕容部曾转移到辽东而以辽阳北方为根据地，当时辽东地区处于晋朝的直辖之下，尤其是辽阳驻有监视东北的东夷校尉，成为辽东的军事、政治及文化中心，故而受此影响，慕容部的汉化倾向亦得到助长。《晋书》卷一百八《慕容廆载记》中云：

涉归（慕容廆之父）以全柳城（今辽宁朝阳）之功，进拜鲜卑单于，迁邑于辽东北，于是渐慕诸夏之风矣。

这亦传达出他们不自觉地逐渐习染中原文化的信息。

接下来到慕容廆时代后，或许是因为接受了中原文化的洗礼，他动辄表现出对中原国家的对抗态度。比如据《晋书》之《慕容廆载记》所记，慕容廆在被晋廷拜为鲜卑都督时以士大夫之威仪前往东夷校尉的衙门东夷府致敬，而东夷校尉何龛严兵引见，为此慕容廆云“主人不以礼，宾复何为哉”而改穿戎服进见。这表明慕容廆已经通晓中原的礼俗，以强烈的抗拒心理对待中原士人的轻侮。我们从他这种态度中，亦可以感受到其视已经遭到削弱的晋室之国威为不足挂齿的不屈气概。

此外，晋怀帝蒙尘到平阳后，幽州刺史王浚以承制的名义拜慕容廆为散骑常侍、冠军将军、前锋大都督、大单于，欲使其立于自己下风，而慕容廆并没有接受，这应当亦是出于同样的态度。不过应当知道的是，其之所以采取这种态度，原因之一是慕容廆手下汉人的献策。

慕容廆在位期间再次将其根据地移到辽西的青山（今辽宁义县东北）后，在中原，西晋已经灭亡，而进入前赵国石氏政权的统治，为此有众多河北、山东、河南的汉人流民群为避开骚乱而移居到辽东、辽西地区。据《晋书》之《慕容廆载记》，慕容廆根据其各自的乡郡而为众多流亡士民划出一定的地域让他们居住。比如为冀州人设置冀阳郡，为豫州人设置成周郡，为并州人设置唐国郡，为青州人设置营丘郡，令其迁徙居住于此。像这样设置郡一级区划的做法，至少能够说明有相当多的汉人前来投奔。而慕容廆从他们之中选用贤才能吏，而一任以庶政。

其中之有名者，谋主有河东裴嶷[1]、代郡鲁昌、北平阳耽等，肱股之臣有北海逄羡、广平游邃、北平西方虔、渤海封抽、西河宋奭、河东裴开，以文才位居枢要者有渤海封弈、平原宋该、安定皇甫岌、兰陵缪恺，而会稽朱左车、太山胡毋翼、鲁国孔纂等亦以德望知名。此外，平原刘赞以通儒而受到国家尊敬，世子慕容皝等一族子弟均受业其下。《晋书》之《慕容皝载记》称赞此时之慕容部的情况云"路有颂声，礼让兴矣"，此言虽多少不免溢美之词，但亦很容易看出在迁到辽西之青山后，慕容部主要通过投奔到领内的汉人而更加积极地吸收汉文化、采用儒教礼制。不仅是对汉文化的吸收和对儒教礼制的采用，更应当注意的是，从以上所述的在领内各地设置郡县、徙置流亡汉人的行为，可以看出慕容部在作为农耕民的汉人的生产力中寻求扩张国力的经济基础。

辽东的东夷校尉崔毖之所以暗中与高句丽以及宇文部、段部等联手而企图消灭慕容廆的势力，不外是因为对慕容部的崛起已无法坐视不理。但此战最终以慕容部的大胜结束，辽东完全纳入其势力范围，并且又有众多汉人降附。《晋书》之《载记八》的《高瞻传》中云：

> (高瞻)乃与叔父隐率数千家北徙幽州。……乃依崔毖，随毖如辽东。……及毖奔败，瞻随众降于廆。

而同书卷一一〇《韩恒传》中亦云：

> 永嘉之乱，避地辽东。廆既逐崔毖，复徙昌黎，召见，嘉之，拜参军事。

承慕容廆之后的慕容皝亦继承了以上所述的慕容政权的方针，在打败据辽东反叛的弟弟慕容仁后，慕容皝频繁地将辽东的豪族、大姓迁徙到辽西的棘

---

[1] 据《晋书》之《载记八》，裴嶷最初与兄子开一起投奔慕容廆时，来自各地的流寓之士见慕容氏还在草创时期，势力弱小，皆去就不定。为此裴嶷率先致力于创业，举用四海之英才贤士，使国家面目一新。而其后出使江南建康时，裴嶷又向东晋宣传慕容廆之威略，使其得知慕容氏在辽东的强大。

城(今辽宁凌海)附近,设置了和阳、武次、西乐三县。此外从慕容皝嗣立时的情况加以推测,从慕容廆到慕容皝,慕容部的王权转移发生了很大的变化。最初慕容皝之父慕容廆成为慕容部的首长乃是由于受到部民的推戴,故而可以说是由部民会议,即所谓的忽里台所决定的。而慕容皝继慕容廆而立时,其兄弟之间发生了激烈的争夺,这说明当时此部之首长继承还不固定,结果在辽东拥有势力的实权人物弟弟慕容仁以及支持他的其他兄弟和以辽西为根据地的兄长慕容皝之间围绕首长的地位发生了争夺。而最终慕容皝打倒了弟弟慕容仁,将辽东、辽西一带都纳入自己的势力范围。这表明慕容部的王权从以前由部民会议(忽里台)决定这种北亚式民主制形式变为如今依靠实力争夺。部民会议的意志,也就是北亚体制则逐渐消退。

即位后,慕容皝与中原的后赵国主石虎联手灭掉段部,接下来又打败石虎,吞并段部故地,并经三次迁移而定都龙城(今辽宁朝阳),又将华北的汉人三万余户迁徙到这里。随后他于咸康七年(341)即王位称燕王,模仿中原的体制置国相、司马及列卿将帅,让自先代以来还在世的诸功臣担任这些职位。而自己亦饰威福,建宫殿,出入与皇帝一样乘坐六匹马的车驾,又称妻为王后、世子为太子,完全仿照中原的天子制度。慕容皝之后亦几次在龙城增筑宫室,或是兴学校,以诸高官之子弟千余人为官学生,并亲临学校进行讲授或是考校优劣,致力于教学。这不外是完全继承慕容廆以来的传统政策,努力大规模吸收汉文化、采用中原式体制,以确立国家之威仪。

另一方面,慕容皝被晋成帝重新拜为侍中大都督、河北诸军事大将军、燕王,同时功臣百余人亦得到册封。这可以看作是慕容皝在河北的实际地位得到了东晋的正式承认。想来以此时慕容皝的实力,并不需要特意从偏安江南的东晋天子那里得到关于华北地区既成事实的认证。但当时东晋仍是中国的正统国家,对于汉人来说乃是尊崇的中心,故而对慕容皝来说,要得到部下中的汉人以及华北地区新占领土的汉人之归心,东晋天子的承认应当比自饰威福更加必要。换句话说,这说明慕容政权即便只是在名义上仍然处于东晋的宗主权之下,其对领内汉人的统治权亦需得到东晋天子的承认后方能更加巩固。不过,我们必须充分理解虽然慕容部对汉人的统治权因处于东晋的宗主权下而得到保证,但其政治上的主体性活动并不受东晋的制约,始终由慕容政权自行展开。

收容到慕容部领内的汉人中，不用说很多人从事农耕。由此慕容皝废除之前慕容廆在领内各地所设的来自华北的流亡汉人的诸郡——成周郡、冀阳郡、营丘郡、唐国郡等，重新为渤海人设立兴集县，为河间人设置宁集县，为广平魏郡人设立兴平县，为东莱北海人设立育黎县，为江南的吴人设立吴县，加之之前迁徙辽东豪族所设立的和阳、武次、西乐三县，国内设立了以汉人为居民的众多郡县，这些流亡汉人的生活在慕容政权的庇佑之下得到保障。

而慕容皝亦用意于农耕政策，不仅派遣亲信，自己亦亲自巡视领内诸郡县，鼓励民众从事农桑。而在另一方面，对于贫农亦采取了给予官府牧牛而让其耕作统治者私有苑田等措施。由此看来，不仅是慕容皝自己，慕容一族以及有权势的统治阶层都应或多或少地拥有私属苑田，而其耕作应该都使用了汉人农民。

《晋书》之《慕容皝载记》关于此事记载云：

> 皝迁都龙城……以牧牛给贫家，田于宛(《通典・赋税门》作“苑”)中，公收其八，二分入私(耕作者)。有牛而无地者，亦田苑中，公收其七，三分入私(《资治通鉴》卷九十七亦有同样的记载)。

由此可知汉人农民在慕容氏统一保护之下领到牧牛并佃种其苑田的情况，而这些佃农恐怕是一种营户。

此外，对这些苑田营户的征税比率高达十分之七乃至十分之八，由此看来，这些营户在身份上实际应当接近于奴婢。由此可知，慕容政权已经在国内逐步形成了包含仍然从事畜牧、狩猎生活的北亚部族——在慕容部民之外还有鲜卑族、匈奴族等，以及专门从事农耕的汉人徙民在内的二元社会阶层。

像这样的国家的双重性格在其统治者的称号中也有明显的体现。比如慕容廆最初自称鲜卑大单于，建兴年间被西晋朝廷拜为镇军将军、昌黎及辽东二国公，接下来又在东晋大兴四年(321)十二月被元帝拜为使持节、都督幽(平二)州东夷诸军事、车骑将军、平州牧，又被封为辽东郡公、常侍单于(侍中单于)，这乃是中原式与北亚式的双重称号。而慕容廆之世子慕容皝亦在元帝建武初年拜冠军将军、左贤王，继承其父后又按成帝所拜的官衔称镇军大将军、平州刺史、大单于、辽东公、使持节、都督幽州东夷诸军事，又称使持节大将军、都督河北诸军事、幽州牧、大单于、燕王(《资治通鉴》)。慕容皝之子慕容儁亦最初拜安北将军、东夷校尉、左贤王，又被授予使持节、侍中、大都督、都督河北诸军事、幽冀并平四州牧、大将军、大单于、燕王之号。众所周知，大单于是匈奴以来的王号，左贤王是仅次于单于的最高官号。当时所有的北亚民族都同样模仿匈奴的官制而拥有这样的称号，作为东晋朝廷或许只不过是尊重他们的习惯而在原本的中原式官称中添加了大单于、左贤王等官名，但对慕容部来说，拥有了大单于、左贤王的称号，其在统治领内的北亚诸民族时必要的权威才得以被承认。

燕国时期　慕容部进入华北平原是在第三代慕容儁时期。如前节中所述，慕容廆与慕容皝两代人期间，慕容部将众多汉人收容到国内，在政治上、文化上以及社会经济上均从北亚游牧国家体制逐渐转换到中原式国家体制。348年慕容皝死后，慕容儁继承王位，并趁中原后赵国在石虎死后陷入混乱之机攻陷了其国都邺城。此时慕容儁声称得到了传国玺，并于永和八年(352)即帝位，国号称大燕，将国家的重心转移到了华北。此事使慕容王权的性质产生了很大的变化，之前其对领内的鲜卑族等北亚诸部族虽然有着作为慕容王国君长的直接权威，但对领内的汉人，则仍然需要东晋朝廷对其权威的保障。而慕容儁取代后赵国，作为大燕国的君主君临华北后，此前慕容王权的二重性——对北亚部族之王权称号与对汉人之王权称号的二重性得以一元化，可以说确立了对胡汉两族的主体性。

此外，《资治通鉴》卷九十七永和元年(345)十二月条中云：

> 燕王皝以为古者诸侯即位，各称元年，于是(仿照其做法)始不用晋年号，自称(即位之)十二年。

由此看来，燕国在慕容皝末年时虽然还没有自国之年号，但已经停止使用东晋之年号而按照战国诸侯的先例称在位几年。不管怎样，慕容氏的大燕国在慕容儁取代石氏后赵国而君临华北、将国家的重心转移到华北以后，清算了与东晋之间的册封关系，确立起了名副其实的独立国家体制。《晋书》之载记如此记述此间消息：

> （慕容儁）建元曰元玺，署置百官。以封弈为太尉，慕容恪为侍中，阳骛为尚书令，皇甫真为尚书左仆射，张希为尚书右仆射，宋活为中书监，韩恒为中书令，其余封授各有差。追尊廆为高祖武宣皇帝，皝为太祖文明皇帝（《资治通鉴》卷九十九永和八年条中有基本相同的记载）。

也就是说，慕容儁设立了太尉、侍中及尚书令以下的百官，[①]又追尊父祖，以妻为皇后、太子为皇太子，在仿照魏晋体制整备其官僚体制、尽量将汉族士人吸收到其政权之内的同时，又为提高君主的威信而致力于制定礼制。就这样，慕容儁建立大燕国的宣言表明慕容政权已经转化为名副其实的中原式国家。

不过，从社会面上来说，像慕容政权这样从辽西进驻华北中原，将其国家体制中原化并将国家重心移到华北的做法同时也会使其原本的游牧部落制崩溃。而他们曾经夸耀的大单于、左贤王等北亚民族原有的称号被吸收到中原式的帝号中一事虽然很容易被看成只不过是名分上的变化，但其实这亦可认为是北亚民族汉化过程中的一步。

不管怎样，慕容政权在慕容儁在位期间从辽西迁都到中原的邺，形成了包摄华北直到北亚、东北亚地区的大燕王国，而此国之国家形成过程及其相应的国家性质可以认为是接下来的拓跋氏北魏朝以及中世的辽、金、元等中原征服王朝的原型。

结　语

下面对以上所述进行总结。出自鲜卑族的慕容部在慕容廆时期在辽东、辽西扩展势力，为逃避当时中原内地——石氏后赵国内发生的混乱而流亡前来的汉人，以及被慕容部征服之后强制迁徙的扶余族、高句丽族、汉人的集体移民在领内各地设置郡县，建立起了包含游牧、狩猎民族以及农耕民

---

① 元玺元年以后，慕容王国的将相大臣详见万斯同《伪燕将相大臣年表》。

的牧农国家。换句话说，这意味着此国从北亚部族制国家向中原式的阶级国家转化。而掌握此国政权者为缓和国内增长的社会矛盾而将其国内的人们投入到对中原的征服战争之中。

就这样，经慕容皝到慕容儁时，慕容部举国进驻并迁都华北，而其国家的发展则在于将国家的重心移到华北、将国家的经济基础从畜牧转换到农耕。作为农耕民的汉人在政治上组织化之后，大燕国这一国家之中包含了游牧、狩猎的北亚部族和农耕的汉民族这两个不同的社会阶层。其中众多汉族知识分子不管其出身门阀如何，均按照其个人才能而得到拔擢，参与新国家的建设。这些汉人应当热心地期盼并劝说慕容氏进驻中原。就这样，进入燕国时期后，负责国家行政的几乎都是汉人，在其经济基础转换到农耕的同时，其国家体制也必然地不得不中原化。

想来五胡时期虽然是北亚、东北亚诸部族以及西北方的藏系部族以其强大的武力进入中原、在政治上统治汉民族的时代，但当时的汉人、尤其是华北汉人的领导者阶层期盼通过协助依靠武力进入的异民族征服者而实施作为其信条的礼制政治。这是因为对于他们来说，只有礼制政治才能维持社会秩序，并使其统治得以安定。为此他们要求异族统治者的行动及其政治具有儒教伦理性。比如《晋书》的载记中记载他们时常在中原的史事以及历史人物中寻求先例而对异族君主和统治者的言行进行劝诫（第 83 页），亦无非是说明了此事。而在慕容氏政权的形成过程中，此事亦有充分的体现。

［本文原为昭和二十三年（1948）十一月人文科学委员会历史部会上的演讲，昭和二十四年（1949）十二月的增补稿发表于《东洋史研究》第 11 卷第 2 号，昭和五十八年（1983）十月再次补订］

第五章　五胡时代的佛教

——特别是五胡君主与西域僧人之间的关系

序　论

五胡时期——一般是指从316年西晋灭亡到439年北魏世祖太武帝统一华北为止的一百二十余年间——是从印度、西域传到中原的佛教的第一次传播期，同时与北魏时期一起，也是中国佛教的形成期。在这一时期，继东汉帝国的灭亡以及接下来的三国、西晋时期之后，社会、人心动摇，汉朝以来在精神上支撑中国社会的儒教思想亦持续混乱，而作为外来宗教的佛教则乘机以“广济众生”为目标不断扩大传教范围。在其中发挥重要作用的，则是佛图澄、鸠摩罗什、昙无谶等来自印度、西域的高僧大德。

众所周知，在所谓五胡十六国时期，华北各地的大小异民族政权如走马灯般兴亡，其中在河西地区，前凉张氏(301—376)、后凉吕氏(386—403)、南凉秃发氏(397—414)、北凉沮渠氏(397—439)、西凉李氏(400—421)等地方政权相继建立。由于包括此事在内的诸般原因，中国内地与西域之间的交通往来比起三国、西晋时期要频繁得多，法显、法勇、智猛等人从中原经由西域前往印度求法，而之前提到的佛图澄、鸠摩罗什等西域诸国的僧侣亦有很多来到中原。[①] 他们精通佛典的汉译以及佛像、佛寺及堂塔的营造，倾心于传播佛教。同时，由于当时佛教还是外来的宗教，不为人们所熟悉，故而要让作为统治阶层的五胡君主、贵族以及汉人知识分子和士人能够更加容易

---

① 《高僧传》卷九《神异・佛图澄传》中称赞佛图澄在后赵邺都的名声云：

> 佛调、须菩提等数十名僧，皆出自天竺、康居，不远数万之路，足涉流沙，诣澄受训。……

由此可知当时在邺都有数十名来自西域的僧人。此外，关于从东汉永平十年(67)迦叶摩腾最初来到中国到唐代义净从印度回国的六百年间来到中国的主要外国僧人，桑原博士《仏教の東漸と歴史地理上における仏教徒の功労》中有详细的年表，可加以参照(收入《桑原隲蔵全集》第一卷)。

地理解佛教，比起讲论深远的教义，这些外来僧人更依靠基于自己所掌握的天文、历法、医学等知识来预言地震、日蚀、月蚀等天体异变以及风雨、降雪所带来的干旱、灾害等天变地异，或是以施展奇术、治疗疾病等手段来展示自己拥有法术、超能力的一面，以资于弘法。

为此比起佛教本身来，五胡的君主们也更为这些僧人的预言、法术以及医术所吸引，而多有皈依于西域僧人者。而五胡的君主和贵族们之所以相较儒教更倾心于佛教、佛僧，亦是因为他们如后赵国主石虎所云“朕出自边戎，忝君诸夏，至于飨祀，应从本俗。佛是戎神，所应兼奉，其夷赵百姓有乐事佛者，特听之”[①]，从民族感情上来说对外来的佛教要比儒教更感觉亲切。

五胡时期的僧侣们除了法术及预言天灾地变之外，还擅长情报活动。这是因为这些僧侣、尤其是西域僧侣作为异域之人，南北两朝间的国境自不待言，在华北亦可以比较自由地跨越各政权之间的国境。而其教团中聚集了来自各个地方的人们，故而能够比较容易地获得关于各国的情报。他们巧妙地利用这些情报网，判断、预知各国的政情，在军事以及政治、外交方面经常作出准确的预测，故而更加得到君主们的信赖和尊崇，有不少人被迎为政治、军事上的顾问。比如佛图澄便是典型的例子。

像这样的五胡时期诸政权与佛教、佛僧的关系在后赵国主石勒及石虎与佛图澄、前秦国主苻坚与道安以及后秦国主姚兴与鸠摩罗什之间体现得最为明显，故而接下来以这三者为中心进行考察。

第一节　佛图澄与后赵政权

佛图澄与石勒　在五胡时期，最初赋予华北佛教特色的人物之一是佛图澄（Buddhachinga）。关于他的记载见于梁朝慧皎所撰《高僧传》卷九《神异篇》以及《晋书》卷九十五《艺术传》等资料中，而《高僧传》中云“竺佛图澄（《魏书》之《释老志》作“浮图澄”）者，西域人也，本姓帛氏”。据此，佛图澄乃是西域人，而从其俗姓为帛氏来看，应当出生于龟兹（Kuchā）国。虽然《晋书》中云“佛图澄，天竺人也”，但此处则从《高僧传》之说，以其为西域之帛

① 石虎此言是对著作郎王度的排佛奏议的回答，如下一条注中所云，其文字见于《晋书》卷九十五《佛图澄传》以及《高僧传》卷九《佛图澄传》等处。

氏，亦即龟兹国人。

《高僧传》及《晋书》均将佛图澄收入神异、艺术类的传记，记载其善念咒文（神咒），能役使鬼神而有效验，将胭脂掺入麻油涂在掌中而透视千里外之事，又记其能听铃音而占卜吉凶祸福等，叙述了其诸多神通。这些应当是对佛图澄用来帮助传播佛法的深厚素养以及基于多年修行的咒术性超能力稍微加以夸大之后的记载。

不过，佛图澄实际上乃是优秀的得道者和重戒律、令其教团之人严守戒行的高僧，《高僧传》中记其"少出家，清真务学，诵经数百万言，善解文义。……自云再到罽宾，受诲名师。西域咸称得道"，《魏书》之《释老志》中亦记载其"少于乌苌国（Uddyāna）就罗汉（小乘佛教）入道"。

佛图澄于晋永嘉四年（310）来到洛阳，欲立寺弘扬佛法，但正值汉国主刘聪麾下的刘曜攻打洛阳，故而不得遂其志，一时潜居草野以观望世间之动静。此时在东方河北、河南及山东一带，石勒的军队肆意杀戮，无辜的平民与沙门亦有不少遇害，佛图澄乃发愿济度众生，而幸运的是石勒的部将郭黑略皈依于佛图澄而执弟子之礼，佛图澄于是依靠这一层关系成功地获得了石勒的信任。最初他知道石勒无法理解佛教深远的教义，于是依靠应当是在修行中领会的法术、奇术打动了石勒。《高僧传》中云：

> 澄知勒不达深理，正可以道术为征，因而言曰："至道虽远，亦可以近事为证。"即取应器盛水，烧香咒之，须臾生青莲花，光色曜目。勒由此信服。

由此看来，佛图澄表演的应当是印度式的奇术。同时佛图澄又在医疗方面拯救了众多人，时而依靠其咒愿之力（神力）让襄国已经枯竭的水源重生，时而预知石勒的危难而救其一命等，显示了种种奇迹。其中最让石勒对其尊信的，乃是在石勒与前赵国主刘曜争夺洛阳时预言石勒的胜利云"大军若出，必擒刘曜"，鼓舞激励了后赵的军队。后来这一预言果然应验，石勒获得大胜。此外，佛图澄还曾在石勒的爱子石斌[①]暴亡后依靠咒语（医术）让其暂时复生。

① 译者注：此处有误，石斌乃是石虎之子，而为石勒所爱。

就这样，佛图澄依靠展现其法术、超能力而得到石勒的皈依，被重用为军事政治上的顾问，而这与明末清初来到中国的传教士们将其天文、历法、地理、测量等知识或是炮术等技能用于传播基督教，令皇帝及皇族、高官们信教正是同样的手法。

不过佛图澄并非全靠这样的左道打动了石勒的心。《高僧传》中记载他曾劝谏石勒王者应当慎用武力进行杀戮，要经常以仁德对待民众，如此则必有瑞兆出现。为此石勒后来亦——即使只是在形式上——皈依佛教，据《高僧传》所记，每年四月八日的佛诞节，石勒都会亲自参谒国都襄国的寺院，行灌佛之仪。

佛图澄与石虎　334年石虎废掉石勒死后继位的石弘而成为后赵国主后，其对待佛图澄的态度正如《高僧传》以及《晋书》中"倾心事澄，有重于（石）勒"的记载，比起石勒来更加尊信。石虎令佛图澄身穿绫锦做成的僧衣，乘坐雕辇，在殿上亦尊其为大和尚，令皇太子及大臣以下起立致敬等，极尽尊崇。不仅是君主石虎，一般僧俗亦大量皈依佛图澄。在襄国及邺城的佛图澄教团中，有大量为求其教诲而从华北各地云集而来的僧侣，而其教化亦及于民间，皈依佛教而出家的平民不计其数，各地营建的寺院达到数百处（八百九十三处）。这不单是因为佛图澄以政治权力为背景进行传教或是其个人魅力，更是因为作为新兴宗教的佛教的新鲜感，以及佛教所宣传的关于来世的光明希望被挣扎于现世苦恼的当时的人们当作至高的拯救而接受。

不过，像这样席卷官民的崇佛风潮随后混淆了佛教信仰的真伪纯浊，在社会上亦带来了不少弊害，故而终于招来汉人官僚的反对。而著作郎王度则成为急先锋，提出了以下排斥佛教的奏议：

> 佛，外国之神，非诸华所应祠奉。汉代初传其道，惟听西域人得立寺都邑，以奉其神，汉人皆不出家。魏承汉制，亦循前轨。今可断赵人悉不听诣寺烧香礼拜，以遵典礼，其百辟卿士下逮众隶，例皆禁之，其有犯者，与淫祀同罪。其赵人为沙门者，还服百姓。[1]

---

① 《晋书》卷九十五《佛图澄传》。此文之下有"朝士多同度所奏"一句。此外，《高僧传》中亦载有大体相同的上奏文。

虽然身处五胡君主之下，但仍然坚持以儒教精神推行礼制政治的汉人官僚害怕外来的佛教扰乱君臣、父子间的伦理之道而提出了这样的非难。石虎死后，冉闵发动政变夺取政权并排挤胡族（参照第 31—32 页），其背景中不可忽视的便是像这样的汉人的排佛思想。

不过皈依了佛图澄的石虎回应王度的奏议说：

> 朕出自边戎，忝君诸夏，至于飨祀，应从本俗。佛是戎神，所应兼奉，其夷赵百姓有乐事佛者，特听之。[①]

不仅回避了王度一派汉人官僚的排佛之议，而且还公开允许汉人出家。不过若是再深入思考，石虎等五胡执政者是否有着将佛教与汉人官僚的儒教政治统治原理相对立，并利用其来建立新秩序的意图呢？

据《高僧传》，佛图澄与对石勒一样，对石虎亦曾云：

> 若暴虐恣意，杀害非罪，虽复倾财事法，无解殃祸。愿陛下省欲兴慈，广及一切，则佛教永隆，福祚方远。

他劝诫石虎说，若不节制暴虐的刑罚杀戮，即使倾尽财货举办佛事，亦会害及其身。但对于佛图澄发自内心的劝谏，石虎并没有完全遵从。不过他似乎因为佛图澄的谏言而对自己的残忍行为多有节制，《高僧传》中云“虎虽不能尽从，而为益不少”。然而当石虎之子石宣暗杀了其弟、素来受到父亲宠爱的石韬之后，石虎不听佛图澄的劝谏而立刻显露出其残忍的一面，不仅用残酷无比的方法杀死石宣，而且将石宣的妻子九人及其侍臣、宦者等三百五十人处以车裂之刑。其暴虐可以说一反佛图澄平时的谏诫。想来不管是石勒还是石虎，其对佛教的皈依都不是基于对佛教精神的真正理解，而完全是出于一时权宜而尊信佛图澄的神异性超能力。尽管多少有所差异，但应当认为这种权宜、恣意的态度乃是众多五胡君主及五胡政权对佛教、佛僧本来的态度。

佛图澄在保持了令人惊讶的长寿——《高僧传》中云其春秋一百一十

---

① 《晋书》卷九十五《佛图澄传》。《高僧传》中亦有大体相同的记载。

七——后于石虎死去的前一年，即 348 年十二月八日在邺都的邺宫寺去世。他居留后赵国三十多年，其间受到石勒、石虎的皈依，以襄国及邺都为中心致力于教化、弘法，在华北各地建立佛寺八百九十三处，受其教化的佛弟子接近一万人，其中佛调、须菩提等数十名出身西域的僧侣从天竺、康居等地不辞万里、远涉流沙前来接受佛图澄的教化，①而汉人弟子中亦有释道安、竺法雅、竺僧朗②等众多留名于中国佛教史的高僧。其中道安主持一大佛教教团，在华北、江南都培养了众多佛弟子，且如后述，倾心于著述，晚年深受前秦苻坚的尊信。其虽然不是来自西域的僧侣，但却与佛图澄有关联，在此意义上，以下对道安与五胡政权，尤其是前秦政权的关系加以叙述。

第二节　释道安与前秦政权

释道安与佛图澄　道安（312—385）是河北常山郡（今河北正定）扶柳人，俗姓卫。他十二岁——一说十八岁——时出家，舍弃俗姓卫氏而以释为姓。其后暂时在地方寺院中修习佛学，而其聪敏、强记据说令其师惊叹。其后他游学到石氏后赵的邺都，拜入佛图澄之门，精进佛学之道。如前所述，当时有数百数千的求法僧云集到佛图澄门下，而远自西域而来的僧人亦有很多，故而道安应当不仅通过其师佛图澄，亦通过这些西域僧人领会到佛教原典的真意，习得难懂的原文的释解，在教义和语言方面都积累了广泛的教养。而其间其师佛图澄于 348 年示寂，次年石虎亦死，其后石氏一族间围绕政权发生争夺，邺都骚然，而佛图澄教团也因失去其师以及保护者石虎而分散，为此道安离开邺都，到山西的太行山中寻找安居之地。

恒山·襄阳时期的道安　道安最初潜迹于濩泽，后来又转移到飞龙山

---

① 参见第 102 页注①。

② 《高僧传》卷九《佛图澄传》中所见的佛图澄弟子中虽无竺僧朗之名，但据宫川尚志教授所说，《水经注》卷八之济水条中云“（竺僧朗）少事佛图澄”。僧朗的竺姓据说承自佛图澄之竺姓，由此亦可看出其与佛图澄之间的师徒关系。佛图澄于 348 年示寂，接下来石虎亦死去，石氏一族中发生政权之争，冉闵趁机发动政变，佛图澄的教团因此而分散。竺僧朗于 351 年为避世乱而进入泰山，在所谓朗公谷建起了豪壮的太山寺。到其八十五岁去世为止，虽受到苻坚等五胡君主的招请，但一直不离此山，献身于众多佛弟子的教育。关于竺僧朗，可参照宫川尚志《五胡十六国と泰山の竺僧朗教团》（《六朝史研究·宗教篇》）。

潜心于佛学研究和修行，而其开始对历来以老庄思想为中介的格义佛教进行批判应当即是在这一时期。其后他在恒山创立寺塔并主持教团，而其真挚的求道心和热心的指导精神使其名声逐渐提高，众多弟子亦云集而来。慧远与其弟慧持一起入门皈依便是在恒山时期。

此外，《高僧传》中云道安为避邺都之难而进入太行山，在辗转濩泽、飞龙山之后在恒山建立寺塔而从事教化训育，其后他在四十五岁时又再次出山，回到邺都而致力于宣教，然而这一记述在时间和内容上均有矛盾之处，难以遵从。不过道安在晚年（七十岁）的382年时确实曾为了参拜其师之墓而从长安前往邺都。

其后的364、365年左右，道安与慧远等四百多名弟子从恒山转移到襄阳的白马寺，又重修此地的檀溪寺而居留其中十五年（53—67岁），潜心于自身的修学和弟子的教化、训育。就这样，道安扬弃了当时祈祷、法术式的佛教，又不满足于格义佛教，从而开拓了剃发、禁欲，遵守独自的戒律、进入般若禅定的中国式佛教的崭新道路。据《高僧传》记载，当时襄阳的第一名士习凿齿评价道安所率领的佛教教团说：

> 师徒数百，斋讲不倦，……而师徒肃肃，自相尊敬，洋洋济济，乃是吾由来所未见。

对于其求道研学教团之真挚、整然大加感叹。而道安之伟大并不止于这样真挚的、实践性的求道和戒行。鉴于当时的华北还处于佛教传道的初期，人们难以理解汉译佛典的真意而使得以老庄思想为中介的格义佛教流行，他对《般若》《密迹》《安般》等经典二十二卷进行了系统、合理的注释，以此扬弃格义佛教，致力于从佛典本身来直接理解佛教。这可以说是中国佛教中正式的经典解释的先驱。这样的工作需要对原典具有充分的语言能力和理解能力，而这应当是源自道安在佛图澄门下时，从佛图澄以及西域诸国的僧人那里所学到的知识。

道安还编成了从东汉到东晋汉译佛典的总目录《综理众经目录》，[①]而不

---

① 虽然道安所撰《综理众经目录》之原本不传，但据说依梁之僧祐所撰佛典目录《出三藏记集》中的引用，可推定其中所收的佛典应当超过六百部。

管是这一目录，还是之前所说的对佛典的译注，都是中国佛教中的基础性工作。想来这些成就应当是道安在从太行之恒山时期到襄阳檀溪寺时期，从其年龄来说则主要是从四十多岁到六十多岁的二十余年间做出的。其中道安在檀溪寺所讲授的《般若经》讲义最使听众入迷。

道安与苻坚 前秦的苻坚在长安听说了襄阳的人们对道安的高深学德以及其对教团充满热情的指导、教化的风评，在 379 年攻陷襄阳后，带着道安回到了长安。慧远与其师主道安分别而前往江南便是在此时。苻坚之所以执意要攻打襄阳，首先是因为此地乃是濒临汉水的水路要冲，自古以来便在军事以及通商、交通方面受到重视，其次则是因为占领此地就可以通过长江来控制其想要打倒的宿敌东晋。故而对于苻坚来说，襄阳是不管付出多大代价都想要得到的城市，为此其出动了七万大军参加这场攻城战。而将道安带回长安一事受到人们的欢迎，使得这场襄阳围攻战被传扬成是为了得到道安一个人而发动的战役，以致《高僧传》卷五中记载苻坚曾云“朕以十万之师取襄阳，唯得一人半”。“一人半”乃是指道安与襄阳名族习凿齿两人。

道安于 379 年进入长安后，以六十八岁高龄住座于五重寺，在成为苻坚政治顾问的同时，依然继续弘法。其驻锡于长安不过六年，但因其真挚、实践性的求道心和严格的指导者精神深深地训育和教化了人们，仰慕其名声而聚集前来的僧众据说多达数千人。而包括恒山、襄阳时期在内，其教团中培养出了慧远等众多优秀的弟子。

得到襄阳的苻坚正如所谓“得陇望蜀”之谚，并不满足于只是统一华北而燃起了南北大一统的野心，再次兴起之前因王猛等人之谏而一时放弃的征讨东晋之师。感到不安的朝臣们因为平时所依赖的王猛已死，转而恳请平时深受苻坚敬信的道安劝说其打消这一鲁莽的出兵念头，但苻坚不听道安的切谏而坚持出师，结果在淝水一战大败。想来不管是石虎对佛图澄的皈依还是苻坚对道安的尊信，都并非对佛教发自内心的皈依，而是欲在军事、政治上对佛图澄的超能力加以利用，或是欲利用人们对道安的深切尊信来收揽人心的权宜性皈依，故而自然有其局限。结果两者都因为不听其所皈依的导师的谏诫而自取灭亡，这一点可谓是两者相似之处。

道安于前秦建元二十一年(385)以七十四岁之寿示寂于长安，而其保护者苻坚亦于同年结束了四十八年的生涯。关于道安，已经有宇井伯寿《释道安研究》以及塚本善隆《中国佛教通史》第一卷第七章《中国佛教史上の道安》等研究，本章亦对这些研究加以参照。此外，既然已述释道安之事迹，则对其高足弟子，在当时江南的东晋佛教界被尊为第一师表的庐山慧远亦当略加叙述。

道安与慧远　慧远之本传见于《高僧传》卷六。据其所述，慧远本姓贾，334年生于山西雁门郡之娄烦。此地位于后来成为佛教圣地的五台山之山麓。他在十三岁时游学于许洛（今河南许昌和洛阳的并称）而志于出仕，到二十一岁左右为止一直钻研儒学，对老庄之学亦深有造诣。此时乃是五胡动乱的时期，华北一带处于后赵石氏政权的统治之下，而在慧远来到许洛后的第三四年，值其十六七岁时，发端于石氏一族内政权之争的冉闵政变爆发，其出仕之途亦因此断绝。随后许洛地区亦落入崛起于西方的前秦苻氏的势力范围，中原成为胡汉势力交相混杂、战乱①不断的地区，为此慧远亦最终下决心前往江南的东晋避难。然而这一意图因为战乱而无法实现，其不得已只能向北前往乡里之雁门，到太行山中避难，而在偶然听说释道安的名声之后又前往恒山。他在恒山与道安相会之后一见敬服，与同行的弟弟慧持一起拜道安为师。关于其间经过，《高僧传》记载说：

> 值石虎已死，中原寇乱，南路阻塞，志不获从。时沙门释道安立寺于太行恒山，弘赞像法，声甚著闻。远遂往归之，一面尽敬，以为真吾师也。

接下来听道安讲《般若经》后，慧远“豁然而悟，乃叹曰：‘儒道九流皆糠秕耳！’”当即便与慧持一起剃发，皈依佛门。此事据说是在354年。

从慧远听道安讲《般若经》之后豁然悟入一事来看，大概其年轻时所学习的老庄之学的造诣成为中介，使其较为容易地理解了复杂的般若经学。而由此亦可知慧远的佛教思想是以《般若经》为根基。而如后文所述，其晚年时通过与长安鸠摩罗什的亲密交往而接受了罗什三藏的大乘龙树系中观

---

①　关于五胡时期胡族政权的政治推移和动向，可参照本书五胡篇的第二章第三节。

思想，更加深邃、广泛地扩展了其思想。

从太行之恒山到襄阳的白马寺、檀溪寺，慧远师事道安长达二十五年。其后襄阳落入前秦军之手，379 年苻丕的军队因苻坚之命拥道安前往长安后，慧远终于与老师分道扬镳，与其弟慧持以及数十名弟子南下。他曾暂时停留在道安的教化之地荆州，几年后渡过长江，经浔阳于 384 年在庐山营建东林寺，以后的三十三年间未出此山，于东晋义熙十二年（416）八十三岁时去世。[①]

就这样，慧远拒绝了世俗的荣达，终身主持庐山的教团，教化培养了众多佛门弟子，贯彻了作为沙门的初志，从这一点来说其与泰山的竺僧朗可以称得上是南北辉映。在关于慧远的研究论著中，木村英一编《慧远研究》之《研究编》（京都大学人文科学研究所研究报告）中收录了十多名专家从佛教史、思想史及礼教等方面进行的考察。此书中还包括了慧远的著作目录和年谱，是一部出色的综合研究著作。

第三节　鸠摩罗什与后秦政权

鸠摩罗什在龟兹、凉州的活动　在讨论五胡时期来自西域的僧人时，与佛图澄一样不可忽略的人物是鸠摩罗什（婆）（Kumārajiva，350—409）——略称罗什或什。关于罗什，《高僧传》卷二《译经》以及《晋书》卷九十五《艺术传》等篇是主要的资料，而塚本善隆博士编《肇论研究》（京都大学人文科学研究所研究报告）中所收同氏《佛教史上における肇论の意义》之三“鸠摩罗什”一节乃是关于罗什之经历、教学和译经的细致研究。

《高僧传》和《晋书》均记载鸠摩罗什出自天竺某国的宰相之家。其父鸠摩炎——《晋书》作鸠摩罗炎——辞去相位而出家，越过葱岭而来到当时天山南道首屈一指的强国，且作为佛教盛行之国而闻名的龟兹，被国王迎为国师。罗什之母是龟兹国王之妹，且是热心的佛教信徒，故而罗什亦在年仅七

---

① 关于此事，《高僧传》中云：

> 自（慧）远卜居庐阜，三十余年影不出山，迹不入俗，每送客游履，常以虎溪为界焉。以晋义熙十二年八月初动散，至六日困笃，……春秋八十三矣。

此外，虎溪是东林寺门前之溪的名称，所谓“虎溪三笑”的典故亦出自慧远绝少渡过虎溪一事。

岁时出家，九岁时随母亲到当时与龟兹国关系很深的罽宾学习小乘佛教，接下来又在沙勒国研究大乘佛教的龙树系中观教学，不过年幼的他能在多大程度上理解复杂的龙树哲学尚是疑问。其后回到龟兹国的鸠摩罗什愈发倾倒于龙树系的大乘教学，在当时盛行小乘教学的龟兹佛教界逐渐作为大乘派的学僧而崭露头角。总的来说，可以认为罗什在回到龟兹后的二十多年间充分提高了自己在龙树系大乘教学方面的造诣。

不过其后龟兹国的命运并不长久。384 年——罗什三十四五岁时，前秦国主苻坚于 376 年灭掉前凉国后所派遣的将军吕光征服了龟兹国。当时对罗什的名声屡有耳闻的苻坚命吕光将罗什带回长安(第 54 页)，但时值苻坚在淝水之战中败给东晋，并在长安北方的北地被姚苌——后来的后秦国主——所囚禁而自杀(385)，吕光便就此留在凉州(今甘肃武威)，并于次年建立后凉国，而将罗什留在自己帐下。身处凉州的鸠摩罗什在后凉国主吕光的庇护之下度过了十余年的岁月，不过吕光原本对于佛教并没有表现出多大的兴趣，其死后吕氏一族亦忙于政权的争夺，故而罗什在此地的宗教生活想来绝不安稳。不过在凉州得到了弟子僧肇(《肇论》的作者)一事对于罗什来说应当是无比巨大的收获。此外据《高僧传》所记，罗什在后凉国时亦常常显露超能力式的预言及奇迹，而使吕光以及人们惊叹。

接下来转而纵观四五世纪左右前凉、后凉、北凉时期的凉州佛教。前凉政权(301—376)的始祖是凉州的豪族张轨。他最初是西晋治下的凉州刺史，趁晋末战乱成为半独立政权，将河西地区纳入统治之下。关于张轨信奉佛教一事，《魏书》之《释老志》中亦云“凉州自张轨后，世信佛教”。而凉州之地位于河西走廊，与甘州、肃州等同为东西方交通的要冲，乃是西域佛教传入中原的入口。在张氏治下的前凉政权得以维持和平状态后，从长安、洛阳方面有众多民众为避开晋末的动乱而云集到此地，中原佛教亦在此地盛行。而到了第四代张骏(324—345 年在位)向西扩展势力、吞并吐鲁番高昌王国后，佛教在张氏政权的保护之下大为繁荣。据《晋书》卷八十六《张骏传》，336 年鄯善以及焉耆、车师前王、于阗诸国争相遣使奉贡。当时在前凉国，想必西域佛教与来自中原的汉人所信奉的佛教在互相竞争的同时各自盛行。当时凉州的佛教受到龟兹国等西域佛教的影响而与中原的佛教稍有不同，此事从前述道安编《综理众经目录》之《凉土异教录》(流传在河西地区的异教经典)中收录了五十九部经书一事亦可以看出。

前凉国在376年被前秦苻坚所灭后，接下来龟兹国亦被征服。386年吕光据凉州而建立后凉国，鸠摩罗什亦在后凉国吕氏的庇护之下在凉州度过了十多年的岁月。而后凉国随后于401年被后秦国主姚兴所灭，鸠摩罗什亦从凉州被迎往长安，此事之前已经述及。此后在412年凉州为沮渠蒙逊的北凉国所据，且被改称为姑臧。北凉的沮渠蒙逊致力于弘通佛教，从龟兹国将高僧昙无谶迎到凉州，而开始传译经藏的事业。①

北凉沮渠蒙逊与昙无谶　昙无谶稍晚于佛图澄、鸠摩罗什等来到凉州(姑臧)，而不幸于433年在此地死于非命，故而未能在中原进行弘法活动。据《高僧传》卷二《译经》，昙无谶之名依其梵音又作昙摩忏、昙无忏。其生于中天竺，六岁时丧父，因而生活困苦。十岁时他成为沙门达摩耶舍的弟子，学习小乘佛教，后来在读了白头禅师所授的《涅槃经》后皈依大乘佛教，据说二十岁时已精通大乘、小乘之学。

昙无谶后来经罽宾来到龟兹国，又为北凉王沮渠蒙逊迎至姑臧，在此从事经藏之传译。为此蒙逊令沙门惠嵩(智嵩)、道朗等道俗数百人协助昙无谶，译出《大集经》《大云经》《悲华经》《地持经》《优婆塞戒经》《金光明经》《海龙王菩萨戒本》等诸经六十余万言。昙无谶接下来又花费八年时间译完了《涅槃经》三十三卷。② 另外，如同后述，当时在长安的鸠摩罗什以及后秦国主姚兴都已经去世，长安佛教的兴盛期应当已经结束。而其间北魏世祖太武帝听说了昙无谶在姑臧的名声之后强行要求沮渠蒙逊将昙无谶让给自己，而蒙逊因不舍昙无谶的才能和名声，害怕其落入北魏之手，最终于433年派遣刺客将其杀害。昙无谶死时四十九岁。北魏世祖太武帝于太延五年(439)征服北凉后，昙无谶所开拓的北凉佛教被北魏吸收，成为北魏佛教之学的主流。《魏书》之《释老志》亦记载此事云“太延中，凉州平，徙其国人于京邑(平城)，沙门佛事皆俱东，象教弥增矣”。

另外，昙无谶据说亦长于神异之术(超能力)，关于此事，《魏书》之《释老志》云“有罽宾沙门昙摩谶，……又晓术数、禁咒，历言他国安危，多所中验，蒙逊每以国事咨之”。此外《北史》卷九十三中的沮渠蒙逊条中亦提到昙无

---

① 关于北凉沮渠氏之崇佛，可参照石田德行《北凉仏教》(《社会文化史学》第3号)。

② 关于昙无谶的经典翻译，可参照塚本善隆《魏書釈老志の研究》(第188—192页)。

谶，不过《北史》只记载了昙无谶神异性的一面，云其能驱使鬼神治病，又将男女交接之术传授给妇女令其多子，自己亦因淫佚的行为被蒙逊杀害，而将其贬损为如破戒僧一般。《高僧传》及《魏书》对昙无谶的评价与《北史》正好相反，由此学者之说亦赞否交织。

鸠摩罗什与姚兴 接下来对鸠摩罗什进行叙述。前秦苻坚死后，继之在长安建立后秦国的姚苌听说了鸠摩罗什在凉州的名声，几度向后凉国主请求将鸠摩罗什迎往长安，但都未能如愿。姚兴继立后，于弘始三年（401）讨伐后凉，其国主吕隆（第四代）投降，姚兴终于得以将罗什迎到长安，并深加礼敬，以国师之礼遇之（道安死后的第十六年）。而姚兴自己亦率百卿、沙门前往鸠摩罗什处听讲，慕罗什之教化而来集的沙门达到五千，其中坐禅者常有千百，公卿之中亦多有信奉佛教者。虽然略有夸张之嫌，据说州郡之信徒亦“十室而九”。

就这样，鸠摩罗什来到长安草堂寺后，在作为大乘佛教龙树系中观教学的宣传者讲论新经以取代旧译的同时，又传译（忠实于原文的意译）了《金刚般若经》《十住经》《法华经》《维摩经》《思益经》（《思益梵天所问经》）、《首楞严经》《持世佛藏经》《菩萨藏经》《遗教经》《菩提无行经》《呵欲经》《自在王经》《因缘观经》《小无量寿经》《新贤劫经》《禅经》《禅法要经》《禅要解经》《弥勒成佛经》《弥勒下生经》《十诵律》《十诵戒本》《菩萨戒本》《释成实论》《中论》《百论》《十二门论》等大乘经论三十余部三百余卷。[①] 此外在北魏朝的孝文帝时期，罗什系的大乘佛教在洛阳受到重视，在经典之中主要诵读罗什所译的《维摩经》和《金刚般若经》。在鸠摩罗什的诸传译中，如龙树《大智度论》（一百卷）的传译对其后大乘佛教在中原的崛起作出了巨大的贡献。据说罗什又为姚兴译述了《实相论》两卷，而姚兴与其他五胡君主不同的是，他并非是为了利用西域僧人的玄术、祈祷等超能力而权宜性地尊信这些僧人，而是至少能够正确地理解佛教，且自任为“佛、法、僧三宝城堑”，故而其将罗什的佛典翻译当作国家性的事业，并提供西明阁及逍遥园作为译场，令包括沙门僧䂮、法钦、道流、道恒、僧略、僧睿、僧肇、昙影等汉人僧侣以及弗若多罗、昙摩流支、佛陀耶舍等优秀的西域僧人在内的八百多人协助鸠摩罗什，

① 本文中所列举的佛典乃是见于《高僧传》者，而关于鸠摩罗什所翻译的主要经典，可参照塚本善隆《仏教史上における肇論の意義》（收入《肇論研究》）第 142—145 页。

在物质、精神方面均不吝援助。就这样，鸠摩罗什通过对大乘学派的新经以及龙树系诸论的讲论和新译，扬弃了因历来中国佛教徒将《般若经》之空观视同老庄之无（格义佛教）而纷繁百出的议论并将其明确化，明确地以大乘佛教作为中国佛教的基本方向，这一点是中国佛教形成和发展过程中的伟大贡献，亦是鸠摩罗什在众多来自西域的僧人中与佛图澄一起被称为中国佛教的大导师、大恩人的原因。故而什门四杰之一的僧睿亦在《大品经序》（收入《大正藏经》第五五五三）中称赞罗什三藏云"末法中兴，将始于此乎"。

鸠摩罗什于后秦弘始十一年（409）[①]八月以五十九岁之寿示寂于长安，而据说其门下有以《肇论》[②]作者而知名的僧肇以及僧睿、道融等三千名弟子。在这些弟子之中，僧肇从凉州时期起便师事鸠摩罗什，在罗什于401年被迎到长安时亦与之同行，以后常在罗什之侧协助其进行撰述和翻译，为此罗什亦称赞僧肇为"解空第一"之人。在僧肇的众多论、注中，最为有名的是《维摩经》注。此外在鸠摩罗什门下还有庐山的慧远从江南千里迢迢派遣而来的道生、慧观等留学僧。慧远在听说罗什被姚兴迎至长安的消息后甚为欢喜，特地从江南送来法物并附上书信表示敬意，同时因为自己已经年近七十高龄（六十八岁），故而如之前所述将门下的道生、慧观作为留学僧送到了罗什那里。而其自身亦提出很多教义上的疑问向鸠摩罗什请教。作为回应，鸠摩罗什亦通过秦王姚兴将新译的《摩诃般若波罗蜜多经》的注释书、龙树撰《大智度论》一百卷送给慧远，并请慧远作序等，两人间有着密切的交流。通过罗什与慧远之间教学上的交流，或是慧远的弟子前往长安留学等事例，可以看出当时中国的佛教界能够超越南北之间政治上的隔离而互相交通往来。另外，现存的《鸠摩罗什法师大义》三卷是罗什与慧远的问答记录，而据说通过这一资料可以看出以庐山的慧远教团所代表的当时中原佛教徒对佛教的接受情况，尤其是从对以般若学为中心的小乘佛教的理解向后来成为中国佛教主流的龙树系大乘佛教的理解的转换。

---

① 关于鸠摩罗什死于何年，《高僧传》中亦云存在诸种说法：

什死年月，诸记不同，或云弘始七年，或云八年，或云十一年……

② 关于《肇论》，有塚本善隆编《肇論研究》（京都大学人文科学研究所研究报告），此书乃是汇集塚本善隆博士及其他七名专家成果的优秀的综合研究报告书。此外关于僧肇的佛教思想，还可参照此研究报告书作者之一村上嘉实博士的《僧肇の仏教思想》（收入《六朝思想史研究》）。

结　语

——五胡君主对佛教的应对方式

以上以五胡时期来到中原的西域僧人中的佛图澄及其弟子道安，以及鸠摩罗什、昙无谶等人为中心，考察了他们与五胡各君主之间的关系。最后再就五胡君主对佛教、佛僧的应对方式进行一番思考。

佛教在东汉初期的1世纪左右正式传播到中国，而从东汉后期开始，来自西域的僧人安世高等开始汉译小乘系佛典，而支娄迦谶等开始汉译大乘系经典，到西晋时期，汉人出家者和佛教信徒的数量逐渐增加，洛阳、长安等各地都开始建立寺院、塔堂，甚至开始形成尊来自天竺、西域的僧人为导师的教团。而在汉人出家者和皈依者之间，以老庄思想为媒介的格义佛教逐渐盛行。进入四五世纪的五胡时期后，由于经由敦煌而来的西域僧人佛图澄得到石勒、石虎的皈依，以后赵政权为背景而从事弘法等原因，佛教不再像以前那样只在大城市中的统治者阶层和知识分子中传播，而是传播到包括胡、汉在内的一般民众之间，出现了众多皈依者和出家者。《高僧传》中记载佛图澄周围的信徒数量超过一万人，各地建立的寺院达到八百九十三所，说明在进入五胡时期后，佛教的教化终于在华北社会真正扎下根来。

不过另一方面，佛图澄等众多天竺僧、西域僧以方术、神咒或是奇术（魔术）等左道手段来获取五胡君主的欢心，成为其政治、军事和外交顾问，而以各政权为后盾来传播佛教，这种做法的结果是政权压倒教权，作为保护者的君主和政权得以左右僧侣、教团，令佛教、佛僧为自己服务。而僧侣在社会上显耀信仰之外的玄术、神咒、祈祷等左道的做法则会使人们对佛教的理解产生歪曲，使其仅仅忙于追求现世的利益。

为纠正人们对于佛教这种歪曲的理解而试图避开权势、通过戒律追求佛教的真义，由此开拓了中国式佛教的形成、发展之路的，乃是佛图澄之高足弟子释道安、道安的同门泰山竺僧朗，以及道安的弟子庐山慧远等汉人高僧。其中释道安作为学问僧，对般若经典等之前的汉译经典进行了系统的注释，以此来批判当时盛行的格义佛教并努力对其进行扬弃，在佛教修行方面亦开创了严守剃发、禁欲等独自的戒律并入禅定的中国式佛教，在学问和戒行两方面都是出色的名僧。不过可惜的是其晚年被苻坚从襄阳劫走而坐住在长安的五重寺，几年之间出于无奈与权势联手而获得了世俗的荣达，而这应当非其本人所愿。不过在五胡时期这一乱世中生存下来、体验了各种心酸劳苦的道安曾感叹道，“今遭凶年，不依国主，则法事难立”，由此亦可充分得知获得五胡君主的加护、协助对于宣扬佛法是多么必要。相对于道安，竺僧朗和慧远拒斥世俗之荣达，隐居山中而献身于佛徒的教化培养，贯彻了作为沙门的志操，对后世的僧俗产生了很大的影响。

就鸠摩罗什而言，他在被吕光从龟兹国带到凉州并在此地度过十余年后，于 401 年被后秦的姚兴迎至长安。此时已是佛图澄死后的第五十三年，在释道安死后亦经过了十六年，佛教在华北社会的传播和人们对佛教的理解比起佛图澄到来时应当都有了很大的进展。且罗什三藏最初便是因其学德所带来的名声而被姚兴所迎，故而其相比佛图澄，可以说享受了非常好的条件。鸠摩罗什驻锡长安九年，传译了龙树《大智度论》之译解等大乘佛教经典三十余部三百余卷，以及通过对大乘新经的讲论而将小乘系格义佛教扬弃为大乘佛教，并作为多达三千人的教团的大导师，确定了中国佛教大乘化的发展方向。

接下来观察以佛图澄、鸠摩罗什等西域僧人为主的佛僧——道安亦包括在内——与五胡君主的关系，可以看出这些君主们对佛僧及佛教的应对有以下几种不同的态度：

（1）后赵国主石勒、石虎对佛图澄的态度

（2）前秦国主苻坚对释道安的态度

（3）后秦国主姚兴对鸠摩罗什的态度

石勒、石虎对佛图澄的态度　石勒最初与佛图澄相遇时，正值其埋头于与对手刘曜的死斗、在精神上没有闲暇的时期，故而看破此点的佛图澄并没有向其讲论深奥的佛教教理，而是利用在修行中领会到的印度式奇术来引起石勒的关心，其后又通过显示其医疗技术或是基于天文、历法、地理等知识对天灾地变的预测、预言等被当时的人们看作奇迹，以及超能力的神异性来获得石勒的信赖。其中最让石勒高兴的，乃是佛图澄对与其敌对的诸国动态的优秀判断能力。故而石勒——亦包括石虎在内——对佛教及佛僧的态度与其说是出于对其教理理解基础之上的尊信和皈依，不如说是对佛图澄、或者更确切地说是对佛图澄所具有的神异性超能力的敬畏，并被这种超能力所吸引。

苻坚对释道安的态度　石勒与佛图澄之间的关系持续了近三十年——石虎则是四年，而苻坚与道安之间的关系仅持续了六年，且两者发生接触的原委亦与石勒和佛图澄之间的情况不同，乃是因为苻坚为道安的名声所打动，而特地将其从襄阳招请到长安。

汉人僧侣道安由于其真挚的求道心等原因，与其师佛图澄不同，毫不依靠左道，而是教导其教团严守戒律，以此进入般若式的禅定，而这亦提高了作为大导师的道安的名声。虽然苻坚为这一名声所吸引而将道安招请到长安，但这并不是出于对佛教正确理解基础之上的纯粹的皈依，而在很大程度上是为了利用人们对道安的信仰、尊信而收揽人心的权宜之举。比如——虽然此事并非有关道安——苻坚曾在将军吕光远征龟兹国时命令其将当地的名僧鸠摩罗什带回：

> 朕闻西国有鸠摩罗什，深解法相，善闲阴阳，为后学之宗，朕甚思之。贤哲者国之大宝，若克龟兹，即驰驿送什。

从这段《高僧传》(卷二)之文亦可看出苻坚真正的心思究竟在何处。

想来后赵国主石勒在位的时期(319—333)与前秦国主苻坚在位的时期(357—385)之间至少有三十年乃至五十年的间隔。在此期间，佛教在华北社会的统治阶层和一般民众之间都应当有了进一步的传播，从这一点来考虑，苻坚在对佛教、佛僧的理解方面比起石勒来有一日之长，亦是顺理成章。

姚兴与鸠摩罗什的关系　与苻坚对待道安一样，后秦国主姚兴亦是因为鸠摩罗什之学德名声在外而将其迎至长安。从在位期间的间隔来说，姚兴(394—416)距石勒有六十多年，距苻坚亦有三十多年，且姚兴对于佛教来说乃是以“三宝城堑”自任、对罗什的佛典翻译事业毫不吝惜国家层面上之协助的理解者、保护者，故而其深深皈依于罗什三藏，作为其保护者而倾心于宣扬大乘佛教。而在背后斡旋长安的罗什三藏与庐山慧远之间交流的亦是姚兴。

以上列出三名五胡时期的君主，考察了他们对佛教、佛僧的应对方式。

虽然他们同处五胡时期，但由于时代的发展所带来的对佛教理解程度的不同，其态度亦存在差别。不过虽然他们的态度有小异，但以君主为保护者、以政权为背景的佛教传教方式则是大同。就这样，五胡时期的僧侣，尤其是来自西域的僧人中很多都与君主、政权发生关联，后来他们扩大解释了不崇拜佛以外事物的说法，将君主作为佛来崇拜，使佛教成为为君主、国家而存在的佛教，提出“王法一如”而努力宣扬佛教。如《魏书》卷一一四《释老志》中记载沙门法果之言云：

> 法果每言太祖(拓跋珪)明睿好道，即是当今如来，沙门宜应尽礼，遂常致拜。谓人曰：“能鸿道者人主也，我非拜天子，乃是礼佛耳。”

另一方面，后来的君主亦很不逊地将自己比为如来、菩萨，如《广弘明集》卷十中记载北周武帝之言曰“是知帝王即是如来，……王公即是菩萨”。始于五胡时期而盛行于北魏、隋、唐的造像、造窟活动乃是华北佛教的一大传教事业，而这反过来说亦是以佛之尊严来比附君权，并对一般民众进行炫耀。就这样，各政权均利用佛教来神圣化和维护君权，另一方面又将佛僧招用为政治顾问、任命为僧官，为建立起政治统治方式和新的社会秩序而利用佛教。

(1981年10月完稿)

对五胡篇的总结

如本篇开头所述，所谓中国史上的民族大移动期是指从4世纪初到6世纪的五胡、北朝时期，而本篇所考察的主要对象是前半段的五胡时期。作为总结，以下对这一时期的历史意义进行阐述。

众所周知，五胡、北朝时期与六朝时期一起，是处于中国史上最初的统一国家秦、汉帝国以及基于律令制的东亚世界性国家隋、唐之间的时期。如此说来，这一民族移动期是从古典的统一国家秦汉向中世的世界国家隋唐过渡的转换期，而这一时期历史意义的重要性即在于此。

基于此点，以下对各章节所论述的内容进行回顾，并对这一时期，特别是民族移动期前期——五胡时期的历史意义进行概括。

（1）五胡时期亦被称作五胡十六国时期，在此一百二十多年间，北亚游牧民族系的匈奴族、鲜卑族以及西北亚藏系的氐族、羌族等五胡所建立的刘氏汉国政权（匈奴族）、石氏后赵国政权（匈奴族）、慕容氏燕国政权（鲜卑族）、苻氏前秦国政权（氐族）以及姚氏后秦国政权（羌族）等政权以华北为舞台，上演了令人眼花缭乱的政权更迭。这些华北的政权都是与江南的东晋政权相对立的非汉族独立政权。

而在民族上构成各个政权的，则是掌握政权的胡族以及与之合作的华北当地汉人姓族以及流寓士人等，故而这些政权可以说是胡汉合作的政权。不过虽然一律称之为“胡族”，但他们在民族上分属匈奴族、鲜卑族、藏族等，相互之间有着很大的不同，而政权的更迭同时也是民族的变更，故而对于合作者汉人来说，其所面临的政治关系要比所谓“朝送平氏、夕迎源氏”[①]之喻更为复杂。故而汉人姓族和士人阶层必须强化通过血缘和婚姻关系的结合，以保存自己的社会势力。

---

① 译者注：平氏和源氏都是日本平安末期的武士集团，双方曾围绕政权展开激烈斗争。

(2) 五胡政权的社会基础及城市　与五胡各政权的政治构成相应,华北社会也同样是汉人与被称为“五胡”的各种胡族混住杂居的世界。

如第三章第一节《华北的胡汉人口问题》中所推定的,在整个五胡时期一百二十多年间,有接近一千万的五胡潜住群居于汉民族本土华北的河北、山东、河南北部、山西中南部以及陕西南部(关中)的各处农村地区以及城市之中,其生活方式也从游牧逐渐转变为半定居化的畜牧生活。而多达数十百万的汉人流民也以山东、河南为中心,夹杂在当地农民和胡族的帐落之间,筑起坞堡而居留。如此看来,五胡时期的华北社会有成为在数量上不下于汉人的各种胡族在汉人之间集体混住杂居的民族大熔炉之感。

而在这样的华北,当出身胡族的霸主们你兴我亡、政权发生更迭时,他们会将潜居在各地的胡族以及散布在各地的坞堡中的汉人流民强行迁徙到自己的根据地周边以及势力范围内并令其定居,将其中的壮丁征发为战斗力,剩下的则令其开垦荒地,充当发展农业生产的劳动力。此外,为了充实邺都、洛阳、长安、平城等各政权的国都以及地方城市,亦迁徙了众多豪族、富商和手工业者。我们可以从后赵国石勒的徙民政策(第 25、69 页)、燕国慕容廆及慕容皝的徙民政策(第 95、96—97 页)以及北魏太祖、太宗为经营京城平城(第 164 页)、充实国都所进行的徙民中观察到其典型。

由此,在五胡民族移动期,除了洛阳、长安等自秦汉时期以来的传统大城市,河北的幽州、中山、襄国,河南的邺,山东的广固,山西的平城、晋阳(太原)、平阳、长子,甘肃的凉州(姑臧)等地方城市亦同样繁荣起来。尤其是邺在成为曹魏的都城后又作为后赵、前燕、后燕的国都而繁荣,其中仅五胡便达到数十万人,据说其在繁华程度上超过了洛阳、长安而成为当时华北第一大都会。像这样除了国都以外,各处的地方城市亦因拥有胡、汉居民而繁荣一事,可以说是五胡时期的显著社会现象之一。

(3) 对于各个五胡政权的统治者来说,面对化为民族大熔炉的华北社会,最为紧要的任务是迅速恢复其秩序、维持民生的安定,而要做到这一点,当务之急便是整备、扩充官僚制度。由此在任用官僚时,他们出于现实需要,从魏晋以来依靠九品中正制的门阀主义转向重视能力的人才主义,而这一人才主义后来经过南北朝时期在隋朝被制度化,成为选用官吏的科举制。而唐代规范的官僚体制即是在科举制的基础上形成的。从门阀主义到人才主义的转换，在最初应当只是为迅速提高政治效率而采取的权宜之计，但其结果是逐渐瓦解了当时门阀主义所带来的社会固化，从而开拓了向民众开放政权的道路。

（4）风俗、服饰的变化　在五胡时期，由于胡、汉混住杂居，中原人逐渐吸收了北亚游牧民实用、简便的风俗和服装。比如坐胡床的习惯被汉族接受，游牧民常用的窄袖、袴子在民众之间取代了宽袖、宽袴，汉语中亦混入了相当多的胡语。

（5）佛教的传播　在思考五胡时期的历史意义时，不能忽视佛教所起到的作用。从五胡到北朝时期，华北与西域的交通比魏晋时期更为频繁，故而文物、物资交流的规模更大，更有佛图澄、鸠摩罗什等众多来自印度、西域的名僧大德来到华北，致力于宣扬佛教。

关于五胡时期的佛教，在第五章中已经考察过。这些来自西域的僧人为了让胡族君主及统治阶层更容易地理解佛教，并没有依靠论说深远的教理，而是依靠他们所学到的咒术性超能力的一面，比如基于天文、历法知识来预测干旱和风雪雷雨，或是治疗疾病，以此来获得人们的尊信。而当时的沙门，尤其是来自异域的僧人除了能够往来跨越五胡诸国之间的国界，甚至是南北之间的国境线以搜集情报外，在其所主持的佛教教团中还有来自各地的弟子，故而他们能够通过这些人尽早收集到关于各国的情报，并利用这些情报网来预知各国的政情。这在战略上能够左右胜负，在政治、外交上亦极为有用，故而他们之中有不少人获得君主的信赖而被迎为国政顾问。

再对作为外来宗教的佛教与五胡掌权者之间的关系进行观察，正如后赵国主石虎所说的，“朕出自边戎，……佛是戎神，所应兼奉”（第 106 页），出于民族感情，胡族君主及统治阶层中亦似乎有很多人对外来的佛教比起中国传统的儒教来更感亲切，并因此而皈依佛教。

就这样沙门与五胡诸政权发生关联，就如沙门法果对北魏太祖拓跋珪所说的那样（第 119 页），将佛与君主一体化，把君主当作佛来崇拜，提出所谓“王法一如”而以君权为背景宣扬佛教。像现存的云冈、龙门石佛群那样大规模的造窟、造像是北魏以后佛教的一大传教事业，而这种做法反过来亦可以说是对民众炫耀君权、将佛教利用为维护君权的精神背景，故而掌握政权者很早便将佛教吸纳为维护统治的方式之一。就这样，僧侣在政治上也逐渐拥有势力，随后他们与信奉儒教、道教的汉人贵族和官僚发生了对立。从北魏到隋唐时期激烈的废佛运动便是以此为背景而产生的。

从上述内容来看，被列举为隋唐帝国特色的官僚体制以及作为其土地、租税制度的均田制均可以在民族移动期找到其萌芽。佛教亦是在这一时期牢牢扎根于中国，而佛教的普及可以说增加了其后中国社会和思想界在量方面的广度，以及在质方面的深度。归结起来，民族移动期在继承秦汉帝国以来传统的基础上，又实施了基于新构想的制度和政策，且有佛教这样的外来宗教传播，这些因素对中国政治、制度、社会以及思想、宗教等方面的发展起到了重要作用，成为中国历史发展的强大动力。

北魏篇

第一章　拓跋部的历史发展

——从开国到代国建立

第一节　拓跋部开国传说的历史背景

构成北魏王朝核心部族的是鲜卑系的拓跋部，这自不待言。拓跋部的名称最初见于史书乃是3世纪后半叶，而太祖道武帝建立北魏王朝则是在4世纪末。《魏书》在《太祖纪》之前又设有《序纪》一卷，而观察其内容，则可分为始祖神元皇帝力微之前及之后两段。前段所记乃是从远祖成皇帝毛至圣武皇帝诘汾一共十四帝的事迹，而后段则接着记载从诘汾之子神元皇帝力微至太祖的祖父、昭成皇帝什翼犍一共十四帝的事迹。历来认为前半部分所记乃是所谓开国传说的时代，而后半部分所记力微以后的事迹则是拓跋部历史的黎明期。此处想要讨论的问题，则是前段自成皇帝以下直至圣武皇帝诘汾的开国传说时代。

在北亚历史上最初形成国家的匈奴族于1世纪末左右衰亡，代之称霸北方的则是兴起于内蒙古地区东部西拉木伦河流域的鲜卑族。将鲜卑族统一为有组织的游牧国家的，是出现于2世纪中期左右的檀石槐，此后鲜卑族直到3世纪前半叶为止都掌握着中国东北和蒙古高原的霸权。然而在235年，当时的鲜卑部族长轲比能为三国魏的幽州刺史王雄所暗杀，此后鲜卑王国分裂为众多部族集团。在这些分裂后的鲜卑系部族之中，从3世纪下半叶开始，有四个部族的势力开始逐渐强大。它们分别是以大凌河下游，相当于今天辽宁省的朝阳、义县、凌海地区的昌黎郡为根据地的慕容部，占据慕容部南方的辽西郡也就是滦河中下游地区的段部，活动在北方西拉木伦河流域的宇文部，以及占据这三个部族以西，今天内蒙古自治区和林格尔县一带的拓跋部。

I

如前文所言，有关拓跋部起源的传说（开国传说）见于《魏书》卷一《序纪》的开头部分。据此处所言，拓跋部的始祖是成皇帝毛，而毛则是中国传说中的人物黄帝的幼子昌意之后裔始均的第六十七世孙。与《魏书》中的黄帝后裔之说相对，南朝《宋书》卷九五《索虏传》中则云拓跋氏的先人乃是投降匈奴的汉朝将军李陵的后裔，而《资治通鉴・魏纪》卷九景元二年（261）注中引萧子显（南朝梁人，《南齐书》的作者）之言亦云“匈奴女名托跋，妻李陵，胡俗以母为姓”，认为拓跋氏乃是李陵与匈奴王女儿之子的后裔。也就是说，关于拓跋氏的祖先，有假托为黄帝后裔之说（北朝系）与假托为汉朝将军李陵后裔之说（南朝系）这两个系统。

这样的假托恐怕是在拓跋部开始与中原进行接触之后被伪造出来的。正如内田吟风博士曾经指出的那样，[①]其中的黄帝后裔之说应当从北魏的建国时期就开始在拓跋部的人们中流传。神元皇帝力微之孙、桓帝猗㐌死后，卫操于306年秋在大邗——肆川肆卢县，也就是今天的忻州附近——城南为其树立了颂德碑，碑文[②]中有“魏，轩辕（黄帝）之苗裔”之语。而孝文帝的改姓诏中云：“北人谓土为拓，后为跋。魏之先出于黄帝，以土德王，故为拓拔氏”；太和十一年（487）高佑、李彪等人在给孝文帝的上奏文中亦追述北魏历史之悠远云：“惟圣朝……自始均以后，至于成帝，其间世数久远。”

关于成帝毛，《魏书》之《序纪》中云其“聪明武略，远近所推，统国三十六、大姓九十九，威振北方，莫不率服”。此处所谓的“国”当是指部族，“姓”当是指氏族。从毛以下到第五代为止，只是罗列了（2）节皇帝贷、（3）庄皇帝观、（4）明皇帝楼、（5）安皇帝越这几个帝名而已。而关于第六代宣皇帝推寅，则记载说“宣皇帝讳推寅立，南迁大泽，方千余里，厥土昏冥沮洳。谋更南徙，未行而崩”。从第七代开始到第十二代，又只有（7）景皇帝利、（8）元皇帝俟、（9）和皇帝肆、（10）定皇帝机、（11）僖皇帝盖、（12）威皇帝侩这几个帝名而已。接下来关于第十三代献皇帝云“献皇帝讳邻立，时有神人言于国曰：‘此土荒遐，未足以建都邑，宜复徙居。’帝时年衰老，乃以位授

---

① 参照内田吟风《魏書序紀、特に其世系記事に就て》，《史林》第22卷第3号，1937年。

② 关于大邗城南的碑文，请参照第142页注②。

子”，又记载第十四代圣武皇帝的事迹云：

> 圣武皇帝讳诘汾。献帝命南移，山谷高深，九难八阻，于是欲止。有神兽，其形似马，其声类牛，先行导引，历年乃出，始居匈奴之故地。其迁徙策略多出宣（诘汾）、献（邻）二帝，故人并号曰推寅，盖俗云钻研之义。

而圣武皇帝诘汾之子便是神元皇帝力微。

《魏书》以力微为始祖，从力微以后的年份均记载其干支，而以庚子为其元年。然而这一年份是否正确，则很让人怀疑。王鸣盛在《十七史商榷》卷六十六“追尊二十八帝”条中云：

> 神元元年，岁在庚子，系魏黄初元年，即汉献帝在位之三十一年。正月，改元延康。十月，曹丕篡汉。

冈崎文夫博士所著的《魏晋南北朝通史》（第331页）由此受到启发，认为庚子乃是魏文帝接受东汉禅让的年份，而北魏的国号乃是得自曹魏，因此才将力微元年附会为魏文帝受命的庚子年，故而这种说法应当是到后世才创作出来的。

不过自力微元年以后，至少与力微以前诸帝相比，开始大体具备了施行统治的事迹，这说明拓跋部从力微以后进入了历史时期。据《魏书》以及以《魏书》为根据的《北史》记载，力微在位五十八年，其间吞并了当初投靠的没鹿回部，并让诸部大人皆服属于己，最终于即位三十九年时将根据地定在盛乐，也就是今天内蒙古自治区呼和浩特市和林格尔县西北。此外他还试图与三国魏进行和平交涉，于魏元帝景元二年（261）将长子沙漠汗送到洛阳，与魏开展贸易，接下来与晋朝也保持着友好的关系。

以上之叙事，乃是以北魏方面的史料为根据。其真实性究竟有多高，现在难以断定。不过《晋书》之《武帝纪》中有“咸宁元年（275）六月，鲜卑力微遣子来献”的记载，由此看来，就算魏景元二年（261）力微遣使一事只是《魏书》意欲通过与曹魏的友好关系来为自身国号的由来寻找理由而进行的虚构，晋武帝咸宁元年(275)力微遣子朝献一事也应当是历史事实。此外关于力微中了晋朝幽州刺史卫瓘的计谋而被杀一事，《晋书》卷三十六《卫瓘传》中云：

> 泰始初，……除征北大将军、都督幽州诸军事、幽州刺史、护乌桓校尉。至镇(幽州)，表立平州(咸宁二年十二月)，后兼督之。于时幽、并东有务桓，西有力微，并为边害。瓘离间二虏，遂致嫌隙，于是务桓降，而力微以忧死。

据此处所述，晋武帝泰始年间(265—274)，在幽州北部边境之东西出现了务桓、力微两名强大的部族长，对晋构成了边患。而其间卫瓘成为幽州刺史后，成功地离间了务桓和力微，导致两者不和。随后东部的务桓向晋投降，西部的力微因此忧愤而死。从北魏方面的史料来推断，务桓应相当于乌丸王库贤；但两者究竟能否视为同一人尚存疑问。[①] 不过就力微之死来说，或许是《卫瓘传》中对其买通务桓杀害力微一事进行了隐讳，而改写为力微忧愤而死。不管怎样，《晋书·武帝纪》中有咸宁三年(277)“正月，使征北大将军卫瓘讨鲜卑力微”的记述，据此至少可以知道力微或是死于此时，或是死于卫瓘于咸宁四年(278)从幽州离任以前。如此说来，《魏书·序纪》之所以云力微在位五十八年，是因为其卒年无法改动，故而要将其即位的年份编造为庚子年，便只能延长其在位时间。

总而言之，在力微时期，拓跋部以盛乐地区为根据地，成为幽州西北边境上的强大部族而为晋所知。因此南朝方面的《宋书·索虏传》中亦记载云“晋初，索头种(拓跋部)有部落数万家在云中”。由此看来，他们大概从力微晚年开始组织其部族联盟，而首领等也出现了世袭化的倾向。所谓力微之长子沙漠汗因诸部大人之谗言而被杀的记载，也是在从首长选举制向世袭

---

① 如志田不动麿所考证，务桓乃是匈奴刘虎之子、刘卫辰之父，即赫连勃勃之祖父。其任部族首领乃是在北魏昭成帝什翼犍(力微之四世孙)之四年至十九年正月间(《代王世系批判》上，《史学杂志》第48编第2号)。由此志田氏对《魏书》中关于力微的记载抱有怀疑。不过《魏书》中并未使用“务桓”之名，而云“乌丸王库贤”。从这一点来看，应当反过来认为《晋书》在记载卫瓘任幽州刺史期间的活动时出现“务桓”之名，乃是出于撰者之误解，或是同名异人。此外，内田吟风认为“务桓”乃是“乌丸”之谐音(《魏書序紀、特に其世系記事に就て》,《史林》第22卷第3号)。

制转变的过渡时期往往会出现的现象。可以认为久处中原、接受了新文化而归来的沙漠汗成了想要保持首长选举制这一旧制度的诸部族长等旧势力的牺牲品。

力微之长子沙漠汗作为质子常年生活在中原，在回归之际已经习染了新文化——比如中原服饰、弹弓以及像君主制这样对于拓跋部来说崭新的政治思想等，而诸部大人等有势力的守旧派反而由此将其视作危险人物而不愿意接纳，认为此乃乱国害民之兆，而提出了诸如太子沙漠汗的风采被服与南夏（中原）相同、且又行绝世之奇术，若此太子继承国统，则将变拓跋部之旧习，部人必不得志等非难，为此力微亦不得不将自己的长子沙漠汗杀死。总之，可以认为对于拓跋部来说，沙漠汗乃是其选拔首长的制度由传统的部族选举制转变为世袭君主制过程中的现象之象征。如果认为拓跋部在力微之后进入了历史时期，那么此前对于拓跋部来说便应当是开国传说的时代。

Ⅱ

在著者看来，见于《魏书·序纪》中的拓跋部开国传说只能是整理于太祖道武帝于天兴元年（398）追尊自远祖成帝毛以下的二十八帝之时，或是其后。[①] 由此而成为问题的，便是如何通过《序纪》的内容来解释经整理以前的开国传说的本来面貌，以及其中所包含的开国时代的拓跋部的历史。在此首先列举涉及拓跋部开国传说的三篇研究论文，分别扼要介绍其主要观点。

（一）白鸟库吉《东胡民族考》之四《拓跋氏》（收入《白鸟库吉全集》第四卷）

白鸟博士注意到，在从第一代成皇帝毛到第十三代献帝邻这十三名君主中，除第六代宣帝推寅之外的十二位皇帝名讳均只有一个字。起单名原本是中原的习惯，蒙古高原、中国东北等操多音节语言的民族人名大多超过

---

① 《魏书·太祖本纪》之天兴元年（398）十二月条中有追尊成帝以下后妃之谥号的记述，但同书卷十三《皇后列传》中云：

> 至于昭成（太祖之祖父昭成帝什翼犍）之前，世崇俭质，妃嫱嫔御率多阙焉，惟以次第为称。

而在太祖以前，亦只列举了神元皇后、桓帝（猗㐌）皇后、平文（郁律）皇后、昭成皇后及献明（太祖之父）皇后这五人。从这些迹象来看，在始祖神元皇帝之前，北魏只对十四名皇帝进行了追尊，而并未刻意对各后妃加以追谥。

一个字。尤其是第四代明帝楼、第七代景帝利、第十三代献帝邻等人名的音节都以阿尔泰语系中没有的L或R音开头，这些很明显是中原风格的人名。然而从第十四代圣皇帝诘汾开始到昭成帝什翼犍为止的十三人中，除了平帝绰、思帝弗两人是单名外，其他人的名字基本都是两个字或三个字。由此看来，诘汾以前的祖先应当是太祖道武帝时为了凸显其家族世系之久远而编造出来的。

接下来，白鸟博士又对《魏书》的记述方式进行了批判分析。在关于成皇帝毛之事迹的记述“聪明武略，远近所推，统国三十六、大姓九十九，威振北方，莫不率服，崩”之中，既没有列举国名，也没有记载大姓之人名，完全是抽象的记载。而接下来直到第六代宣帝推寅为止的四位皇帝只有“立，崩”的记述，关于推寅则只记述云“南迁大泽，方千余里，厥土昏冥沮洳。谋更南徙，未行而崩”，也没有说明所谓“大泽”究竟是何处之大泽。而从推寅到第十三代献帝这六位皇帝又只有“立，崩”的记述。关于献帝邻，则云其听从神人之言而打算迁徙。如此看来，在十三代皇帝之中，能够称得上事迹的乃是第一代成帝毛、第六代宣帝推寅和第十三代献帝邻。若以宣帝为中心，则成帝毛是其五世祖，献帝邻是其七世孙。这很明显是按照中原的风格，以五、七之阳数对世系进行了安排。推寅是双字名，而据《三国志》之《魏志·鲜卑传》，在檀石槐时期，其下曾有西部大人名为推寅。由此推测——《资治通鉴》认为《魏志·鲜卑传》中的推寅与《魏书·序纪》中的推寅乃是同一人——大概檀石槐时期推寅的事迹在拓跋部中也被模糊地流传、记忆下来，故而太祖道武帝时在其始祖力微之父、圣武皇帝诘汾以前，以推寅为中心，为其安排了五世祖、七世孙，以装点其世系。

（二）志田不动麿《代王世系批判》（收入《史学杂志》第48编第2、3号）

志田不动麿认为力微之前的十四帝不过是后来追加上去的虚构帝王，故而对其完全没有涉及。

（三）内田吟风《魏书序纪、特に其世系记事に就て》（收入《史林》第22卷第3号）

内田吟风认为《魏书·序纪》中所记载的乃是鲜卑族的古代部族领袖即

酋长们的传说,因而强调十四帝绝非虚构的人物。

我们在参考以上诸说的同时,再着眼于《魏书·序纪》中的记载,便能发现在力微以前的十四帝之中,有着称得上事迹的记述的有第一代成帝毛、第六代宣帝推寅、第十三代献帝邻以及第十四代圣武皇帝诘汾这四人。其中成帝毛之所谓“统国三十六、大姓九十九”,应当是修饰远祖之武勋的文字。而关于第六代推寅,则云其南迁至大泽沿岸,而因为此地潮湿,故打算再次南迁,但未果而崩。此外又云第十三代献帝邻也打算南迁,但因为衰老而命其子诘汾向南移居到匈奴之故地。也就是说,在四名领袖之中,除了成帝毛以外,其他三人的事迹都与部族的迁徙有关。而其中实际进行了迁徙的,则是第六代推寅和第十四代诘汾这两人。也就是说在北魏的开国传说中,拓跋部在两度迁徙之后落脚于长城一带,由此可知这一开国传说其实是关于部族迁徙的故事。那么,在拓拔部迁徙到南匈奴故地以前,其原住地位于何处呢?

关于拓拔部的原住地,白鸟博士曾引用过的《魏书》卷一百八《礼志》中有如下记载:

> 魏先之居幽都也,凿石为祖宗之庙于乌洛侯国西北。自后南迁,其地隔远。真君中(440—451)乌洛侯国遣使朝献(据《魏书·本纪》记载,乌洛侯国遣使是在第三代世祖太武帝的太平真君四年),云石庙如故,民常祈请,有神验焉。其岁(太平真君四年)遣中书侍郎李敞诣石室,告祭天地,以皇祖先妣配祝。……敞等既祭,斩桦木立之,以置牲体而还。……石室南距代京(今山西大同)可四千余里。

关于此石室,在同书卷一百之“乌洛侯国”条中亦云:

> 世祖(太平)真君四年(乌洛侯国使者)来朝,称其国西北有国家(北魏)先帝旧墟石室,南北九十步,东西四十步,高七十尺。室有神灵,民多祈请。世祖遣中书侍郎李敞告祭焉,刊祝文于室之壁而还。

据此可知,在乌洛侯国西北部残留着世祖太武帝时祭祀拓跋部祖先的石庙

（石室），由此亦可推测这一带应当是拓跋部的原住地。

此外，所谓石室并非是人工开凿，而是天然的洞窟，或许曾被用于穴居。而石室亦见于契丹族中，在埋葬辽太祖阿保机的祖陵之奉陵邑祖州城内，即残留着应当与太祖或是其祖先有关系的石室。不过此石室乃是由人工开凿，高二十三尺，深十四尺，宽二十尺。关于此石室，可参照拙著《中国征服王朝の研究》上卷第六章第一节中关于祖州的部分（第 294—296 页）。

关于乌洛侯国的位置，《魏书·乌洛侯传》中在前引同传文字之前有云：

> 乌洛侯国在地豆于之北，去代都四千五百余里。其土下湿，多雾气而寒。……其国西北有完水，东北流，合于难水。其地小水皆注于难，东入于海。又西北二十日行，有于巳尼大水，所谓北海也。

据白鸟博士的考证，此乌洛侯国乃是位于今天的洮儿河上游一带，且靠近大兴安岭的游牧部族。故而拓跋部的原住地也应该在这一带附近来寻找。

关于此事，据近刊《文物》（1981 年第 2 期）所收的米文平《鲜卑石室的发现与初步研究》一文所述，1980 年 7 月 30 日，在位于内蒙古自治区呼伦贝尔盟鄂伦春自治旗阿里河镇西北十千米的大兴安岭北麓、嫩江支流之甘河上游叫作嘎仙洞的洞穴内石壁上发现了北魏第三代世祖[①]太平真君四年（443）的石刻。文章论证了此石刻便是《魏书·礼志》所记载的太平真君四年（443）世祖太武帝所派遣的中书侍郎李敞在石窟内所刻的祝文，并收录了石刻全文。

在拓跋部的原住地得以确认之后，再根据《魏书·序纪》中的记载来加以考察，则拓跋部从原住地南迁后，曾暂时移居到大泽沿岸，并在此地游牧了一段时间，而到了力微之父圣武皇帝诘汾时再次南下。而所谓“大泽”之沿岸，因为说法太过模糊，很难进行地理上的比定。不过推测起来，这可能是指西拉木伦河流域。自古以来，活动在中国东北地区中北部和内蒙古东部一带的游牧部族在南下时通常会占据这一流域。如前文中所云，与拓跋部同族的宇文部曾占据这一流域，而拓跋部从昭成帝什翼犍开始到太祖道

---

① 译者注：原文作“太宗”，误。

武帝为止，都与宇文部保持着很密切的关系，此事亦可作为以上推测之证据。此外，要越过兴安岭而进入内蒙古，有着一些可容人马穿行的通道，而从西拉木伦河上游一带通行的路线虽曰险阻，但相对仍比较轻松。著者曾于昭和六年[①]夏天乘坐马车从内蒙古高原出发，反方向沿着这一路线越过了兴安岭，此时所获得的切身体验亦可充分证实这一点。而之前亦曾引用的《序纪》关于十四代圣武皇帝诘汾的部分中又云其接到父亲献帝邻的南迁之命后，带领拓跋部民一行而被困于高深险阻的山谷之中，在得到马形牛声的神兽引导后才好不容易突破而出，最终到达匈奴故地。由此看来，拓跋部应当是越过了险峻的兴安岭，而在南匈奴的故地，即内蒙古的长城沿线地区，尤其是盛乐，也就是今天内蒙古自治区的呼和浩特市和林格尔县一带找到了牧地。而据说引导了拓跋部的形似马、声似牛的神兽，应当是从常被选为游牧民之图腾的马、牛比拟而来，与后来契丹族的青牛白马传说等可谓如出一辙。

根据以上所论，可以推测拓跋部在占据盛乐地区以前，曾从东北的原住地出发进行过两次接力式的迁徙。然而若对这一开国传说进一步展开分析，则从初代成帝毛开始到第十三代献帝邻为止，《序纪》中完全没有提到各帝之间的血缘关系；而到了献帝以后，则记载接下来的圣武皇帝诘汾是邻之子，而再接下来的始祖力微则是诘汾之子。也就是说，若以拓跋部的始祖力微为中心，则诘汾是其父，而献帝邻是其祖父。

因此从世系上来看，在这一开国传说中，有着从初代成帝毛到第十二代威帝侩为止相互之间血缘关系不明的共十二人的皇帝群，以及由第十三代献帝邻、其子圣武皇帝诘汾（第十四代）以及其孙神元皇帝力微这祖父、父、子三代所组成的共三人的皇帝群这两个群体，并且被联结到了一起。从内容上来看，开国传说乃是关于迁徙的故事，而这一故事亦以献帝邻为中心，由在其以前发生的、第六代宣帝推寅所进行的第一次迁徙，以及献帝邻及其子诘汾所进行的第二次迁徙组成。

归结起来，可以认为这一开国传说无论是在世系上，还是在迁徙故事的内容上，都是由据说是始祖力微之祖父的献帝邻以前，以及这之后的邻—诘汾—力微这两个部分所组成的。若沿着这一方向进一步思考下去，则献帝

---

① 译者注：即1931年。

之前的十二名皇帝似乎很难认为只是拓跋部首领的序列。

关于此点，虽然别无可以作为证据的史料，但若大胆推测一下，那么从《魏书》卷一一三《官氏志》中所记载的第五代安帝时统诸部九十九姓，以及第十三代献帝时期合兄弟之七族以及叔父之族等共有十族（氏族）[①]之兴等事例来类推，或许献帝以前的十二名皇帝乃是到了太祖时期后，将这些氏族的族长之名适当地排列在一起而形成的。换句话说，这前后十二名皇帝可能是将原本时代上的横向序列（同一时代）重新排列为纵向序列（前后不同的时代）而形成的。迁徙故事之所以有宣帝推寅的迁徙和献帝邻的迁徙这两个部分，或许是因为将本来各氏族中分别流传的故事合而为一，并进行了编排整理。

Ⅲ

在《魏书》所记载的迁徙故事之中，关于献帝邻以前的部分，可以进行如上的分析。而关于接下来的献帝以后的部分，应当认为自献帝开始，与诘汾、力微相关联的故事才是以力微为始祖的拓跋氏自身的开国传说。然而若是细心地分析献帝以后的开国传说，可以看出这其中也包含着两个完全不同的故事。故而虽稍有重复之嫌，但此处仍需再次考察《魏书·序纪》中关于献帝邻（力微之祖父）以及圣武皇帝诘汾（力微之父）的记载：

> 献皇帝讳邻立。时有神人言于国曰："此土荒遐，未足以建都邑，宜复徙居。"帝时年衰老，乃以位授子圣武皇帝讳诘汾。献帝命南移，山谷高深，九难八阻，于是欲止。有神兽，其形似马，其声类牛，先行导引，历年乃出。始居匈奴之故地。

这一故事与之前记载的第六代宣帝推寅之南迁相关联，形成了一对迁徙故

---

① 关于此十大氏族，《魏书》卷一一三《官氏志》中有以下记述：

> 至献帝时，七分国人，使诸兄弟各摄领之，乃分其氏。自后兼并他国，各有本部，部中别族为内姓焉。……献帝以兄为纥骨氏，后改为胡氏；次兄为普氏，后改为周氏；次兄为拓拔氏，后改为长孙氏；弟为达奚氏，后改为奚氏；次弟为伊娄氏，后改为伊氏；次弟为丘敦氏，后改为丘氏；次弟为俟氏，后改为亥氏。七族之兴，自此始也。又命叔父之胤曰乙旃氏，后改为叔孙氏；又命疏属曰车焜氏，后改为车氏。凡与帝室为十姓，百世不通婚。太和以前，国之丧葬祠礼，非十族不得与也。

事。献帝邻的迁徙故事虽然到此为止，但《魏书·序纪》中接下来又记载了一个完全不同的故事：

> 初，圣武帝尝率数万骑田于山泽，欻见辎軿自天而下。既至，见美妇人，侍卫甚盛。帝异而问之，对曰："我天女也，受命相偶。"遂同寝宿。旦，请还，曰："明年周时，复会此处。"言终而别，去如风雨。及期，帝至先所田处，果复相见。天女以所生男授帝，曰："此君之子也，善养视之。子孙相承，当世为帝王。"语讫而去。子即始祖也。[①] 故时人谚曰："诘汾皇帝无妇家，力微皇帝无舅家。"

归结起来，这段文字乃是一种对始祖神元皇帝力微进行神化的神人交合故事。这种故事在汉族中固然存在，在突厥系、蒙古系以及通古斯系的北亚部族中亦时常可见。据此故事所说，诘汾与天女交合而得一子，而此子成为拓跋部的始祖。由此看来，这则故事正是以力微为始祖的拓跋部的开国传说。且这一传说中有着诘汾率领数万骑狩于山泽，并与美妇人相遇的情节，其后又记载了"诘汾皇帝无妇家，力微皇帝无舅家"的拓跋部的谚语，由此推断，这乃是一种"征服部族式的开国传说"。

总结以上所述，可以得出以下几点：

（1）见于《魏书·序纪》以及《北史·魏本纪》的北魏开国传说中包含着迁徙故事以及神人交合故事这两个系统的内容。

（2）迁徙故事由关于第六代宣帝推寅的内容以及关于第十三代献帝邻及其子圣武帝诘汾的内容这前后两个部分组成。这模糊地传达出拓跋部及其同族从离开东北的原住地到占据长城一带的盛乐地区为止，实际进行了两次接力式迁徙之事，同时也是太祖道武帝时对同族各部族之中分别流传的关于迁徙的故事以现今见到的形式加以整理的结果。故而迁徙故事本身并非拓跋部所独有，而应当认为是整合了若干同族中关于迁徙的传承而形成的。

（3）神人交合故事是为了对被拓跋部尊为直接始祖的神元皇帝力微加以神化而传承下来的，应当认为这才是拓跋部自己的开国传说。而从内容

---

① 关于这则故事，在《北史》卷一《魏本纪》中亦有大致相同的文字。而相较之下，依据《魏书》而作的《北史》记载更为简要。

上来看，这则故事是与拓跋部很相称的征服部族式的开国传说。

由此一来，我们可以对拓跋部及其同族离开东北原住地开始南下，又越过兴安岭而远徙到长城地区，随后征服诸多游牧部族，到始祖力微时以盛乐附近为根据地的历史过程加以粗略的推测。而关于力微时期及其以后的代国政权的建立和发展，将在次节中加以考察。

[昭和二十八年(1953)十一月十四日初稿写毕，收入昭和二十九年(1954)三月刊《东方学论集》第二，昭和五十八年(1983)十一月补订]

第二节　代国时期的拓跋政权

上一节《拓跋部开国传说的历史背景》中所考察的乃是北魏拓跋部历史中的传说时代，本节则承上节之后，对拓跋部的统一权力如何在相当于北魏开国期的代国时期形成加以考察。

关于这一时期，已经有志田不动麿《代王世系批判》(《史学杂志》第48编第2、3号)以及内田吟风《魏书序纪、特に其世系记事に就て》(《史林》第22卷第3号)等论文进行过考述，本稿亦从两氏的论考中受到了很多启发。不过，以上论文的主要意图在于对《魏书》帝纪中《序纪》所记载的世系进行批判分析或是再批判分析，自然与本稿之目的有所不同。

始祖力微时期　一般认为，北魏王朝的代国时期始于始祖力微(神元皇帝)之孙猗㐌(桓帝)、猗卢(穆帝)时期，也就是在昭帝禄官之下猗㐌、猗卢与禄官三者相鼎立的时期。不过为了行文方便，在此先对从力微到猗㐌为止的时代进行简单的介绍。据《魏书》以及承袭《魏书》的《北史》所记，始祖力微兴起于被比定为今天内蒙古自治区呼和浩特市和林格尔县附近的盛乐一带，逐渐兼并诸部族，并于其在位三十九年时正式占据盛乐。

此时正相当于中原地区从三国魏过渡到晋朝之际，力微与魏、晋都保持着和平往来，专注于扩大自己的势力范围。关于其与晋朝的关系，《晋书·武帝纪》中关于拓跋部首领力微记载道：

[咸宁元年(275)]六月，鲜卑力微遣子来献。

又云：

> ［咸宁三年（277）正月］使征北大将军卫瓘讨鲜卑力微。

而关于力微与魏之间的关系，《魏书·序纪》中云三国魏景元二年（261），神元帝力微将其长子沙漠汗作为质子送到洛阳，并与魏进行贸易。然而在这一时期中原王朝的史书中，却找不到类似的记载。关于此点，志田不动麿曾在其《代王世系批判》一文中怀疑此种有关与魏之间和睦关系的记载乃是出于意欲借用三国魏之国号的北魏王朝的编造。然而在《魏书·序纪》中可见到不少有关沙漠汗的历史事件的记载，由此类推，对三国魏与神元帝力微之间的和平往来也不可一概否认。

再回到力微与晋之间的关系。据记载，力微在其即位后的第五十八年，中了被晋朝幽州刺史卫瓘收买的乌丸王库贤的奸计而崩。力微之死见于《魏书》的帝纪之中，而关于其死因的记载在多大程度上可信，则一时难以断言。而在中原方面的史书《晋书》卷三十六《卫瓘传》中，对此事记载道：

> （卫瓘）泰始（265—274）初转征东将军，……除征北大将军、都督幽州诸军事、幽州刺史、护乌桓校尉。至镇，表立平州，后兼督之。于时幽、并东有务桓，西有力微，并为边害。瓘离间二虏，遂致嫌隙。于是务桓降，而力微以忧死。

对照此处《晋书》中的记载，则《魏书·序纪》中的乌丸王库贤应当是务桓，而《晋书》中的力微毫无疑问便是拓跋部首领力微。据此可知，在晋武帝泰始年间，幽州的西方有力微、东方有务桓这两个强大的游牧部族首领，两者对晋频繁造成边害。而力微最终中了卫瓘的计策，其与务桓之间的关系遭到离间，并因此而忧死。

此外，关于力微之殂年，前引《晋书·武帝纪》中有“［咸宁三年（277）正月］使征北大将军卫瓘讨鲜卑力微”之语，而卫瓘离开幽州刺史之任、官拜尚书令则是在咸宁四年（278）十月，故而力微之死只能是在咸宁三年（277）正月至卫瓘离开幽州治所的四年十月之间，这与《魏书》中力微在位五十八年而崩的记载在时间上一致。不过或许是如冈崎文夫《魏晋南北朝通史》（第331页）中所云，《魏书》为了将北魏国号的由来关联到三国魏，而必须将力微即位的年份说成是与三国魏之建立同年的庚子年，并由此从力微死去的晋咸宁三年（277）进行回推，结果出现了力微在位长达五十八年的记述。

将《晋书》以及《魏书》等资料的记载综合起来加以考察，可知拓跋部从3世纪后半开始，以盛乐为中心而成为西北边外的强大部族，并为晋朝所知。因此《宋书·索虏传》中亦云“晋初，索头（拓跋）种有部落数万家在云中”。大概此时拓跋部已经有了部族联盟组织，而其首领也逐渐开始有了世袭化的倾向。

能够让我们作出此种推测的资料有《魏书·序纪》中的记载。据其中所述，力微在位第二十九年，诸部大人悉皆款服，力微成为其首领。此外力微之长子沙漠汗（文皇帝）作为质子而长期逗留在中原，后来在返回之际，其所习染的中原先进文物不为保守的诸部大人所接纳。不仅如此，其所穿着的中原式服装及其风采，以及引弹弓而落飞鸟之类的秘术反而令诸部大人感到恐惧，并认为如果此种新式人物成为首领，必将改变旧俗而危及自己的地位，还是推戴留在部族内的诸子为好。于是诸大人便向力微进谗言云沙漠汗有乱国害民之兆，并在沙漠汗返回部族之前将其杀害。归结起来，此事应当认为是对拥有中原君主制这样先进思想的沙漠汗成为力微继承人一事坚决排斥、想要按照其传统的部族拥戴制来选出首领的诸部大人的阴谋。从这一点来说，可以认为此时拓跋部的君主地位正处于从诸部族之间的推戴制向某一特定氏族的世袭制过渡的时期。

禄官时期　力微死后，其子悉鹿（章帝）继立，在位九年而卒，其后悉鹿之少弟绰（平帝）继之，七年而殂，力微长子沙漠汗（文帝）之少子弗（思帝）继立。不过其在位仅一年而崩，力微之子、弗之叔父禄官（昭帝）继之而立。[①]禄官将其领土分为东、中、西三部，将其自身的根据地置于上谷（今河北怀来）以北、濡源以西，也就是如今的张家口附近，并领有三部中的东部，即今河北省东北部以及内蒙古自治区的一部分，而令其侄猗㐌（桓帝）统领以代

---

① 关于禄官继立的年份，《资治通鉴》记载为晋元康五年（295）。然而据《魏书·序纪》及《卫操传》中的记载，当为其前一年。

郡的参合陂[1]（今山西阳高）为中心的一带，令猗㐌之弟猗卢（穆帝）统领盛乐当地。

如前文中所述，《魏书・序纪》中云在力微死后，其子悉鹿、绰及其孙弗三人相继继承了首领之位，而关于此三人与力微的血缘关系，除《魏书》之外没有其他可以依据的资料。不过从年代上来看，力微死于277年，而据《魏书・卫操传》，禄官时期的三巨头之一猗㐌死于永兴二年（305），而此年乃是禄官在位的第十一年，故而禄官继位应当是在晋元康四年（294）。由此推算，从力微死后到禄官继立，其间有着十六年或十七年的空白。也就是说前述悉鹿等三人在这空白的十六七年间相继而立。在此时期，据《魏书・序纪》之章皇帝悉鹿条云"诸部离叛，国内纷扰"，《北史》之帝纪中亦云"章皇帝悉鹿立，时诸部离叛"，可知力微横死后，部族的统一遭到破坏，发生了对立纷争。

禄官将领土一分为三而加以统治，以及其虽居于首领之位，却舍弃拓跋部的根据地盛乐而统辖东部，或许是因为其是在此种部族内部发生混乱的情势下继位的。原本在北亚部族之间，将其领土分为东、中、西三部而分别统领的习惯已见于古代匈奴兴盛的时期，以及鲜卑族的全盛期檀石槐时代。但这些乃是游牧国家在强大的君主之下拥有广大领土时的事例，而像禄官时期这样在诸部族的结合已经趋向松散的情况下却还要进行三分统治，此种情况更应视作是分裂对立的表现。

关于禄官在位十三年间的事迹，除了《魏书・序纪》之外没有什么明确的记载。不过关于猗㐌与猗卢的政治活动，可以根据《晋书》等史书大略加以追踪。猗㐌将其根据地置于参合陂之北，距离晋朝较近，故而在晋朝内部因为八王之乱以及匈奴族长刘渊的独立运动而陷入混乱后，有众多汉人来到猗㐌的势力范围内避难。其中曾为幽州刺史卫瓘部将的卫操与其宗室、乡亲十几人一起投降并成为猗㐌的参谋，且劝说猗㐌招纳了大量晋人。

---

① 参合陂被比定为当今位于大同市东北的阳高县。此地自汉代以来便是山西北部的一处中心区域，此点从这一地区现有众多汉代甚至更早的墓葬群一事亦可推知（参照小野胜年、日比野丈夫《陽高古城堡——中国山西省陽高県古城堡漢墓》，六兴出版，1990年）。

关于猗㐌(桓帝)之事迹,据《魏书·序纪》[①]、同书卷二十三《卫操传》所引用的大邗城南碑文[②]以及《晋书》卷六十二《刘琨传》中的记载,其最大的功业乃是为了救援晋之并州刺史司马腾而于永安元年(304)出兵中原,与刘渊及石勒作战。而此事亦见于《晋书》卷六十二《刘琨传》以及《宋书·索虏传》。在此时的中原,晋朝苦于八王之乱(300—306),而匈奴族长刘渊则趁机在山西南部自立称汉王,并围攻太原。猗㐌出兵援救太原,乃是应晋朝之请。

猗㐌卒于永兴二年(305),而在其死后,其弟猗卢统辖了其部民。两年后禄官亦卒,猗卢又收禄官之部民,由此整个拓跋部族都为猗卢所统辖。

猗卢时期——代国的建立 穆帝猗卢亦遵循其兄桓帝猗㐌的方针,继续援助晋朝,并尽力帮助太原的并州刺史刘琨抵御匈奴部的侵袭。而因为此功,其于永嘉四年(310)被晋怀帝封为代公。此乃拓跋部代国时期的开端。此外,《晋书》将猗卢被封为代公的时间记为永嘉六年(312),而据内田吟风《魏书序纪、特に其世系记事に就て》一文中所考证,乃永嘉四年(310)之误。

猗卢被封为代公后,通过刘琨要求得到雁门关南北的马邑(今山西朔州朔城区)、阴馆(今山西代县西北)、楼烦(今山西宁武)、繁畤(今山西繁峙)及崞(今山西浑源)这五县——当时这些地方被称作句注、陉北之地(石陉关以北之地)——以作为自猗㐌以来出兵援助晋朝的回报。而这些地方因为匈奴部的刘渊据山西南部而独立,与晋朝已经断绝了联系,对晋来说不过是徒有虚名的领土。故而晋朝也接受猗卢的要求,给予其这些土地。关于此事,《魏书·序纪》在穆帝猗卢三年条中云:

---

① 《魏书·序纪》中记载猗㐌之事迹云:

> (昭帝)三年(296),桓帝度漠北巡,因西略诸国。……七年,桓帝至自西略,诸降附者二十余国(《北史》作"三十余国")。凡积五岁,今始东还。

② 大邗城南碑乃是卫操在桓帝猗㐌死后,为称颂其生前之功德而于晋光熙元年(306)秋在肆川肆卢县城南所立。其碑文中所见猗㐌之事迹多有涉及外征,尤其是救援晋之并州刺史司马腾而与刘渊、石勒作战者。据钱大昕《廿二史考异》卷三所云,此碑文内容曾遭到史臣篡改,故而已失其真。

此外,《魏书》卷二十三《卫操传》中云:

> 皇兴初(467—470),雍州别驾、雁门段荣于大邗掘得此碑。文虽非丽,事宜载焉,故录于传。

晋怀帝进帝(猗卢)大单于，封代公。帝以封邑(代国)去国悬远(当时猗卢的根据地在盛乐)，民不相接，乃从琨求句注、陉北(石陉关以北，也就是雁门关以北)之地。(当时南匈奴的部落领袖刘渊在山西南部独立，并与山西北部以及长城地区的匈奴相呼应，南北夹击刘琨，而句注、陉北之地已非晋朝之势力所及，只是徒有虚名的领土而已。)琨自以托附，闻之大喜，乃徙马邑、阴馆、楼烦、繁畤、崞五县之民于陉南，更立城邑，尽献其地。东接代郡，西连西河、朔方，方数百里。帝乃徙十万家以充之。

不过关于晋朝将楼烦等五县给予拓跋部的年份，《魏书》及《宋书·索虏传》中的记载有着一年的差异。前者记载此事发生于永嘉四年(310)——《资治通鉴》亦系此事于永嘉四年(310)，而后者则在一年以前的永嘉三年(309)条中有与上文中所引用的《魏书·序纪》之记载相似的内容：

永嘉三年，驰(猗㐌)弟卢(猗卢)率部落，自云中(今大同市西北)入雁门，就并州刺史刘琨求楼烦等五县。琨不能制，且欲倚卢为援，乃上言卢兄驰有救腾之功，旧勋宜录，请移五县民于新兴，以其地(陉北)处之。

之所以在年份上有所差异，是因为《宋书》着眼于并州刺史刘琨上表请求将五县给予猗卢、并将五县之民迁徙至石陉关(雁门关)以南的新兴一事，将相关事件都记述于上表之年的条目中，而《魏书》则记述猗卢将代国之部民迁徙至五县的年份。

另一方面，《晋书·怀帝本纪》在永嘉五年(311)十一月条中有徙五县之民于新兴的记载。若将此理解为晋方面大致完成了五县之民南徙至新兴一事的年月，那么对《魏书》《晋书》和《宋书》三者关于此事的记载各有一年之差异一事，也就能够理解了。

从晋朝尤其是刘琨的立场来看，割让五县也带来了令猗卢不得不与强敌匈奴部(汉)作战这一有利条件。另一方面，站在猗卢的立场上，就算五县对于晋来说只不过是徒有虚名的领土，对于拓跋部来说，获得这些土地后便拥有了向中原发展的绝好据点。

据《资治通鉴考异》卷四所引刘琨《与丞相笺》所云，此时已有猗卢之部民三万余家潜居在五县之间。故而可以说五县之割让乃是在此种既成事实的基础上，出于相互利益之计算而进行的。获得五县之后，猗卢立即又将大量部民迁徙到此处，令其承担相当于屯田兵的任务。《魏书·序纪》记此事云：

> 东接代郡，西连西河、朔方，方数百里。帝（猗卢）乃徙十万家以充之。

如此一来，在猗卢时期，拓跋部东起代郡，向南将雁门关以北的山西北半部都纳入势力范围，代国的疆域大致于此时形成。猗卢在其后亦出兵帮助刘琨抵挡住了刘聪、石勒的攻击，由此看来，其在代国内部的集权也应当逐渐得到强化。

据《魏书》记载，在这一时期，猗卢向部民颁布“明刑峻法”，对部落内部的统御变得更为严苛，①这也说明其命令在部内开始得到有力推行。而《晋书·刘琨传》中云“猗卢国内欲生奸谋，幸卢警虑，寻皆诛灭”，这应当与《魏书·序纪》中所记载的穆帝（猗卢）六年②时，部内匈奴、杂胡万余家响应后赵石勒而谋叛一事相对应。如此看来，这场内乱或许是猗卢统领下的诸部族为反抗上述的统治之强化而发动的。

观察穆帝猗卢的统治方针，可以发现在其治下，代国的重心由西北部的盛乐地区逐渐向东南部的平城（今山西大同一带）地区转移。猗卢在即位后第六年修复平城之故城，以盛乐为北都，平城为南都，又在平城南方筑起新平城，并令其长子六修镇戍此处，统领包括晋朝给予的雁门关南北五县在内的南部领土。③ 与以猗卢之根据地盛乐为中心的北方地区相比，南方地区汉人的数量较多，故而其势力也较强，在六修手下有众多汉人充当参谋。而据《晋书·王浚传》，六修亦与幽州刺史王浚结交。

---

① 《魏书·序纪》中记载猗卢统御部内之严苛云：

> 至是明刑峻法，诸部民多以违命得罪，凡后期者皆举部戮之。

② 译者注：此处年代有误，核诸《魏书·序纪》记述，此事当发生于穆帝七年。

③ 关于此事，《魏书·序纪》中云：

> 六年，城盛乐以为北都，修故平城以为南都。……乃更南百里，于灅水（桑干河）之阳黄瓜堆（黄花冈）筑新平城，晋人谓之小平城。使长子六修镇之，统领南部。

在即位后第九年，猗卢与其长子六修相争而败北，而争斗起因则是猗卢溺爱六修之异母少弟比延，欲以比延嗣己之后，由此招致六修的反抗。不过此事亦有外因，从《魏书》卷二十三《卫操传》所附的《卫雄传》中"六修之逆，国内大乱，新旧猜嫌，迭相诛戮"之语来推测，其根源应当在于猗卢身边的北方主流派即盛乐派与拥立长子六修的汉人以及拓跋部中非主流派即平城派之间的对立。与守旧的拓跋贵族数量较多的盛乐派相比，平城派可以说是与汉人知识分子接触较多、对中原形势有些了解的开明派。也就是说，这场内乱应当是追随猗卢的北部盛乐派拓跋贵族与拥护六修的新归附汉人以及受到其影响的平城派（开明派）拓跋部人之间所产生的新旧对立激化的结果。

据以上所论，在这一时期，代国内部出现了北都盛乐和南都平城这两个据点相互割据，由此又导致了猗卢周围一派和六修周围一派之间的对立，最终演化成了以血洗血、你死我活的斗争。而除了拓跋部人之间的新旧之争，还可以看到领土之上存在着各自从事农耕与游牧，在生活、风俗、思想等各个方面都存在本质区别的汉人与拓跋族人之间的对立。在内部蕴藏着如此错综复杂的对立冲突，从而逐渐导致社会阶级之间的对立，此种情况不仅发生于代国（北魏），也可以说是其后的辽、金等中原征服王朝的共同特点。

此外，据《魏书·序纪》所云，猗卢在与其子六修的争斗中败北后"乃微服民间，遂崩"，死于争斗爆发的当年，即即位后的第九年(316)。据此处记载，其曾经在战败后隐匿于民间，但不久即去世。中原方面的史书《晋书·愍帝纪》中亦记载"（建兴）四年(316)春三月，代王猗卢薨"。

猗卢、六修父子之间的这场争斗看起来导致代国内部陷入了极大的混乱。例如《魏书》卷二十三《卫操传》中所收的卫雄及姬澹之传记云：

> 六修之逆，国内大乱，新旧（六修派与猗卢派）猜嫌，迭相诛戮。雄、澹并为群情所附，谋欲南归，言于众曰："闻诸旧人忌新人悍战，欲尽杀之，吾等不早为计，恐无种矣。"晋人及乌丸惊惧，皆曰："死生随二将军。"于是雄、澹与刘琨任子遵率乌丸、晋人数万众而叛。

由此看来，此次新旧之争虽然以六修派（南方平城派）的胜利告终，但如接下来所述，直到什翼犍即位为止，这场斗争引发了持续二十多年的南（东部）北（西部）对立，在代国的政局中留下了深深的伤痕。

昭帝什翼犍时期　据《魏书·序纪》所述，猗卢在316年的内乱中死后，直到什翼犍于338年即位为止的这二十二三年间，拓跋部共有普根（猗㐌之子）、普根之子（其名不详）、郁律（317—321年在位）、贺傉（321—325年在位）、纥那（325—327、335—337年在位）、翳槐（329—335、337—338年在位）这六名首领相继而立。仔细观察这六人的谱系，便能发现其实是北方盛乐派所推举的猗㐌诸子与得到南方平城派支援的猗㐌末弟弗的子孙在反复争夺而代为君长。

关于这六名首领，志田不动麿与内田吟风都曾进行过分析。两人的说法有不少相异之处，而大体上应采信内田氏之说。接下来依据《魏书·序纪》以及其他史书中的记载，列出自始祖力微起直到太祖拓跋珪为止的拓跋部首领的简要系谱，以供参考。

代王(拓跋部首领)世系略图

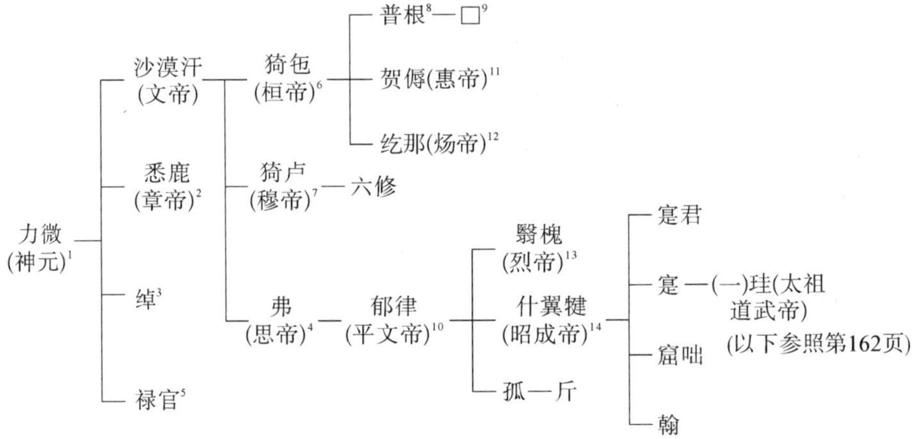

从普根开始的六位首领代立期间，除了平文帝郁律在位五年期间多少有些权势之外，拓跋部看起来无论是内部、外部都经历了很大的困难。在继郁律之后的贺傉在位期间，诸部人心动摇，为此贺傉不得不将根据地移到平城北方的东木根山。接下来，纥那在位的第三年又受到后赵石虎的侵掠，一时退保大宁（今河北张家口附近）北方，投靠以西拉木伦河流域为根据地的宇文部，靠着后者的支援才勉强得以保持余威。

在这种背景下，拓跋部内部也分裂为北方的纥那一派以及拥护弗之孙、郁律之子翳槐的南方派，互相抗争。其中南方派是得到中原石勒支援的一派，翳槐曾向后赵送出人质而臣属于石勒。335年部内诸大人将其抛弃而从宇文部迎纳纥那后，翳槐逃亡到石氏的根据地邺都。而两年后其得到石虎的支援——石虎令将领李穆率五千骑护送——而入居大宁，迫使纥那再次出奔宇文部。在此之前，翳槐作为人质送往邺都的便是其弟什翼犍。《资治通鉴》将什翼犍入质一事系于咸和四年（329）。

什翼犍在其兄翳槐死后被从邺都迎回，首先于咸康四年（338）在南部繁畤（今山西繁峙）即位，[①]而这是在南方派的拥立下得以实现的。在即位翌年，什翼犍于参合陂召集诸部大人，欲以灅源川（桑干河上游一带）为其根据地。但因为其母王氏（郁律之后）反对，最后仍沿袭历来的做法，以北部（西部）的盛乐为都。

关于母后王氏反对的理由，《魏书》卷十三《皇后列传》之平文皇后王氏条云：

> 国自上世，迁徙（游牧）为业。今事难之后，基业未固。若城郭而居，一旦寇来，难卒迁动。

为此定都灅源川的计划不得不中止。关于此事，《资治通鉴》咸康五年（339）五月条中亦有大致相同的记载。大概是北方派拥护母后王氏，而反对南方派的南都（东都）中心路线。

昭成帝什翼犍在位三十九年，其间对部族内部的控制较为稳固，国家的组织机构也开始成形。据《魏书·官氏志》，昭成帝模仿晋朝的机构而设立右长史、郎中令以及内侍长等官职，又从诸部大人及豪族子弟中选择有才干者任左右近侍，令其侍直禁中。此外还将领土分为南北两部，分置大人以统摄之。[②]

---

① 《资治通鉴》云什翼犍即位于咸康四年（338）十月，《魏书·序纪》则记载为同年十一月。

② 关于此事，《魏书·官氏志》中记载云：

> 昭成之即王位，已命燕凤为右长史，许谦为郎中令矣。余官杂号，多同于晋朝。建国二年，初置左右近侍之职，无常员，或至百数。侍直禁中，传宣诏命。皆取诸部大人及豪族、良家子弟仪貌端严、机辩才干者应选。又置内侍长四人，主顾问、拾遗、应对，若今之侍中、散骑常侍也。其诸方杂人来附者，总谓之乌丸，各以多少称酋庶长。分为南北部，复置二部大人以统摄之。

在对外关系上，其与中原的后赵国主石虎保持密切关系的同时，亦与新兴的慕容部通婚——关于慕容部，可参照本书五胡篇第四章《慕容王国的建立及其特征》。此外，在北方，什翼犍于二十六年(363)、三十三年(370)两次出征高车部并取得大胜。《宋书·索虏传》中云：

> 什翼犍勇壮，众复附之。……北有沙漠，南据阴山，众数十万。

由此可以看出当时在什翼犍统治之下，拓跋部终于形成了统一的部族势力，并逐渐强化国家的组织机构。《魏书》卷二十四《燕凤传》中亦记载燕凤在向苻坚描述什翼犍为人及势力时云：

> (主上)宽和仁爱，经略高远，一时之雄主，常有并吞天下之志。……主上雄隽，率服北土。……控弦之士数十万，马百万匹。

即便此语多少有些夸张，与上引《宋书·索虏传》之记载合而观之，仍然能够看出当时拓跋部势力之强大。然而虽说此时其势力得到加强、国家建设开始进入轨道，但国家的基础终究还是不够牢固。在即位后的第三十九年(376)，什翼犍遭到当时在中原威震一时的前秦苻坚的打击，不得不逃到阴山北方，并且不久后便在混乱中死于非命。曾经反对从盛乐南迁至代都的母后王氏的话竟不幸言中了。而苻坚的前秦军队之所以攻打代国，是因为此前占据鄂尔多斯一带的匈奴铁弗部首领刘卫辰(南匈奴单于刘虎之孙)与前秦、代国两方都暗通声气，为此什翼犍怒而讨之并收其部众大半，而刘卫辰则寄身于苻坚处，不久便引导前秦军攻打代国。关于什翼犍之死，有北朝史料中的他杀说和南朝史料中的俘虏说两种说法。依据《魏书·序纪》的《北史》卷一《魏本纪》之昭成帝条中云什翼犍战败而避难于阴山之北，在苻坚军退去后：

> [即位三十九年(376)]十二月至云中。旬有二日，皇子寔君作乱，帝暴崩，时年五十七。

关于其死因，则在《北史》卷十五《寔君传》中有详细记述，其中云寔君乃是昭成帝之庶长子，但生性暗愚不仁，受到其从弟斤之挑唆而弑杀其父昭成以及兄弟。苻坚听闻此事后云"天下之恶一也"，俘虏了寔君及斤，并在长安西市将其处以车裂之刑。

另一方面，《晋书·苻坚传》以及《宋书·索虏传》《南齐书·魏虏传》等南朝方面的史书则记载什翼犍遭俘虏后被带往长安。根据内田吟风博士的推测，这或许是《北史》《魏书》中所记载的昭成之子窟咄被掳往长安一事误传所致。

什翼犍死于非命后，以其为中心而形成的部族统一立刻发生动摇，其间有不少部族离散而去。为了收拾拓跋部的局面，苻坚在平城设立乌丸府（380—386），将代国置于其管辖之下，并以黄河为境将代国分为东西两部分，分别任命刘库仁为东部大人、刘卫辰为西部大人，令其分统两部。据《魏书》卷二十四《燕凤传》所记，此举乃是出自燕凤的谋划。[①]

被任命为东部大人的刘库仁最初作为匈奴独孤部首领[②]而追随什翼犍，并被任命为南部大人。前秦军入侵之际，刘库仁在南方边境的雁门、句注附近率领独孤部及诸部族的军队进行防御，战败后逃往盛乐。接下来在盛乐西南方的石子岑之战中遭到大败后，曾与什翼犍一起避难于阴山以北。而燕凤则在什翼犍死于非命后被苻坚任用，负责管理相当于黄河以东之桑干河上、中游的山西省北部一带，以镇抚陷入混乱的代国部民。这应当是因为燕凤作为地方上的豪族，在代国东部地区有着很高的声望，对此苻坚亦不能视而不见。当时在北方贺兰部避难的献明皇后王氏带着还是六岁小儿的太祖及诸子投奔了刘库仁，而《资治通鉴》则将此事系于太元九年（384）十月条中。不巧的是，此时刘库仁为了援救苻丕而出击至繁畤，结果遭到前一年为求庇护而前来投靠的慕容文偷袭，最终死于非命。

---

① 关于此事，《魏书·燕凤传》中有如下记载：

> 及昭成崩，太祖将迁长安。凤以太祖幼弱，固请于苻坚曰："代主初崩，臣子亡叛，遗孙冲幼，莫相辅立。其别部大人刘库仁勇而有智，铁弗卫辰狡猾多变，皆不可独任。宜分诸部为二，令此两人统之。两人素有深仇，其势莫敢先发，此御边之良策。待其孙长，乃存而立之，是陛下施大惠于亡国也。"坚从之。

② 关于拓跋部与独孤部之间的关系，可参照内田吟风《匈奴史研究》（创元社，1953 年）中《五胡及び北魏時代の匈奴》一节。

另一方面，如前文所述，被授以统治西部地区之任的刘卫辰乃是南匈奴单于刘虎之孙。其曾作为匈奴铁弗部长而占据朔方，在遭到什翼犍攻击后失去了所部之大半，故而逃依苻坚，并得到苻坚的支援而入侵代国。因为此种关系，刘卫辰被苻坚委以统治代国西部之任，并以鄂尔多斯的代来城（后来的统万城[①]）为据点而控制着鄂尔多斯一带。就这样，以西部鄂尔多斯地区的匈奴铁弗部为核心的部落联盟与东部地区的拓跋系诸部族以黄河为界，形成了东西之间的对抗关系。

虽然在昭成帝什翼犍统治下，代国似乎已经具备了称得上是国家的体制，但在其横死之后，整个国家依然以黄河为界而分裂成了东、西两个部分。而再次将两者统一、建立征服王朝北魏的，则是什翼犍之孙、太祖道武帝拓跋珪。在祖父什翼犍死于非命时，拓跋珪还只是六岁的幼儿，靠着老臣燕凤的谋划才幸运地免于被苻坚军掳往长安，得以与其母献明皇后王氏一起寄身于东部大人刘库仁之处。太祖前往投靠刘库仁应当是376年至384年或385年之间的事情，《魏书·太祖纪》将这段时期算作即位后之元年至九年，系于登国元年（386）之前。太元九年（384）刘库仁在率军出击时遭到慕容文袭击而战死，之后其弟刘眷继承其位。而两年后库仁之子刘显杀死叔父刘眷并取而代之，太祖一派随即感到生命受到威胁，在千钧一发之际逃到了太祖之母出身的北方贺兰部。[②]

次年太祖在位于平城与盛乐之间的牛川受到部民拥立[③]而即代王位，建

---

① 代来城即是后来赫连勃勃所都的统万城，关于其位置可参照本书五胡篇第二章第44页注②。

② 关于此时之危难，《魏书·太祖纪》在即位九年条中云：

> （太祖）乃阴结旧臣长孙犍（嵩?）、元他等，秋八月，乃幸贺兰部。其日，显果使人求帝，不及。

而同书卷二十七《穆崇传》中则记载得更为详细：

> 太祖之居独孤部，崇常往来奉给，时人无及者。后刘显之谋逆也，平文皇帝外孙梁眷知之，密遣崇告太祖。眷谓崇曰："显若知之问汝者，丈夫当死节。虽刀剑刳割，勿泄也。"因以宠妻及所乘良马付崇，曰："事觉，吾当以此自明。"崇来告难，太祖驰如贺兰部。显果疑眷泄其谋，将囚之。崇乃唱言曰："梁眷不顾恩义，奖显为逆。今我掠得其妻马，足以雪忿。"显闻而信之。

③ 关于太祖被拥立为代王一事，据《魏书》卷十四《纥罗传》所云：

> （纥罗）初从太祖自独孤如贺兰部，招集旧户，得三百家。与弟建议，劝贺讷推太祖为主。及太祖登王位，纥罗常翼卫左右。

由此看来，此事当出自纥罗兄弟及贺讷之推动。

元登国。在此处，太祖道武帝拓跋珪迈出了建设北魏帝国的第一步，而关于太祖之建国，将在接下来的第二章《北魏建国期的政治与社会》中加以论述。

[收入昭和三十年(1955)四月刊《东方学》第10辑，昭和五十八年(1983)十月补订]

第二章　北魏建国期的政治与社会

——太祖、太宗、世祖时代

第一节　太祖道武帝的创业(386—409)

拓跋珪被拥立为代王　关于从拓跋部兴起到代国建立、发展之过程，已在第一章第二节《代国时期的拓跋政权》中进行了论述。376年，什翼犍遭到前秦国主苻坚之攻打而死于非命，其部落统一体代国也立刻产生动摇，分裂为东西两部。而再次统一这两部并建立起更为强大的北魏王朝的，则是什翼犍之孙拓跋珪，也就是后来的太祖道武帝。

拓跋珪在其祖父什翼犍死于非命时还只是六岁的幼儿，由此幸免于被苻坚的前秦军掳往长安的命运，而与其母献明皇后一起寄身于东部大人刘库仁之处。这段时期从376年持续到385年，一共九年。《魏书·太祖纪》将这一时期编排为无年号的太祖即位元年至九年，置于被视作北魏年号的登国元年(386)之前。如下文所述，太祖拓跋珪受到拥立而即代王之位乃是在登国元年(386)，故而登国之前的九年可以理解为代王拓跋珪之前史。

在这段前史中所发生的主要事件，乃是太祖母子托身于东部之后，其大人刘库仁于384年战死。刘库仁死后由其弟刘眷摄政，但随即在刘眷与刘库仁之子刘显这对叔侄之间爆发了争斗，最终刘显打倒其叔父刘眷而掌握了实权。拓跋珪一派由此而感觉到了生命危险，在即将遇害之际逃到了其母所出身的贺兰部。不久之后的386年，拓跋珪受到部民之迎纳，在位于平城(今山西大同)与盛乐(今内蒙古呼和浩特和林格尔县北)之间的牛川被拥立为代王，并建元登国。此事发生于前秦苻坚死去的次年。此时南方派的长孙崇任南部大人，北方派的叔孙普洛任北部大人。由此可以推测，拓跋珪被拥立为代王一事乃是在东部的南方派(东方派)与西部的北方派(西方派)

之势力联合，或者更准确地说两派势力均衡的基础上实现的。

拓跋珪之所以能够在此时被拥立为代王，应当是由于前秦国主苻坚死后，之前一直在阻止拓跋部统一的巨大障碍得以去除。拓跋珪成为代王后，机敏地捕捉到了拓跋部的统一机运，致力于强化自身的统治权力。而其所采取的强化集权的措施之一，便是最近在部分学者间受到关注的诸部落之解散，故而接下来对此事加以考察。

拓跋珪解散诸部落　关于诸部落之解散，《魏书》卷一一三《官氏志》在列举从属于拓跋部的诸部族之名称后记述云："凡此四方诸部，岁时朝贡。登国初，太祖散诸部落，始同为编民。"据此处所云，太祖于登国初年在牛川被诸部族长拥立为代王后，便解散了从属的诸部落，改其部民为定居之编民。而若是部落遭到解散，那么之前统领这些部落的世袭部帅则必然要被授予其他官职以作为代替。然而对于游牧社会来说，此种大改革需要有极为稳固的权力作为支撑才能够实现。太祖当时是在东、西诸部落势力均衡的基础上才好不容易受到拥立，刚刚即代王之位，且年仅十六岁，不可能采取这种强权手段。并且从登国初年拓跋部内部的政治、社会形势来看，也很难认为此时能够推行对游牧的诸部落进行改编这种重大措施。在此种背景下再来考虑《魏书·官氏志》中的记载，则其中所叙述的或许是极为小规模的改革，例如只是对拓跋珪麾下直属的数量极为有限的部落加以解散，并将其部民改为编户。之所以这样认为，是因为据《魏书·太祖纪》中的记载，登国元年（386）五月时太祖麾下的护佛侯部帅侯臣和乙弗部帅代题叛逃，而这或许说明对于太祖强行实施的解散部落这样的集权措施，部分麾下的部帅抱有抵触并进行了反抗。实际上，这种反抗成为导火索，招致拓跋珪的对手、其叔父窟咄于同年八月份前来进攻。

关于窟咄的叛乱，在《魏书》卷十五《窟咄传》以及卷二十七《穆崇传》、卷二十八《莫题传》中有详细的记载。据其中所述，窟咄在拓跋珪的祖父什翼犍遭到前秦军进攻而死于非命后作为人质被掳往长安，而苻坚则想要将其扶植为拓跋部的首领。前来进攻拓跋珪的窟咄得到了三个月前背叛拓跋珪而败走马邑（今山西朔州朔城区）的刘显——曾经的东部大人刘库仁之子——以及北部大人叔孙普洛等人的支持，拓跋珪为此不得不再次越过阴山前往贺兰部避难。此事暴露出年少的拓跋珪即便已经当上了代王，其权力依旧比较脆弱。而在手中权力如此脆弱的情况下，拓跋珪即便想要解散麾下直属的部落，也必然会遭到世袭部帅的反抗。由此其尝试解散部落的努力也遭遇了挫折。

然而到了十月份，拓跋珪得到外戚、后燕国主慕容垂的支援后击败了窟咄和刘显的联合军，并于次年即登国二年（387）成功地再次统一了代国。而在这次逃亡之后，拓跋珪也必定痛切感受到了要推行部落解散这样的措施，必须要有更加强大的权力作为保障。

拓跋珪尝试推行的部落制的解体是要将游牧部落解散后加以重编，并废除世袭的部落首长，而代之以拓跋珪的亲属及心腹进行统治。归结起来，便是要建立起以拓跋珪为中心的独裁制度。像这样对部落及部族的改编在后来的历史中也时常可见，如金帝国的太祖阿骨打以及蒙古帝国太祖成吉思汗在建国过程中分编蒙安、谋克及蒙古千户的做法便是如此。[①] 然而不管是阿骨打还是成吉思汗，都是在某种程度上确立起作为君主的权势之后才能够推行此种措施的。

在以上论述的基础上，接下来再对拓跋珪所推行的部落解散加以分析。虽然《魏书·官氏志》中记载太祖于登国初年解散了各个游牧部落的属民而将其改为与定居农民一样的编户，但如前文中所云，不管是从登国初年代国内部的政治、社会形势来推测，还是从拓跋珪受到南、北两大人等的拥立才好不容易当上代王这种权力的脆弱性来考虑，都很难认为事实确如《魏书》所云。即便是拓跋珪只对有限的直属部落尝试了这种做法，要真正贯彻这种措施，也需要拓跋珪对其麾下的部落拥有更为强大的控制力。而如下文（第156页）所述，比较稳妥的看法，是拓跋珪在大致完成了对以刘卫辰为盟主的鄂尔多斯匈奴部以及北方柔然、高车、库莫奚等周边部族征讨的登国六年（391）左右才开始真正着手对部落进行解散，而在北魏取代后燕君临华北的天兴元年（398）以后，这一措施才真正得到贯彻。著者的这一看法，曾在

---

① 参照拙著《中国征服王朝の研究》中卷（东洋史研究会，1974年）金朝通史篇第一章第三节《金朝の成立と猛安・謀克制》（第18页）。此外，关于猛安谋克制的详细研究尚有三上次男《金史研究1——金代女真社会の研究》（中央公论美术出版，1972年）第二篇《猛安謀克制度の研究》。关于成吉思汗所设立的千户制，可参照前述拙著元朝通史篇第二章第二节《国づくり》（第133—136页）。

1955年4月刊行的《东方学》第10辑中的拙文《代国时代のタクバツ政权》之注30中有过简单阐述。

《魏书》卷八十三《贺讷传》中有以下记述，正可作为验证以上推论的绝佳史料：

> 贺讷，……其先世为君长(部族长)，四方附国者数十部。……讷从太祖平中原，(天兴元年)拜安远将军。其后(太祖)离散诸部，分土定居，不听迁徙，其君长、大人皆同编户。讷以元舅，甚见尊重，然无统领，以寿终于家。

据此处记载，太祖为了强化自身之权力，在平定中原之后解散了贺讷麾下的诸游牧部落，向其部落民分配土地并令其定居，并授予部族长贺讷安远将军这一新的官职。由这段文字亦可以看出，在废除部落首领的世袭制后，各部族长被授予了新设立的各种官职。而依照《贺讷传》中的记述，此种社会变革真正得到彻底推行的时期应当是太祖平定华北(皇始二年至天兴元年)以后。

《魏书·太祖纪》之天兴三年(400)二月条中云"祀日于东郊，始耕籍田"，说明北魏自此时开始举行籍田之礼。此处记载的或许是只有礼仪和形式意义的籍田之礼，但却足以说明北魏一朝开始以劝农为正式国策。尽管在此时北方的统一尚未彻底完成，但对于已经取代后燕、基本掌握了华北的道武帝来说，为了强化和确立君主权力，除了汉人之外，对于那些被俘虏后迁徙到国内的游牧部落民，也必须令其定居而从事农耕，以便将北魏王朝的经济基础由游牧转换到农耕。故而对于北魏王朝来说，解散游牧部落可以说是将国家的主要生产力由畜牧经济转换到农业经济过程中的必经步骤。经过这一步骤，北魏政权得以提高其国内的生产力，随即迅速确立起了独裁的集权体制。

总的来说，像解散部落这样对后世有着深远影响的改革事业很难一蹴而就。就算是在太祖大体平定华北之后才开始得到较为彻底的推行，这一政策从登国初年起便已经尽可能地在太祖麾下的直属部族中断断续续地开始实施，并且不仅在整个太祖时期，在接下来的太宗、世祖在位期间依然在持续实行。[①]

对邻近诸部族的征服战争 登国二年(387),拓跋珪打败窟咄,将其逐往鄂尔多斯,又迫使刘显南逃至西燕国主慕容永之处,重新统一了代国。在此之后,拓跋珪终于开始着手征服其西邻之强敌——宿敌鄂尔多斯匈奴部。鄂尔多斯匈奴部以此前前秦苻坚将代国分割为东西两部时任命为西部大人的刘卫辰为盟主,对于以盛乐和平城为据点的代国来说,是所有邻近部族中最为强大的敌人。无论是什翼犍之横死、代国之分裂还是随后拓跋珪母子向贺兰部的逃亡,归根结底都是出于鄂尔多斯匈奴部首领刘卫辰的策划。故而对于拓跋珪来说,此人可以说是不共戴天的仇敌。关于这场对鄂尔多斯匈奴部的征服战争,《魏书·太祖纪》中记述云:

> (登国六年)十有二月,获卫辰尸,斩以徇,遂灭之。……自河已南,诸部悉平。簿其珍宝、畜产,名马三十余万匹,牛羊四百余万头,班赐大臣各有差。收卫辰子弟、宗党,无少长,五千余人,尽杀之。

由此可以看出当时拓跋珪对鄂尔多斯匈奴部施以彻底的打击。在征服鄂尔多斯匈奴部前后,拓跋珪对北方突厥系的高车部、新兴的蒙古系部族柔然以及游牧在东北西拉木伦河流域的库莫奚部(与契丹是同一系统的民族)等亦发动了征讨。到登国六年(391),对周边诸部族的征服战争已经告一段落,从鄂尔多斯到蒙古高原南部一带都已进入拓跋珪的势力范围。加之此时拓跋珪的独裁统治也得到了强化,北魏终于开始与称霸中原的后燕国进入对峙局面。

对华北的平定及统治措施 后燕国主慕容垂本是太祖的舅爷爷,故而在窟咄之乱时曾派遣援军救太祖于危难。然而随着之后太祖征服鄂尔多斯

---

① 如正文中所言,著者曾在发表于《东方学》第10辑(1955年4月)的《代国時代のタクバツ政権》一文之注30中简单地论述了自己对北魏太祖拓跋珪之部落解散的看法。而此问题历来亦受到众多学者探讨,此处虽不能一一列举,但近来有古贺昭岑《北魏の部族解散について》(《东方学》第59辑,1980年)、川本芳昭《北魏太祖の部落解散と高祖の部族解散》(《佐贺大学教养部研究纪要》第14卷,1982年)等文在介绍前人诸说的基础上对此展开了论述,可以参看。

匈奴部以及高车、柔然等周边部族，势力开始强大后，慕容垂也逐渐开始对拓跋部加以警戒。正好此时刘卫辰的遗孤赫连勃勃纠集宁夏地区的匈奴部族并占据统万城，[①]试图反抗拓跋部。趁着拓跋珪集中力量讨伐赫连勃勃的机会，慕容垂于登国十年(395)派遣其太子(第四子)慕容宝入侵五原。被打了个措手不及的拓跋珪虽然一时不得不从鄂尔多斯地区的战斗中撤退，但随即便重整军容，在参合陂(今山西阳高)迎击并打败后燕军。次年之皇始元年(396)，慕容垂病死，太祖趁此机会发兵讨伐新立的慕容宝。在此之前，参合陂之战获胜后，拓跋珪接受了其帐下汉人的劝进而即皇帝位，并改元皇始。如《魏书・太祖纪》中所云：

> (皇始元年)七月，右司马许谦上书，劝进尊号(帝号)。帝始建天子旌旗，出入警跸。于是改元。[②]

此时拓跋珪建旌旗、出入用警跸，完全具备了中原天子的威仪。

即位之后意气轩昂的太祖于同年八月亲率四十余万大军，从马邑越过句注天险，进军讨伐后燕国。就算四十余万这一数字多少有些夸张，但仍旧能够充分说明此时拓跋部内已经形成了统一的体制，足以令拓跋珪发动举国军队并亲自进入中原。而在当年九月太祖占据山西省的中心并州(今山西太原)后，《魏书・太祖纪》(《北史・魏本纪》中所述略同)中记载云：

> 初建台省，置百官，封拜公侯、将军、刺史、太守、尚书郎已下，悉用文人。帝初拓中原，留心慰纳。诸士大夫诣军门者，无少长，皆引入赐见，存问周悉，人得自尽。苟有微能，咸蒙叙用。

据其所云，拓跋珪对前来投靠的汉族人才皆授以各种适当的官职，以令

---

① 统万城是鄂尔多斯地区的夏州州治，关于其位置，可参看本书五胡篇第二章第 44 页注②中关于代来城的论述。

② 译者注：《北史・魏本纪》中所述略同，惟记许谦之官职为左司马。

人尽其才。[1] 由此看来，经此时之举措，有数量众多的汉族士人被吸收进了北魏政权。这应当是因为太祖充分认识到了汉人的行政才能，并且明白要统治中原，必须要借重汉族士人的能力。自此以后，北魏一朝的汉族士人依据其与北魏政权合作的程度以及是否具备能力（才识），得以超越阀阅、家门之限制而进入政界之中。

太祖道武帝于皇始二年（397）大致完成了对后燕国的征讨，翌年天兴元年（398）率军接连攻克后燕国都中山（今河北定州）以及真定（今河北正定）、高邑（今河北柏乡）等主要城市，随后进入邺城，并在巡历望都等地后回到了代国平城。在此次亲征中，太祖从山西到河南再到河北，巡历了中原要地，亲眼目睹了中原文明，并且召见了众多汉人知识分子。而这些经历应当对以太祖为首的拓跋贵族产生了相当大的启蒙效果。关于此点，太祖与崔宏的关系即是例证之一。

崔宏是后来活跃于世祖时期的崔浩之父，字玄伯，在《魏书》（卷二十四）、《北史》（卷二十一）中皆有传。崔宏是出身河北清河的望族（今河北故城人），在五胡时期的混战中依然热衷学问，对资财毫不在意。太祖道武帝讨灭后燕慕容宝后来到常山（今河北曲阳），于此地求得崔宏并以之为黄门侍郎，后来又授吏部尚书。最初太祖召见崔宏时感到其博学多识，且熟知故事典礼，其后从北都盛乐迁都平城、改以中原传统来建设国家之际，亦将建国初期的官制、礼仪等诸般制度之裁定都交由崔宏负责。《北史》之《崔宏传》（《魏书·崔玄伯传》之记述略同）中记此事云：

> 制官爵、撰朝仪、协音乐、定律令、申科禁，宏总而裁之，以为永式，……深被信任，势倾朝廷。

此外，崔宏在太祖之后还历仕太宗明元帝，亦深受信任，赐爵白马公，死后追

---

① 《魏书·官氏志》中记此事云：

> 皇始元年（396），始建曹省，备置百官，封拜五等。外职则刺史、太守、令长已下，有未备者，随而置之。

按照此处所述，外职之刺史、太守以下的地方官有未备者，则在得到合适的人才后随之设立。而在官制方面，北魏于皇始元年之后的天兴元年（398）十一月立爵品，同年十二月设八部大夫、散骑常侍、待诏，天赐二年（405）二月州设刺史、郡设太守、县设令长，到高祖孝文帝在位时期，内外之官职大概已设置完备。

赠司空。

太祖在巡行山东、河北等中原各地之际注意收揽人心，到处除复赀租、租赋，此外还积极地礼拜郡国之寺院、道观，或是求访众多沙门、道士而礼敬之。关于此事，《魏书·释老志》中记述云：

> 太祖平中山(后燕国都)，经略燕、赵，所经郡国佛寺，见诸沙门、道士，皆致精敬，禁军旅无有所犯。

想来太祖及拓跋部人在亲临中原之后，应当切身感受到了其人户之众多、物资之丰饶、商业之繁盛、文明之发达，皆非自己的根据地盛乐以及代国可比。而邺城、中山等中原都会作为五胡政权之国都，其威容之豪壮、人户之稠密亦应当令太祖等人大开眼界。《魏书·太祖纪》以及《北史·魏本纪》中记载太祖来到邺城后有意迁都于此，由此亦可以看出其是如何欣羡中原之地的。

而当有着如此丰富资源、稠密人口和高度文明的中原之地归于太祖等人之手后，以太祖为首的代国掌权者所面临的最重要的问题，便是以何种方法来统治这些土地、人民，以及如何调整对待汉人以及拓跋部等北方游牧民族的政策。为此，太祖必须充分听取自己身边汉人官僚的建议。最终太祖的想法与先于自己统治中原的后赵国以及慕容氏的前燕、后燕国所采取的措施一样，那就是尽量任用汉人官僚、尊重汉文化并遵循中原的传统和习俗，只有如此方能收揽民心。

制定国号与迁都平城　太祖回到代国后，便立刻在繁畤宫举行了祭天之礼。此事大概出自崔宏等汉人政治家的提议，目的在于宣示太祖乃是中原人民的天子。实际上，《北史》卷二十一《崔宏传》中便记载太祖接受了崔宏之进言。而《魏书·太祖纪》中记载定立“魏”这一国号时的情形云：

> 六月丙子，诏有司议定国号。群臣曰：“……今国家万世相承，启基云、代。臣等以为若取长远，应以代为号。”诏曰：“朕……躬率六军，扫平中土，凶逆荡除，遐迩率服。宜仍先号，以为魏焉。布告天下，咸知朕意。”

虽然群臣进言应以“代”作为国号，但太祖并未接受这一提议，而是以三国魏为前朝，决定以“魏”为国号。此举乃是为了向天下表明自己的王朝上超五胡时期，而在政治上直接承袭曾统治整个华北的魏王朝。而据《魏书》《北史》中之崔宏传，这一决定亦是采纳了崔宏的意见。

接下来在天兴元年(398)七月，太祖正式将国都由北方的盛乐迁到东南方的平城(今山西大同)，开始建设中原风格的都城。虽然前述《魏书》及《北史》之本纪中所记载的太祖迁都邺城的计划终究没有实现，但太祖改从较为发达的山东六州迁徙农民、商人和官吏到以平城为中心的畿内地区，[①]同时从东北辽西地区亦迁徙慕容部民及高句丽遗民数十万至畿内。接下来又从中原各地迁徙汉人工匠技师十余万至平城，令其营造宫室及宗庙、社稷等，从事国都之建设(参照《魏书》之《太祖纪》及《食货志》)。此外，天兴元年(398)十二月徙六州二十二郡之豪强及地方官等两千余家至平城(参照《魏书·太祖纪》及《北史·魏本纪》)，而此举亦是为了充实国都。

与平城都之营建同时，王朝的各种制度也仿照传统中原方式进行了变更。例如政府各种官职、爵位、品级之设立，官纪之整肃，地方官之监察，首都与地方之行政体系的区分，度量衡之制定，社稷、朝觐、飨宴、律吕音乐等宫廷礼仪之完备，以及律令科禁之发布和天文历法之颁行等，各个方面都倾尽全力以建立起中原风格的国家体制。在此背景下，太祖接受汉人官僚之劝请，在此前于皇始元年(396)即位的两年之后，又于天兴元年(398)再次登极，在新建的天文殿接受百官进献的玺绶，大赦天下并颁行新历，改元天兴。

故而太祖于皇始元年(396)和天兴元年(398)举行了两次即位仪式，而第二次即位可以说是为了向全天下的汉人宣示自己乃是华北中原的正统天子。

而汉人官僚则通过将出身异族的君主拓跋珪正式抬上华夏天子之位，向其提出了护卫汉文化的要求，并进一步期待其成为汉文化的继承者，甚至可以说向其赋予了此种义务。

---

① 关于北魏时期以国都平城为中心的畿内地区，《魏书》卷一一〇《食货志》中云：

> 天兴初，制定京邑。东至代郡，西及善无，南极阴馆，北尽参合，为畿内之田。

代郡被比定为今天的蔚县，善无为右玉县，阴馆为代县，参合则为阳高县，故而北魏之畿内大致可以看作是雁门关以北的地区。

太祖于登国元年(386)十六岁时被拥立为代王,接下来又于天兴元年(398)在新都平城的天文殿即位成为北魏皇帝,之后如前文所述,在国家体制方面坚决推行了部落的解散、部落首领世袭制的废除等诸多向中原制度靠拢的大改革,确立起了作为征服王朝的北魏帝国的基础。不过环视此时北魏之周边,后燕国依然占据着东北地区,其残余势力一直存留到太祖死时的409年;北方蒙古高原有北魏之强敌即突厥系的高车部以及新兴的蒙古系柔然(蠕蠕);西方有姑臧(凉州)的后凉国;在西南方,占据长安的后秦国主姚兴正对中原虎视眈眈;此外,江南的东晋朝廷依然保持着其余威。

在此期间,之前健康就已经在逐渐恶化的太祖或许是因为服食药饵的缘故,精神逐渐陷入错乱,喜怒哀乐逸脱常轨,不断地亲手殴杀大臣,导致朝野上下人心惶惶,近臣、宗室中甚至有人谋反。而当其次子清河王拓跋绍之生母(贺夫人)也面临危难后,拓跋绍终于在天赐六年(409)十月乘着夜色弑杀了父亲。从《魏书》卷十六《清河王绍传》中的记载,可以看出贺夫人所生的拓跋绍与太祖父子之间在性格上相似的一面:

> 清河王绍……凶狠险悖,不遵教训,好轻游里巷,劫剥行人,斫射犬豕以为戏乐。太祖尝怒之,倒悬井中,垂死乃出。太宗常以义方责之,遂与不协,恒惧其为变。而绍母夫人贺氏有谴,太祖幽之于宫,将杀之。会日暮未决,贺氏密告绍曰:"汝将何以救吾?"绍乃夜与帐下及宦者数人逾宫犯禁。左右侍御呼曰:"贼至!"太祖惊起,求弓刀不获,遂暴崩。……于是朝野凶凶,人怀异志。

拓跋绍的生母贺夫人出身贺兰部,是太祖生母献明皇后之妹。如此说来,其与太祖本是姨母与外甥关系。此种婚姻关系从儒家的伦理观念来看乃是乱伦,但在游牧民族的习惯中并没有什么伦理问题。即便是并非游牧民族的日本人,在7世纪以前,其皇室之中也常常有这种事例。据记载,太祖在与其母一起避难于贺兰部时垂涎贺夫人之美貌,尽管其已经出嫁,仍令人杀害其丈夫,并死缠着母亲答应自己娶其为妻。此事即便在游牧民的习惯中也是难以容忍的不义之举,往往会招致被害者同族的拼死复仇。而太祖最终死在贺夫人生下的儿子手中,或许也是冥冥之中自有天意。

太祖遇害时，其长子拓跋嗣正因事在外，闻变之后，曾为了避难而潜于山中。随后因为众人响应而来到城西，而卫士已经将其弟拓跋绍捕缚而来。拓跋嗣将绍及其母赐死，并诛杀了参与谋叛的宫人，随后立即即位，并改天赐六年为永兴元年(409)。这便是太宗明元帝。

北魏皇帝世系略图(太祖以前之谱系请参照第146页的代王世系略图)

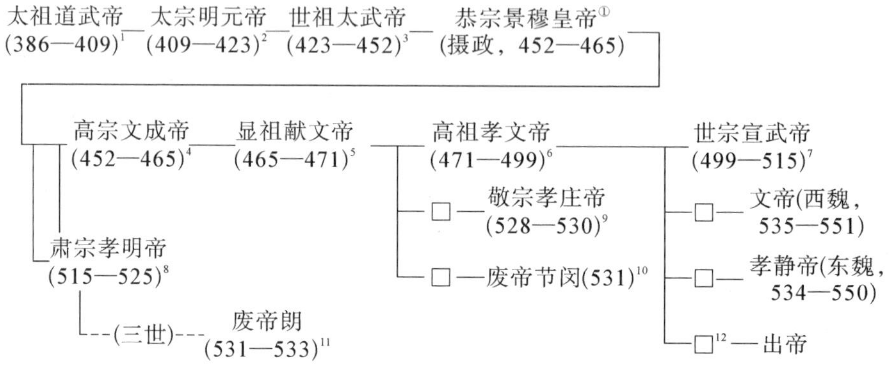

第二节　太宗明元帝的统治(409—423)

经略周边部族和经营华北　经历太祖晚年的内部混乱而即位之后，太宗继承了太祖统一华北的遗志，对内着重于对汉族的统治。而若一读《魏书・太宗纪》，则可以很清楚地知道太宗对周边的诸游牧部族，尤其是北方突厥系的高车和蒙古系的柔然等亦时常倾尽全力而进行北伐，并且在此期间还不断北巡以炫耀武力。到太宗晚年的423年时，北魏以北方的阴山山脉为屏障，从东方的今之长城独石口开始，向西方直到黄河北方的五原为止，筑起了绵延(两?)千余里的坚固防线，并分别设置戍卫。对于北魏来说，像这样建立和强化北方的防御体系乃是统治华北中原的必要条件。

纵观太宗时期华北的形势，虽然慕容氏的后燕国已经灭亡，但在山东广固还有慕容一族的慕容德所建立的南燕(398—410)，而在东北辽西地区的和龙城(今辽宁朝阳)，冯跋纠集后燕的残余势力建立起了北燕(409—438)。关于南燕、北燕等慕容氏系统政权的详细情况，可参照本书上篇第二章《华

---

① 译者注：此处有误，恭宗景穆帝拓跋晃为世祖太子，死于451年，其帝号、庙号系死后追尊。

北的五胡民族诸政权》之第二节Ⅰ“慕容氏政权”（第39—40页），以及大泽阳典的《慕容燕から冯燕へ》一文。[1] 不过对于太宗来说，更为强悍的敌人乃是在其即位时尚存的占据西方长安的姚氏后秦国（384—417），以及后秦北方鄂尔多斯地区的赫连勃勃。登国六年（391）匈奴首领刘卫辰遭到太祖的彻底打击后，其遗子赫连勃勃此时又东山再起，僭称大夏天王，并对北魏进行了顽强的抵抗。

其后广固一带的南燕于410年、后秦于417年分别为东晋的将军刘裕（后来的南朝宋太祖）所灭。而当刘裕撤退后，赫连勃勃趁着东晋留守的将军们发生内讧的机会吞并了后秦的故地，以后秦故都长安为与其据点统万城并列的南都。统万城是赫连氏自古以来的根据地，据说赫连勃勃在此筑起了坚固无比的都城。《魏书》卷九十五《铁弗刘虎传》中所附的《赫连昌传》记载此城之坚固与其内部之华丽云：

> 城高十仞，基厚三十步，上广十步。宫墙五仞，其坚可以砺刀斧。台榭高大，飞阁相连，皆雕镂图画，被以绮绣，饰以丹青。

将鄂尔多斯与陕西收入囊中后，大夏国成了与北魏对抗的最强大国家。

整个太宗朝除了在北方致力于征服和防御游牧民族外，还对边境的羁縻部酋进行笼络。据《魏书》的帝纪所载，从太宗时期到世祖太武帝之初，辽东、河东、河西、西河等边境地区的胡酋、汉人流民，以及柔然和氐族豪酋所率领的部族民众相继大举内属、内附。这说明北魏依靠武力而对其所征服的地区以及周边诸部族所行使的政治影响力、招抚政策逐渐开始取得成效。

不过，太宗最为倾心留意的，还是对华北新领土的经营，如治安的维持、地方政治的整顿等。太宗时期，北魏在中原的领土进一步向南方扩展，包括了河南的滑台（今河南滑县）、许昌等地（《通典·州郡典》）。而关于太宗对地方政治的整顿，如《魏书·太宗纪》之永兴五年（413）二月庚午条中便记载其向各地分遣使者，访求有声望之豪门、强族，以及有文武才干、临疑能决，或是德行清美、学优义博、可为人师者，皆随才叙用，以赞庶政。除此之外，

---

[1] 译者注：该文收入立命馆大学人文学会编《東洋史論叢：三田村博士古稀記念》，立命馆大学人文学会，1980年。

在民租方面，亦曾下诏令各地完善征收机制，并以存恤民众为宗旨，尽量做到负担公平；还屡屡发布免租令。[①] 而对于各地守宰之不法行为，太宗亦加意督察。

太宗与平城之规制 国都平城的规制完善亦是太宗内政的功绩之一。如前文所述（第160页），当初太祖于天兴元年（398）从北都盛乐迁都至平城，将其命名为代都，开始营建中原风格的都城，并将众多汉人及诸部族民迁至此处以充实国都。然而在当时，大量宫殿官署还只不过是临时建筑。太宗承太祖之后，继续从各地进行徙民，如泰常三年（418）四月便从冀、定、幽三州及辽西之徒何迁徙户口，又正式开始营造诸宫殿。最终，在其晚年的泰常七年（422），平城周围筑起了周长三十一里的外郭城，而接下来的八年十月又扩建西宫，并修建了周长二十里的外垣。这些都是太宗为扩充都城规制所作的努力。

除了以上举措外，太宗之内政中值得特书一笔的乃是其佛教政策。

太宗与佛教 太宗尊信自太祖时期起便担任相当于佛教总管的“道人统”（后来的沙门统）一职的法果，依靠其来协调领土之内汉人与胡人间的感情，并在习俗上亦对民众加以引导。自五胡时期以来，华北地区的胡、汉民众分别在部族和村落首领的带领下杂居混住，形成了各自的集体社会。而太宗则试图充分发挥佛教的作用，以将这些胡、汉民众统一融合于北魏政权之下。

自东汉末以来，历经魏、晋时期，佛教作为新兴宗教而得到了人们的关注。而在五胡时期，通过佛图澄、道安、鸠摩罗什等众多西域及汉族僧人的努力，佛教在一般民众之中亦扩展了其教化网络（参照本书五胡篇第五章《五胡时代的佛教》）。在太宗时期，以道人统法果为中心的僧徒们通过佛教而进行教化的措施应当取得了相当大的成果。《魏书·释老志》中的以下记载便能够说明此点：

> 太宗践位，遵太祖之业，亦好黄老（道教）。又崇佛法，京邑四方建立

---

① 关于此事，可举出《魏书·太宗纪》中神瑞二年（415）十月丙寅条中所收的太宗诏令为例：

> 诏曰：“古人有言：‘百姓足，则君有余，未有民富而国贫者也。’顷者以来频遇霜旱，年谷不登，百姓饥寒不能自存者甚众。其出布帛仓谷，以赈贫穷。”

而类似这样的赈恤及复租之令史书中多处可见。

图像(浮图、佛像),仍令沙门敷导民俗。

关于太宗与道人统法果之间的关系,《魏书·释老志》在以上引文之后又记述云:

> 太宗弥加崇敬,永兴(409—414)中,前后授以辅国、宜城子、忠信侯、安成公之号,皆固辞。帝常亲幸其居,以门小狭,不容舆辇,更广大之。年八十余,泰常(416—424)中卒。未殡,帝三临其丧,追赠老寿将军、赵胡灵公。……法果四十始为沙门,有子曰猛,诏令袭果所加爵。

太宗之所以要如此优待法果,其原因正如《魏书·释老志》中所云:

> 法果每言:"太祖明睿好道,即是当今如来,沙门宜应尽礼。"遂常致拜。谓人曰:"能鸿道者,人主也。我非拜天子,乃是礼佛耳。"

作为统领所有沙门的道人统(其后改称沙门统),法果主动将太祖以来的北魏皇帝都当作佛来礼拜,由此使得北魏之佛教隶属于国家,并在北魏政权之下为华北地区胡、汉群体及民心的统一融合作出了巨大的贡献。故而太宗对法果之优待,应当是对其功绩的报偿。

正如《魏书·太宗纪》末尾的史臣所云,[①]太宗温顺而礼爱儒生、好读史传,具有知识分子的性格特征。而辅佐太宗推行政治的,则是长孙嵩、奚斤、穆观、嵇拔、安同及崔宏等前朝以来的北族重臣和汉人知识分子官僚。太宗在这些勋旧重臣及汉人官僚的辅佐之下,在位十四年间致力于内外之安定,对稳固自太祖晚年以来处于内忧外患之中的北魏王朝的基础作出了巨大的贡献。

第三节　世祖太武帝统一华北(423—452)

太宗在位十四年后于423年去世,其长子拓跋焘即位。这便是北魏的

---

① 译者注:《魏书·太宗纪》中太宗礼爱儒生、好读史传之记载尚在"史臣曰"之前。

第三代皇帝世祖太武帝。

北魏所处的周边环境 世祖承倾心于内政的父亲太宗之后，起用已经赋闲的崔浩，致力于修整内政。而在对外关系方面，当时北魏所处的周边环境相当困难。首先，在江南，宋于420年取代了东晋。北魏世祖太武帝即位之次年，即424年，被称赞为明君的宋文帝即位。文帝留心内政，其在位期间出现了被称为“元嘉之治”的和平时期。世祖很注意维持与南朝宋的外交关系，南北两朝之间的形势在紧张中还能够大体保持平稳。

然而对于志在统一华北的北魏来说，西方鄂尔多斯的统万城中还有之前吞并了后秦国土的强敌大夏国的赫连氏，而在北方蒙古高原，新兴的游牧部族柔然正在虎视眈眈。此外，占据东北和龙城的冯氏北燕国也依然存续着。在此种情势下，北魏无法轻易放松警惕。425年，大夏国的赫连勃勃去世，其子赫连昌即位后发生内讧，国家陷入混乱。世祖趁此机会，接受崔浩的进言，于427年屠戮统万城并俘虏了赫连昌。之后世祖乘胜进兵东北，于太延二年（436）吞并了以和龙城为据点的北燕国，三年之后的太延五年（439）又征服了最后残存于河西姑臧（凉州）一带的沮渠氏北凉国。征服北凉后，北魏完成了对整个华北的统一，五胡十六国的混乱时代也由此落下帷幕，迎来了南北朝对立的时期。此时乃是440年。

顺带一提，世祖在灭北凉之际将凉州民户三万余家迁徙到了京师平城，还有一部分令其充当北方边镇的屯戍军民。伴随此举，凉州佛教得以大举东传，成为北魏佛教的主流。正如《魏书·释老志》中所云：“凉州平，徙其国人于京邑，沙门、佛事皆俱东，象教弥增矣。”除此之外，征服北凉后，北魏得以与西域诸国直接交通往来，这对北魏之文化、文物的发展以及北魏向西方宣扬国威作出了很大的贡献。

经过以上所述的举措，世祖成了名副其实的华北的统一者。而回顾此前的历史，可以说北魏对华北的统一乃是太祖、太宗、世祖三代之功业不断累积的结果。在第一阶段，太祖道武帝讨灭慕容氏后燕国，并从盛乐迁都平城。第二阶段，太宗明元帝经略周边诸部族并细心周到地经营华北新领土，令中原征服王朝北魏的立国基础不可撼动。而在其晚年，太宗又在北方筑起了一条长达两千余里的防御线，阻止新兴之强敌柔然的侵寇。而第三阶段便是之前所述的世祖太武帝出兵扫灭鄂尔多斯及陕西一带的赫连氏大夏国、河西的沮渠氏北凉国以及辽西的冯氏北燕国。然而在统一整个华北之后，世祖又必须面对更为可怕的对手，这便是此前在北方蒙古高原上兴起的游牧国家柔然。

柔然的兴亡 柔然是蒙古系的游牧部族，在中原史料中，其名称有柔然、茹茹（《周书》《隋书》）、芮芮（《宋书》《南齐书》）、蠕蠕（《晋书》）等多种写法，而这些都是同一个发音的汉译。[①]《魏书》及《北史》中都只使用“蠕蠕”之音译，据说这是因为柔然在北魏一朝屡为边害，故而在史书中贬低此游牧部族愚昧而似虫。此外，云冈石刻中有“大茹茹国”之铭文，由此推测，北魏最初所采用的应当是“茹茹”之名称。关于柔然人种，迄今尚无定论。有学者认为此民族便是西方史料中所见的 Avars，[②]不过如果从中国史料中所记录的柔然之语来加以复原和推测的话，柔然语言应当属于蒙古语系（参照藤田丰八《东西交涉史の研究・西域篇》中所收的《蠕蠕の国号及びに可汗号につきて》一文）。

在柔然兴起之前、北魏太祖时期，称霸北亚的乃是突厥系的高车部，柔然的势力还比较弱小，有时臣属于高车部，有时臣属于拓跋部。太祖对高车发动了两次远征，尤其是第二次远征时攻到了高车的根据地，对其施以毁灭性的打击。此后高车逐渐衰落下去，而柔然则取而代之，开始在蒙古高原扩张势力，在 4 世纪中期到 6 世纪中期的大约两百年间一直比较强盛。

根据《魏书・蠕蠕传》中所记载的柔然部族的开国传说，柔然之始祖名为木骨闾，乃是拓跋部的奴隶。到木骨闾之子车鹿会时才开始拥有部众，并自号柔然。木骨闾暂且不论，柔然部族的历史应该从车鹿会时就已开始。从车鹿会之后历五代而至社仑，他统一了当时已分裂为东西两部的部族势力，曾为了避开太祖道武帝的压力而移动到蒙古地区，但接下来便吸收了残存在鄂尔浑河流域的匈奴及其他部族，取代受到道武帝沉重打击而衰落的高车部而称霸蒙古高原。在道武帝在位末期的 402 年，社仑开始使用丘豆伐可汗（402—410 年在位）的称号。此时正值北魏太祖平定了中原，从盛乐

---

① 关于柔然、蠕蠕、茹茹、芮芮等名称究竟如何从原词音译而来，可参看藤田丰八《東西交涉史の研究・西域篇》（冈书院，1933 年）中所收的《蠕蠕の国号及びに可汗号につきて》一文。

② 参照内田吟风《柔然・アヴァール同族考》一文（收入《北アジア史研究・鲜卑柔然突厥篇》，同朋舍，1975 年）。

迁都到平城，并开始建立中原风格的国家体制的时期，由此出现了太祖拓跋珪与丘豆伐可汗社仑双雄南北对立的局面。

此处对“可汗”一词略加说明。“可汗”原本是突厥及蒙古语中意为“君主”的词语 qaqan(khakhan)、qaran(khaghan)的汉语音译。而 khaghan 又变形为 khān，汉译为“汗”。在此之前，北亚部族都模仿匈奴王国之例，将其君主称为单于。而自社仑称可汗之后，突厥、回纥、建立辽朝的契丹以及蒙古(元朝)都将其君主称为可汗。

一般来说，在突厥语、蒙古语等阿尔泰语系的语言中，夹在元音之间的辅音，尤其是 gh、g、kh、k 等都被元音所吸收，而吸收辅音之后的元音则变为长元音。因此，khaghan(可汗)会变为 khān(汗)。如果试着不断重复发出 khaghan 的音，最后听起来就会像是 khān。

在战后的日本，有不少人将 khān 这个词读作ハン(han)或者ハーン(hān)。ハーン这个读音是由 khān 的起首音 k 脱落后所留下的 hān 而来的。不过 hān 不应读作ハン，而应读作ハーン。然而在中国的史书中，从柔然开始直到元代和清代的蒙古族，都将其君主、皇帝称为“可汗”或“汗”，很清晰地保留了 k 这个起首音。[1] 如日语中的チンギス・カーン(chingisu kān)汉字便写作“成吉思汗”，而元世祖忽必烈汗的日语名称也不应是フビライ・ハーン(hubirai hān)，而应是クビライ・カーン(kubirai kān)。

根据以上所述，中世以前这一君主称呼的正确发音不应是ハーン，而是カーン。如果其本来的发音是ハーン的话，汉字就不会写作“汗”了。

在统一蒙古高原之后，社仑在部内推行法制，同时建立军制。所谓法制，大概与后来蒙古帝国的太祖成吉思汗所颁布的扎撒[2]一样，不过是出于集权之便而将此前游牧民中的种种习惯加以法制化而已。不过社仑所立的军制则有可观之处。其做法乃是以千人为一军，每军置将一人。一军之中则每百人编为一队，称之为“幢”，每幢置帅一人。此种做法应当是继承自匈奴的什长、百长、千长这种十进制的军队组织。此种十进制的军队编制乃是北亚民族所特有，其后的突厥、回纥、辽(契丹)、金(女真)及蒙古帝国都加以继承。

---

① 译者注：在上古汉语中，“可”“汗”两字的发音都以辅音 k 起首。今天的日语中，两字的音读分别为か(ka)、かん(kan)，依然保留着 k 这一声母。

② 参照拙著《中国征服王朝の研究》中卷研究篇第四章《チンギス・カーンの扎撒》。

社仑以柔然部族为核心建立起了柔然游牧王国。在社仑之后，经其弟斛律，大檀于414年成为可汗（414—429年在位），柔然王国迎来了其黄金时代。此时其领土以哈拉哈河到鄂尔浑河一带为中心，北至贝加尔湖，南至阴山山脉而与北魏接壤，向东在兴安岭一带与契丹、奚、高句丽相接，西邻据有伊犁河流域的乌孙部族。其后在西方，柔然又压倒乌孙，令西域诸国亦臣属于自己，在北亚世界建立起了超越匈奴的大王国。在此背景下，柔然对北魏的侵扰也日渐频繁，尤其是在大檀成为可汗后，其侵寇愈加剧烈，与北魏之间屡屡展开激战。在世祖太武帝承太宗之后新立之际，大檀趁虚大举入侵云中，攻陷了北魏旧都盛乐，甚至曾在云中包围了率军抵抗的世祖。前文中曾提到北魏于太宗在位末期的泰常七年（422）开始在北方修建长达两千余里的长城，这足以说明北魏如何煞费苦心防御北方柔然之侵寇。不过北魏也并非始终处于守势。自太祖以来，北魏便经常向蒙古高原发动远征。429年，世祖从东西两路发动了大规模的远征，此举亦是为了一雪前耻。此次行军东西五千余里，南北三千余里，突袭了柔然在鄂尔浑河畔的根据地。大檀远遁西方，随后于同年病死。在此次远征之后，世祖将数十万柔然及高车部民迁徙到长城一带，令其在从事畜牧、农耕的同时承担边防的任务。接下来，太祖又于太平真君六年（445）将诸种杂人五千余家分徙北方边境，次年即太平真君七年（446）从华北四州（司、幽、定、冀）征发十万人，令其在从上谷直到黄河的千余里北方边境上修筑城塞。除了发动武力进攻和筑城进行防御外，世祖还致力于通过和亲来对柔然进行怀柔。此前在434年，世祖将公主嫁给继大檀之后的敕连可汗吴提（429—444年在位），自己亦娶可汗之妹为左昭仪。然而尽管采取了这些软硬结合的对策，柔然此后对北魏依然叛服不常。北魏之所以难以轻易令柔然屈服，是因为其与之前的汉朝一样，未能完全掌握扼东西交通之要路的西域诸国，此外亦未能控制黄河及汉水的上游地区。柔然利用这种空隙而与青海地区的吐谷浑往来结交，又通过吐谷浑而与江南地区的宋、齐等南朝气脉相通。[①] 故而即便在北魏出征时遭到打击，柔然也很快就能够卷土重来。不过在世祖之后大约百年即6世纪中期左右，柔然遭到在阿尔泰山脉一带新崛起的突厥从背后及侧翼发动的

---

① 参照松田寿男《吐谷渾遣使考》，《史学杂志》第48编第11、12号，1937年，以及和田博德《吐谷渾と南北両朝との関係について》，《史学》第25卷第2号，1951年。

袭击而损失惨重，之后逐渐衰弱。555 年，柔然终于为突厥的木杆可汗所灭，部民之大半都被突厥吸收。其君主邓叔子率领余类千余家南逃，流亡到当时北魏东西分裂后出现的西魏。而西魏屈服于木杆可汗的逼迫，逮捕了邓叔子及其属下数千人并于长安城之青门外处斩。关于柔然兴亡之来龙去脉，还可参照内田吟风博士的《柔然时代蒙古史年表》（收入内田吟风《北アジア史研究·鲜卑柔然突厥篇》）。

世祖的灭佛令　世祖在位期间的举措中，除了对柔然问题的处理之外，值得大书一笔的还有被称作中国历史上第一次佛教法难的灭佛令的发布。如本书五胡篇第五章《五胡时代的佛教》中所述，在五胡时期，由于佛图澄、鸠摩罗什等西域僧人以及道安等汉族僧人的努力，佛教在普通民众中也开始扎根。到了北魏时期，太祖、太宗都尊信赵郡的沙门法果并任命其为道人统，令其统领佛教僧徒。此外还在新都平城营造官寺，致力于振兴佛教。

而世祖在即位之初亦继承了父祖以来的惯例，曾召见高僧大德，又为庆祝佛祖诞辰而举行盛大的行像之礼。但随后信奉道教的崔浩得到世祖的信任而在政界复出，并且由于崔浩的推举，新天师道的领袖寇谦之被尊为国师，此后世祖也逐渐开始信奉道教，并在都城平城营造天师道的道坛以及静轮宫等巨大的高层建筑。

虽然崔浩与寇谦之两人原本是因为各自的政治野心而联手将世祖导向道教，不过其后寇谦之的积极教导和崔浩的热心劝说起到了效果，世祖日渐倾向于道教，以至于在完成华北统一的 440 年将年号改为有道教色彩的“太平真君”，以道教作为国教，自身亦当起了道教君主。

道教成为北魏的国教后，原本就与道教难以并立的佛教逐渐受到压迫而丧失了气势。在这种不利的形势下，陕西杏城爆发的盖吴起义所引发的事件成为导火索，致使世祖于太平真君七年（446）三月下诏灭佛，北魏佛教甚至一时被斩断命脉。

所谓盖吴起义所引发的事件，乃是太平真君六年（445），安定卢水的胡人盖吴在陕西杏城发动起义后，得到大量胡人响应，其势力一时极为强大。而此时前往讨伐的士兵偶然发现长安城的一座寺院中藏有大量兵器，由此怀疑此寺暗中与盖吴串通。而历来便厌恶和忌恨佛教并一直在策划废佛的崔浩得知此事后，便以此为口实，一口气诛杀了长安城中的僧人，将佛像、佛经等悉皆焚毁。而崔浩对此仍不满足，又怂恿世祖于次年的太平真君七年(446)三月发布灭佛诏，在北魏全国屠杀僧人，焚烧佛像、经卷并毁坏寺塔僧房。此次的灭佛令无比严酷，如《高僧传》卷十《释昙始传》中记载云：

> 太平(真君)七年，遂毁灭佛法。分遣军兵，烧掠寺舍。统内僧尼，悉令罢道。其有窜逸者，皆遣人追捕，得必枭斩。一境之内，无复沙门。

为此，一直对佛法深有心得、已经皈依佛教的摄政皇太子拓跋晃(恭帝)屡次恳求父亲放宽灭佛之令，但都没有被接受，灭佛令在到世祖死去为止的七年间一直在强制执行。不过此次的灭佛令虽然被称作世祖的暴行而在后世一直招致佛教徒的怨恨，但其背后的策划者却是崔浩。而在世祖下诏废佛四年后的太平真君十一年(450)六月——寇谦之已经在两年前去世——崔浩因蒙受笔祸而遭族诛(参照第174—175页)，一度非常严厉的灭佛令在此后也应当有所缓和。

接下来对崔浩如何得以在北魏一朝掌握如此之大的权力加以考察。

太宗与崔浩　崔浩之所以能够成为太宗的近臣，乃是依靠其父崔宏之余荫。关于崔宏，前文中已经有所论述(第158—159页)。崔浩年轻时便博通经史，又精于天文、阴阳之学。其通过父亲的关系，很早便得以近侍太宗，并依靠其所擅长的天文阴阳之学而巧妙地将天文现象与人事、社会现象联系起来加以说明，又对政治、军事事件进行了种种预言。据说其预言往往能够成真，由此太宗及其他拓跋贵族们对崔浩的超能力极为崇敬。作为例证，比如神瑞二年(415)时荧惑(即火星)隐没不见，太宗等执政者认为这是灾异之前兆而大为忧虑，但崔浩反而提出此乃预示着后秦国姚氏之灭亡(417)的吉兆；泰常三年(418)有彗星出现后，崔浩又解释说此天象预示着江南的晋室即将为刘裕(宋武帝)所篡夺。而崔浩的这些预言都在两年之后成为现实。现在看来，崔浩通过其门阀宗族关系而熟知后秦及江南东晋政权的内部情况，并将自己对形势的分析判断巧妙地与异常天象联系到一起，其善于捕捉机会、富于预见性的政治手腕与其父崔宏的学者气质大为不同。而崔浩通过对北魏国内的政情以及其他国家的形势进行分析探讨，并巧妙地将之与偶然发生的各种天文现象加以关联而提出各种建议，终于得到太宗的信赖，以至于太宗曾说出“崔浩博闻强识，精于天人之会”。作为太宗的智囊，崔浩成为太宗指定的六名辅臣之一，当时他还只有四十来岁。崔浩的理想，乃是在长年遭受五胡动乱的华北建设符合周礼的儒家式政治和社会，而其将希望暗中寄托在了太宗身上。

然而太宗对崔浩的深厚信任反而引起了群臣的嫉妒和反感。太宗死后，世祖太武帝以十六岁之冲龄即位，而失去了靠山的崔浩最终被迫从要职上离任并赋闲在家。

世祖与崔浩　崔浩赋闲时还只有四十三岁，正值壮年。赋闲后在伤心之余，同时亦是在其母卢氏的影响下，崔浩一度热衷于道教修行。而此时打动崔浩心弦的则是道士寇谦之。寇谦之乃是标榜对天师道进行改革的新天师道的创始者，其于世祖始光年间(424—427)方才离开河南登封的嵩山而来到平城传道，而崔浩则拜其为师，两人肝胆相照。虽然赋闲在家，但崔浩依旧向世祖极力举荐寇谦之，世祖由此将寇谦之尊为国师，连带着将崔浩也再次起用。

寇谦之的理想，是要辅佐北魏皇帝世祖而在人间建立起太平神国，而崔浩亦期待北魏成为符合周礼的儒教国家，两人为了实现各自的理想而互相支援、合作，以保证和稳固各自的地位。尤其是曾吃过一次亏的崔浩以寇谦之为后盾，野心勃勃地想要再次在政治上拥有权力。作为两人通过密切和巧妙的合作而达成其目标的例证，可以举出其为世祖一直念兹在兹的征服关中赫连氏大夏国、讨伐漠北柔然和经略沮渠氏北凉国献策之事。如前文所述(第 163 页)，大夏国以统万城为中心而成为强大的势力，但在其君主赫连勃勃去世、勃勃之子赫连昌即位后爆发内讧，国内形势动荡。世祖打算趁此机会讨伐大夏国，但重臣大多不赞成太祖的想法，反对出兵。此时世祖向天师寇谦之询问出征大夏之吉凶，而寇谦之则支持太祖的计划。同时崔浩亦联系天象而向世祖进言应当出兵。得到支持的世祖于始光四年(427)出动大军西征，屠戮了统万城，次年之神䴥元年(428)又俘虏大夏国主赫连昌，平定了鄂尔多斯和关中。而数年之后的神䴥四年(431)，大夏国亦最终灭亡。

在讨伐柔然之际，崔浩亦力排众议，支持世祖亲征。而后来的进展正如前文所言，世祖于平定鄂尔多斯后的第二年对大檀所率领的柔然军施加了毁灭性的打击，致使大檀不久后便在失意中病死。关于此次战果，《魏书·蠕蠕传》中记载云：

> ［神䴥二年(429)］六月，……(世祖)分军搜讨，东至瀚海，西接张掖水，北渡燕然山，东西五千余里，南北三千里。……前后归降三十余万，俘获首虏及戎马百余万匹。……大檀部落衰弱，因发疾而死。

接下来在太延五年(439)征讨沮渠氏北凉时，崔浩亦不顾群臣之反对而主张世祖亲征，力助此次出师取得胜利。经此一役，北魏终于实现了对华北的统一，而世祖对崔浩也愈发信赖，以至于曾向群臣说出“凡军国大计，卿等所不能决，皆先咨浩，然后施行”。而崔浩的官职也升为侍中，又特进抚军大将军、左光禄大夫，神䴥四年(431)官拜最高级别的司徒。作为世祖的最高军政顾问，崔浩在政治上获得了极高的发言权。不仅在公职方面如此，据《北史》卷二十一《崔浩传》中所记载的逸闻，在私生活中，世祖也时常临幸崔浩之私第，与之共食。[①] 崔浩依靠世祖的深厚宠爱，为实现其多年以来的理想王道政治——儒教国家——而向世祖建言，成功地将河北、山东的汉族名门以及郡望之儒士们召用为中央、地方的官僚。据《魏书·世祖纪》(与《北史·魏本纪》之记述相同)记载，此时所召集的名士主要有范阳(今河北涿州)卢玄、博陵(今河北安平)崔绰、赵郡(今河北赵县)李灵、河间(今河北献县)邢颖、渤海(今河北沧县)高允、广平(今河北邢台任泽区)游雅、太原张伟等，全部都是出身华北的高门大族。其中卢玄与高允尤其突出，前者乃是崔浩母亲卢氏的亲戚、崔浩的表弟。此外《魏书》卷四十八《高允传》(《北史》卷三十一《高允传》之记述略同)中亦记载“初，崔浩荐冀、定、相、幽、并五州之士数十人，各起家郡守”，由此可知通过崔浩的推举而一跃成为郡守等地方高官者有河北、河南、山东五州的郡望之士数十人。

崔浩曾经期盼前代太宗实现自己的理想——建设符合周礼的儒教国

---

① 关于此事，《北史》卷二十一《崔浩传》中云：

> 太武每幸浩第，多问以异事。或仓卒不及束带，奉进蔬食，不暇精美。帝为举匕箸，或立尝而还，其见宠爱如此。

而《魏书》中亦有大略相同的记述。

家——而未能如愿，此时又将希望寄托在了世祖身上。而其理想社会的具体形态正如其曾对表弟卢玄所说的“欲齐整人伦，分明姓族”，乃是以汉人之高门世族作为统治阶级而建立秩序的礼教社会。实现此种社会的第一步，便是在北魏政府内部确立起汉族门阀不可动摇的地位，并在他们的统领之下推行门阀政治。此外，若将五胡、东晋以来的华北与江南地区的门阀望族进行比较，则正如顾炎武在《日知录》卷二十三“北方门族”条中所言，华北的豪族与江南贵族相比，其族人之间的联结要紧密得多。[①] 崔浩所谋划的举措应当也是在这种社会背景下出现的。

另一方面，据《魏书·世祖纪》的记载，世祖亦在神䴥四年（431）九月壬申的求贤诏中云：

> 今二寇（赫连、柔然）摧殄，士马无为。方将偃武修文，遵太平之化，理废职，举逸民，拔起幽穷，延登儁乂。

在完成统一华北的大业之后，世祖的目标乃是在拓跋君主治下，以拓跋部族为主导，将北魏建设成为中原征服王朝，而汉族士望不过是这一事业中的协助者和配角。这绝非是如崔浩所希求的那样，要在汉人门阀的统治之下将北魏转变为符合礼教的传统中华国家，在这一点上世祖与崔浩之间有着很大的分歧。

在北魏完成华北统一的次年 440 年，世祖依寇谦之劝请，改元来自道教教义的“太平真君”。而在太平真君十一年（450），世祖对崔浩的信任大为动摇，发生了崔浩一族、一党均被诛杀或流放的大事件。此事之直接起因，乃是崔浩在受诏命而统领史官、编纂北魏国史之后，对拓跋部族先世之原始愚昧的事迹秉笔直书，并且还依照属下的请求，在京师西郊的祭天之坛旁立石铭刻。而历来便对崔浩追求汉族优先的独断专行之举极为反感的拓跋部要人们便以其碑内容暴扬国恶——国家之阴暗面——为理由，一起在世祖面前对崔浩大加谮毁。

此处再引用见于《魏书》卷五十八《王慧龙传》中的一则逸闻，以说明拓

---

① 译者注：顾炎武在《日知录》此条中是对明代北方与南方的情况进行比较，作者理解似有误。

跋部的贵族要人们历来便对崔浩极为憎恶：

> 初，崔浩弟恬闻慧龙王氏子，以女妻之。浩既婚姻，及见慧龙，曰："信王家儿也。"王氏世齇鼻，江东谓之齇王。慧龙鼻大，浩曰："真贵种矣！"数向诸公称其美。司徒长孙嵩闻之不悦，言于世祖，以其叹服南人，则有讪鄙国化之意。世祖怒召浩责之。

最终这种厌恶之情累积到忍无可忍的地步，终于因碑文之事而爆发。崔浩由此触怒世祖，其本人以及一族、一党均在太平真君十一年（450）六月尽遭诛杀。此时崔浩七十岁。而当时遭到牵连的，除了清河崔氏一门外，还有范阳卢氏、太原郭氏、河东柳氏等与崔氏有姻亲关系的华北汉族名门，均被族诛，其党羽亦被逐出政界，据说牺牲者多达一百二十八人。而事件中只有高允一人因其勤直，此外亦因其任太子师傅而得到恭宗为其拼命求情，得以免于诛杀，其后作为元老历仕文成、献文、孝文三帝，以九十八岁之高龄寿终。

崔浩及其一党遭到诛灭的直接原因虽然如以上所述，但其背后的潜在因素，乃是崔浩过于依仗世祖的信任，而忽视了前文中所说的自己与世祖以及拓跋部要人们在统治方针上的分歧，性急地想要将自身之一门等华北地区的名族、士望都安排到中央、地方的职位上，而自己则作为领袖来推行以汉人门阀为中心的儒教政治，由此遭到了拓跋贵族们的集体反击。

不管怎样，崔浩的此种政治行动反映出五胡及北朝时期众多汉人政治家所抱有的殷切希望，具体来说就是恢复并维持当时陷入窘境的汉人门阀世族的社会权威和势力。不过崔浩所采取的手段过于激进，没有充分考虑到最高统治者世祖及拓跋贵族的意向。而且其行事不够慎重，没有等到时机成熟，以致其表弟卢玄曾忠告云"宜其三思"（《魏书》卷四十七《卢玄传》）。以上种种因素，导致了灾祸的发生。而对于华北地区的所有汉人世族来说，此次事件都是当头一棒，不仅崔浩及其一党想要推行的政策遭受挫折，而且汉人在北魏政局中的势力也由此而一时沉沦。关于崔氏一党此后的境遇，还可参看石田德行《清河の崔氏と佛教》（收入《佛教史学研究》第 14 卷第 3 号，1969 年）一文。

在崔浩遭到族诛两年之后的正平二年（452）三月，世祖亦以四十五岁之龄而离世。世祖之死，乃是遭宦官中常侍宗爱之毒手而死于非命。

据《魏书》卷九十四《宗爱传》云，宗爱此人“不知其所由来”，出身应该相当卑贱。其犯罪之后成为阉人，后来受到世祖的注意，一路飞黄腾达至中常侍、秦郡公。然而其天性险暴，多非法之举，监国的皇太子恭宗亦对其多有不满。结果宗爱向世祖诬告恭宗之宠臣，致使其被处斩，而恭宗亦因此而触怒世祖，最终于正平元年(451)六月忧惧而死。其后世祖对恭宗追悼不已，宗爱见此，害怕遭世祖诛杀，最终谋划杀害了世祖。

在弑杀世祖之后，宗爱迎立了世祖的叔父、安南王拓跋余，依恃迎立之功而横行无忌。拓跋余憎恶宗爱之专擅而图谋夺权，却反而为其所杀，一时国祚倾危。此后恭宗之长子拓跋濬作为嫡孙，为重臣长孙渴侯、陆丽等迎立，于同年十月以十三岁之龄而即帝位，即日改元兴安。这便是北魏第四代皇帝高宗文成帝。在考察北魏一朝的政治史之际，若以太祖、太宗、世祖三代在位的时期为建国期，则接下来的全盛期便始于高宗文成帝，而以高祖孝文帝为顶点。

第三章　北魏盛世期的政治与社会

——以孝文帝时期为中心

第一节　高宗文成帝与显祖献文帝的统治

北魏一朝虽然历经太祖、太宗、世祖三代之功业而得以统一华北，但世祖在位期间于太平真君六年（445）在陕西杏城爆发了盖吴起义，由此引发了接下来七年间对佛教的镇压，太平真君十一年（450）又因诛杀崔浩一党而导致众多汉人士望遭到族诛，可谓多事之秋。两年以后，世祖亦被宦官宗爱所弑，一时国祚倾危。不过同年十三岁的世祖嫡孙拓跋濬（皇太子晃之长子）为重臣长孙渴侯、陆丽等迎立，北魏得以暂时摆脱危机。

高宗与佛教复兴运动　高宗文成帝在位十四年（452—465），其间正如《魏书·高宗纪》结尾的史臣评语中所称赞的“养威布德、怀缉中外”，以及有“君人之度”等，依靠与其父相似的敦厚性格而得以在内外都保持和平。其统治期间的重大事件之一，便是通过发布复佛之诏而发起佛教复兴运动。

如前文所述，高宗之父、恭宗拓跋晃皈依佛教极为虔诚，在世祖发布废佛令期间也时时向其父进言，要求放松废佛令。不过其进言并没有被接受，由此不但招致世祖不悦，亦导致其与权臣崔浩不和，最终恭宗年仅二十四岁便在忧愤之中薨逝。想来在年少的新帝高宗的辅臣之中，有不少都应当是支持过不得志的皇太子拓跋晃（恭宗）的佛教徒。《魏书·释老志》中记载高宗即位后群臣立刻请求其允许复兴佛教，便传递出此间消息。而高宗在即位当年的十二月，果然发布了复佛之诏令。

复佛令的诏文中规定诸州郡可于众居之所（地方城市）建立佛图（寺院）一所，对其费用不加限制。此外规定成为沙门者需出身良家、性行素笃、为人端正，沙门之人数则限制为大州五十人内外、小州四十人内外，这应当是出于对沙门作为社会教化之领袖的要求。复佛之诏令一经发布，便如《释老志》所云"天下承风，朝不及夕"，之前被毁掉的寺院得到修复，被藏匿起来的佛像、经论之类亦重现于世。

佛教教团得到复兴后，北魏为从中央对其加以统领而再次设立道人统（沙门统）之职，任命废佛时期暂时还俗的印度僧人师贤为复佛之后的首任僧官。师贤出身于罽宾（今克什米尔）的王族，其后来到凉州。世祖征服沮渠氏北凉国之际，师贤亦随之来到平城，但其后遭遇废佛令，一时只能还俗而依靠医术为生。从高宗亲手为师贤剃发一事来看，就如同以前被太祖任命为沙门统的法果将太祖视为如来而加以礼拜一样，被任命为道人统的师贤亦尊仰高宗为得度之师父。如此一来，在复佛之后，北魏佛教界依然处于皇权的统制之下。

除复佛之外，高宗亦着意于修举内政，并以地方官纲纪之振肃为首要急务，而热心于对地方官的督察。如《高宗纪》中记载太安元年(455)六月，高宗分遣尚书穆伏真等三十人前往州郡，考察各地之风俗、生活及田土开垦情况。《食货志》中记此事云：

> 太安初，遣使者二(三?)十余辈循行天下，观风俗，视民所疾苦。……自此牧守颇改前弊，民以安业。

可惜的是，文成帝于和平六年(465)五月以二十六岁之英年而殂。其即位时尚为十三岁之少年，故而虽说前后在位十四年，但实际上亲政的时期应当不足十年。

显祖献文帝时期(465—471)　高宗文成帝年少而殂，皇太子弘继承皇位，而此时他只有十二岁，比文成帝即位时还要年幼，这便是显祖献文帝。此时身为车骑大将军掌握兵马大权的是乙浑。想来献文帝之所以能够即位，乙浑应当与有力焉。其依靠手中的兵力而发动政变，诛杀重臣、拥立新帝，自己则作为丞相而掌握政权。对此，《魏书》云：

> 位居诸王上，事无大小，皆决于浑。

然而乙浑的独裁并没有持续很久。其于次年之天安元年(466)二月以谋逆之罪名而遭到诛杀，而据说在幕后运作此事的乃是先帝高宗之妃、文明太后冯氏。

诛杀乙浑之后，文明太后以献文帝幼弱为借口开始临朝听政，而此事导致献文帝与冯太后不和。虽然太后曾一度将政权交还给献文帝，但此后两人之间的关系也并不和睦，结果471年献文帝让位给了五岁的长子拓跋宏。这便是高祖孝文帝。如此看来，虽然自世祖末年起发生动摇的国家根基似乎通过高宗文成帝较为灵活的政治而开始稳固下来，但在高宗死后，围绕着年幼的献文帝，内廷再度被卷入到各种阴谋的漩涡之中。

不仅是内廷局势不稳，在外部，漠北的柔然依然叛服不常，故而北魏多次进行北伐；此外，山东地区以青、齐两州为中心的势力一直以江南的宋朝为后盾而进行着抵抗。故而对于北魏来说，此时内外皆是多事之秋。不过在皇兴三年（469），慕容白曜所率领的北魏讨伐军相继攻克了抵抗北魏最为顽强的升城、历城、梁邹城等地，而献文帝将以其守将崔道固、刘休宾、房崇吉等为首的望族及有民望者全部迁徙到以平城为中心的地区，专门设置平齐郡来安置这些徙民，由此终于平定了山东地区的兵乱。

如上所述，献文帝在位期间，内外形势均谈不上安稳。不过幸运的是，这一时期原本最需防范的对手——江南的宋朝也是内乱不断，已经出现了王朝末期的迹象，故而北魏得以免遭来自江南的侵扰。不仅如此，岂止是没有侵扰，从南朝甚至有不少高门大族前来归顺，其中还有出身宗室、贵族的人物。这些流亡贵族对北魏作出了很大的贡献，因此到了接下来的孝文帝在位时期，国家体制及社会秩序终于成形，王朝的国力也得到充实，迎来了名副其实的全盛期。

第二节　高祖孝文帝的统治(前期)

——献文帝太上皇时期及冯太后临朝听政期

孝文帝出生于皇兴元年（467），乃是献文帝的长子，五岁便即位成为北魏第六代皇帝。孝文帝之所以如此年幼便能够即位，是因为其父献文帝在位七年后决定退位。而如前文所云，献文帝之所以会退位，是因为最初丞相乙浑乘其幼弱之机而专权恣肆，终于为文明太后冯氏（高宗文成帝之妃）所诛杀；此后冯太后取代乙浑而临朝称制，导致献文帝与冯后之间产生矛盾，其后太后虽曾一时归政于帝，但两者之间的关系一直未能修复。献文帝虽然让位，但却依然执着于政权，以太上皇的身份辅佐五岁的小皇帝发号施令。其不仅处理内政，而且还曾两次亲征柔然，在身为太上皇的六年间致力于国事。然而冯太后因其宠臣李奕为献文帝所杀而心怀怨恨，于承明元年(476)暗杀了献文帝，[①]拥戴孝文帝而再次开始临朝听政。

因此孝文帝虽居于帝位，但对其祖母冯太后却毕恭毕敬。据《魏书·高祖纪》所云，一直到太和十年(486)满二十岁后，孝文帝才能够亲笔起草诏册。而政权完全归于孝文帝之手，则要等到太和十四年(490)冯太后去世以后。因而虽说孝文帝前后在位三十年，但应当将其分为前后两期加以考察较为合适。前期为即位后献文帝太上皇时期之六年(471—476)以及其后冯太后临朝听政之十五年(476—490)共二十年，后期则为孝文帝亲政的十年(490—499)。

Ⅰ　献文帝太上皇时期

纵观孝文帝在位的前二十年，此时从世祖统一华北起已经过了三十多年，北魏王朝的威势业已岿然不动。汉人官僚对于皇室也愈发信赖，逐渐开始积极地参与国政。对于北魏来说，其一直致力于振兴内政，尤其是在西晋末以来一百四五十年间一直荒废的山东与河南地区维持治安、恢复社会秩序、发展农业生产，以及建立各种经济组织，而要有效地推行这些政策，最为紧要的就是振肃地方官之纲纪。因此，从太宗开始，历经世祖、高宗时期，北魏一直在反复地对地方进行巡视、对地方官进行督察。此类事例频繁见于《魏书》之各帝纪及《食货志》中，可以参看。

而在孝文帝即位、献文帝以太上皇身份理政后，这种措施也终于固定下来，朝廷每年都向地方派遣特使。如延兴二年(472)为监察地方官之施政情况而从中央分遣特使，寻省风俗，问民疾苦，又在此基础上发布诏书，诫谕各地之牧守要不忘恤民之心、温仁清俭。然而即便如此，地方官中似乎仍多有不遵法纪而多行非道者，故而延兴三年(473)十一月与四年十一月又接连向

---

① 关于献文帝之死，《资治通鉴》云乃是毒杀，而《资治通鉴考异》则云是为冯太后所派遣的壮士暗杀(卷一三四，元徽四年二月)。《北史》卷十三《后妃传》中云“太后不得意，遂害帝”，《魏书》卷十三《皇后传》则较为暧昧地记述云“显祖(献文帝)暴崩，时言太后为之也”。

河南七州派遣使者,观察风俗,核验刑狱。此外,延兴三年(473)九月还曾分遣监察使十人,令其监督州、郡、县的户口调查,如有隐匿逃避者,则对户主以及地方官都加以处罚。看起来当时的户口调查进行得颇为严格,《魏书》卷五十一《韩均传》中记载此时之情形云:

(河北之冀、定、相,山东之青、东青)五州民户殷多,编籍不实。以均忠直不阿,诏均检括,出十余万户。

可以认为,太和十年(486)的三长制便是在此种人口调查的基础上制定的。

Ⅱ　冯太后临朝听政期

献文帝与冯太后之间的矛盾逐年加深,而如前文所述,最终因为献文帝诛杀了太后的宠臣李奕,太后终于在承明元年(476)六月杀害了以太上皇身份执政的献文帝,拔掉了眼中钉,并拥戴十岁的孝文帝而临朝称制。不管引发这场内廷纷争的导火索如何,可以说其远因乃是两派之间围绕政权的斗争。

此处先来考察一下冯太后的身世。关于冯太后的史料有《魏书》卷十三《皇后传·文成文明皇后冯氏》以及本于《魏书》的《北史》卷十三《后妃传·文成文明皇后冯氏》。此处主要基于《北史·后妃传》进行论述。

冯太后是河北长乐郡信都(今河北衡水冀州区)人,据说与北燕王冯氏有亲缘关系。其姑入侍为世祖太武帝的左昭仪,因为这层关系,冯太后十四岁时被立为文成帝的贵人,后来又被立为皇后。据说文成帝死后焚烧其御服器物时,众人皆号泣,而冯太后则悲叫投火,想要自杀殉葬,结果为左右所救。如果这是事实的话,那么可以说冯太后除了具备政治家的才干外,还是位演技出色的女性。

帮助冯太后临朝听政的,有拓跋族人之元老元丕(东阳王)、穆亮(赵郡王)、源贺(陇西王)、万安国(安城王),以及汉人高允、高闾等;直接作为智囊而活跃的,则有宠臣王叡(吏部尚书),宦官及宠臣王琚(侍中)、张祐(尚书左仆射)、抱嶷(尚书)、王遇(吏部尚书),还有冯翊、王贺、苻承祖以及秘书令李冲等汉人。其中李冲尤其受到冯太后的信任,据说诏敕等公文多是由其与中书令高闾所起草。

观察北魏政界中北族系贵族与汉人官僚之间力量对比的变化情况，在太祖、太宗时期，汉人官僚还只不过是因其高超的政治手腕及见识而被拓跋君主聘为顾问，参与政治、军事方面的谋议而已。到第三代君主世祖统一华北后，崔浩得到世祖的信任而一时权倾朝野，企图将汉人官僚大举引入北魏政权之中，却因编纂国史之际偶然爆发的笔祸而遭到拓跋贵族的集体反击，最终被族诛。此后汉人官僚一时处境艰难，不得不在北族系贵族的势力下隐忍自重。而汉人再次开始得势，便是在冯太后临朝听政期间。十五年间，冯太后以巧妙的控御手法保持着北族系贵族与汉人官僚之间的势力平衡，在此意义上，冯太后可谓是能够与唐代的武则天以及清代的慈禧太后相比肩的女杰。

北魏在冯太后开始临朝听政后的第二年改元为“太和”。从这一年号之名称，亦能够感受到在世祖统一华北后经过约四十年，王朝之恩威终于充分渗透到整个华北地区之际，北魏统治者所抱有的自信及希望。如太和元年(477)正月之诏书云：

> 今牧民者，与朕共治天下也。宜简以徭役，先之劝奖，相其水陆，务尽地利，使农夫外布，桑妇内勤。若(地方官)轻有征发，致夺民时，以侵擅论。民有不从长教，惰于农桑者，加以罪刑。(《魏书・高祖纪上》)

此诏书当出自李冲或高闾之手，从中可以看出，无论是要求汉人官僚配合朝廷的政策，还是向农民奖励农桑，政府都能够相当从容地施展软、硬两种手段。而在同年三月，朝廷又颁布具体措施以促进农业生产，那便是规定丁男需治田四十亩，中男则减半为二十亩。其诏书中云：

> 今东作既兴，人须肄业。其敕在所督课田农，有牛者加勤于常岁，无牛者倍庸于余年。一夫制治田四十亩，中男二十亩。无令民有余力，地有遗利。(《魏书・高祖纪上》)

此诏最初所针对的，应当主要是承担国家经济基础的河北、山东、河南等地的农民。正如《魏书》卷十五中所收的昭成帝子孙、常山王元晖传中所云：

> 晖又上书论政要。……其二曰：……河北数州，国之基本。……三曰：国之资储，唯藉河北。

此外，诏书中所说的"无令民有余力，地有遗利"，后来成为太和九年（485）制定均田制的根本精神，而丁男治田四十亩之规定也为均田制的露田四十亩所承袭。

太和元年（477）正月的诏书末尾还规定要通过刑罚来劝课农桑，而此种精神在太和四年（480）四月己卯的诏书中亦再次得到体现：

> 一夫不耕，将或受其馁；一妇不织，将或受其寒。今农时要月，百姓肆力之秋，而愚民陷罪者甚众。（廷尉）宜随轻重决遣，以赴耕耘之业。（《魏书·高祖纪上》）

由此亦可以看出，对于北魏来说，复兴整个华北地区，尤其是已经荒废的山东、中原一带乃是燃眉之急，而当政者亦为此全力以赴。在此之前的太和二年（478）八月，朝廷继承献文帝太上皇时期的政策，为肃清地方官纲纪而向各地分遣特使，考察各地官员的政绩，结果发现地方官之中多有流于怠慢、不顾政务，收受贿赂、谋取私利，以及公私混同、疏于治安而导致盗贼猖獗者。到了十一月（庚戌），朝廷大概是接到了特使们的报告，专门下诏诫饬各州刺史及牧民之官思愆改过、敷德宣惠。

就这样，北魏上则肃正地方官之纲纪，下则督促百姓勤于农桑。其间从太和三四年到七八年间，国家的核心区域河北、山东、河南诸州几乎每年都遭遇水旱灾害，饥民充塞道路，而官府则为救济和赈恤这些饥民而忙得焦头烂额。比如太和七年（483）六月，定州向饥民九十四万七千余口施粥，同年九月冀州施粥给饥民七十五万一千七百余口（《魏书·高祖纪》）。而与此同时，在对外关系方面，太宗以来虽然有些小冲突、但总体上还能保持和平关系的南朝发生了将军萧道成的政变，齐朝代宋朝而兴，并开始对北魏采取敌视态度，南北朝之间的对立抗争出现了逐渐激化的趋势。

在此种内政、外交形势之下，北魏为了倾尽全力稳定对华北的统治，也不得不开始努力促进北族系与汉人官僚之间的融合与合作。太和八年(484)所发布的制定内外百官之班禄(官吏的俸禄)的诏书便可以说是其具体政策之一。

官俸的制定 如上文所云，太和八年(484)六月，北魏颁布了制定班禄标准的诏令，接下来又于九月戊戌下诏云“俸制已立，宜时班行，其以十月为首，每季一请”，规定以十月为第一季，每年分四季向百官发放俸禄。不过，地方州、郡、县官员的俸禄要等到两年后的太和十年(486)十一月才确定下来。据记载，制定官俸乃是采纳了高闾的意见。高闾曾在上表中力陈制定官俸之必要性(《魏书》卷五十四《高闾传》)：

> 闾表曰：“……今给其俸，则清者足以息其滥窃，贪者足以感而劝善。若不班禄，则贪者肆其奸情，清者不能自保。难易之验，灼然可知。”

高闾所强调的是，只有发放俸禄，才能保证百官不管是清廉之士还是贪污之徒，都能在行政上作出成绩。而正如“诏从闾议”之记载，冯太后等执政者抵挡住反对意见，作出了接受高闾建议的英明决断。在此前未向百官发放俸禄时，官吏之生活费用或是来自民众馈遗，或是依靠自己的经营活动。冈崎文夫所著《魏晋南北朝通史》(第672页)中举出了见于《北史》的崔宽任地方官时的模范事例，此处加以引用：

> (崔宽治理弘农时)善抚纳，招致礼遗，大有取受，而与之者无恨。又弘农出漆蜡竹木之饶，路与南通，贸易来往，家产丰富，而百姓乐之。

也就是说，崔宽在处理地方官政务的同时，还通过贩卖土特产积累财富。而对于力图加强政治统一的北魏政权来说，地方官的此种行为无疑会带来麻烦。

制定官俸之后，官吏的生活大体安定下来，此前虽屡经诫饬却依旧横行的内外官僚行贿受贿的弊风多少得到抑制，同时汉人官僚对北魏政权的忠诚度也有所提高。不过在另一方面，正如高闾表文中所言，自晋末中原丧乱以来，官吏久已没有俸禄。如今北魏要恢复发放俸禄，其财源只能依靠增加对民众的税收。

关于北魏当时的税收制度，《魏书》卷一一〇《食货志》中记述云：

先是，天下户以九品混通，户调帛二匹、絮二斤、丝一斤、粟二十石；又入帛一匹二丈，委之州库，以供调外之费。

这段话总括了太和八年(484)以前征税之大概，而像这样混通九品(包括百官在内)、每户都征收相同数量租调的做法虽然是一种粗暴的平均主义，但在经历了长期的社会混乱、难以掌握贫富差距真实情况的当时，可以说是无奈之举。不过，据《魏书·世祖纪》所记，延和三年(434)二月戊寅朝廷下诏曰：

今四方顺轨，兵革渐宁，宜宽徭赋，与民休息。其令州郡县隐括贫富，以为三级，其富者租赋如常，中者复二年，下穷者复三年。刺史守宰当务尽平当，不得阿容以罔政治。

其中命令根据民众贫富之不同而将其分为富、中和下穷三级，分别征收租赋，根据级别不同采取不同的免税措施。由此看来，至少从世祖时开始，北魏在征收租赋时已经在一定程度上对贫富差距加以考虑。

《魏书·食货志》在前引文字之后，又接着记述云：

至是(太和八年)，户增帛三匹，粟二石九斗，以为官司之禄。后增调外帛满二匹，所谓各随其土所出。

据此看来，给官吏发放俸禄的财源问题通过增税得以解决，而太和八年(484)这次增税的幅度相当大，而且每户增加的数量都一样。正如高闾所云，制定俸禄的主要目的在于防止贪婪的官僚接受贿赂而私自变更刑罚、以私情而枉国法，或是为满足一己私欲而擅自加征租调，同时保证清廉的官吏生活无忧。对于朝廷来说，制定官俸标准之后，对于官吏之赃罪便只有严厉处罚，据说贪赃帛一匹以上者便要处以死刑。

如以上所云，到当时为止，北魏的税制乃是混通九品、按户征收。而到了世祖时期，虽然考虑到贫富的差距而分为三级，但小民的负担依然相对较重，在公平性方面有所欠缺。到了太和八年（484），为了解决向官吏发放俸禄的财源问题而进行了大幅度的增税，普通民众的赋税负担更加不均衡。因此对于朝廷来说，必须尽快解决赋税征收的公平性问题，因而不得不采取措施，实现作为征税依据的土地占有情况的公平化、合理化。

关于均田制　想来从东汉末开始，历经三国、西晋、五胡时代，华北地区在两百数十年间经历了接连不断的政治、社会混乱，因而豪强、富户对土地和人民的大规模兼并也势不可遏，到了太和年间，朝廷已经无法对此种情形坐视不管。《魏书·李冲传》中记述当时的状况云：

> 旧无三长，惟立宗主督护，所以民多隐冒，五十、三十家方为一户。

据此记载，当时的豪强一户便可以隐冒几十户佃户。同时，《魏书·食货志》中记述荫附于豪强的佃户之情况云："荫附者皆无官役，豪强征敛，倍于公赋。"虽然农民逃避官役而荫附于豪强，但豪强的征敛比公赋还要再加一倍，处在豪强势力与国家权力夹缝之中的农民之困窘可以说是超乎想象。

此外，关于当时土地占有之混乱和不均，《魏书》卷五十三《李安世传》中所收的李安世之上疏可以说进行了如实的描述。关于李安世上此疏的背景，同传中记述云"时民困饥流散，豪右多有占夺"。李安世的上疏相当长，此处仅列其概要，有如下几点：

（1）当抑雄擅之家而恤贫微，以均贫富。

（2）应当将人民皆编入国家之户籍。

（3）当前州郡多有流亡之民，有的漂居异乡，已历数世。虽然三长之制已立，但这些流民返回故乡后，其土地有不少或是已登记在他人名下，或是已为豪强所兼并。即便是诉讼至官府，但双方都有证据、证人，难以作出判决。

（4）因此现在所能采取的措施，只能是对围绕土地所有权的诉讼案件限期作出判决，无法弄清楚的，一律判给当前的实际所有者。

对于李安世的这些建言，《李安世传》中记载云“高祖深纳之，后均田之制起于此矣”。此外，《资治通鉴》卷一三六将李安世的这一上疏系于《齐纪》武帝永明三年[太和九年(485)]的八九月之交，并云“由是始议均田”。

在此种社会现状之下，冯太后政权要切实推进对华北的统治，便必须果断推行国家管控之下的土地政策，通过让田租赋课及劳役更加均衡来增加国家的税课收入。因此对于政权来说，实施均田制来实现李安世、李冲等人所设想的清查豪强对于人户之隐冒、抑制土地兼并等目标，可以说是国家层面的任务，其成功与否直接关系到北魏社稷之命运。由此在太和九年(485)十月丁未，朝廷公布实施均田制，而《魏书·高祖纪》中所收的孝文帝之诏书云：

> 爰暨季叶，斯道陵替。富强者并兼山泽，贫弱者望绝一廛，致令地有遗利，民无余财，或争亩畔以亡身，或因饥馑以弃业，而欲天下太平，百姓丰足，安可得哉？今遣使者，循行州郡，与牧守均给天下之田，还受以生死为断，劝课农桑，兴富民之本。(《魏书·高祖纪上》)

关于均田制的具体内容，《魏书·食货志》中有详细的记载，而著者以前也曾在拙文《均田法の系谱》(《史林》第45卷第6号，1962年)中进行过论述。本书中将此文改题为《北魏均田制的考察》，作为接下来的补章加以收录。因此拙文与本书补章在内容上有所重复，还望读者谅解。若对贯穿北魏均田制的理念，也就是土地公有化以及公有土地的平均分配加以考察，或许正如历来所论，其理念乃是源自中国自古以来的《周礼》之理想(井田制)。不过，正如拙文《均田法の系谱》中所论，均田法更为直接、切近的来源，应当求之于北魏从太祖以来便在代国推行的计口受田制。

北魏一朝之所以能够从太祖开始，接连消灭各个五胡政权并完成对华北的统一，其力量之源泉当然首先在于其武力。然而其他的五胡政权在武力方面应当也差不了多少，而北魏却依然能够将其消灭，这背后必定有着支撑其武力的经济基础，也就是计口受田制所带来的农业生产力的上升所起到的作用。北魏计口受田制的实施方法，是将被征服的民众作为俘虏而集体迁徙到其领土之内，按照口数平均分配给一定的土地，在此基础上国家再借给农具、耕牛等而令其从事农业生产。就算不将此种单纯的做法看作是对《周礼》井田制的继承，作为历史事实，北方民族在对中原农民进行集体迁徙时当然也能够想出这样的政策。北魏最初在代国推行此种计口受田制度，而从世祖时开始，又在这一地域大力推行邻保之间的耕作互助，以弥补耕牛、农具的不足，提高农业生产力。根据世祖延和元年(432)监国的恭宗(世祖之长子)所发布的制令，邻保间耕作互助的具体规定如下：

> 其制有司课畿内之民，使无牛家以人牛力相贸，垦殖锄耨。其有牛家与无牛家一人种田二十二亩，偿以耘锄功七亩，如是为差。至与小、老无牛家种田七亩，小、老者偿以锄功二亩。(《魏书·世祖纪下》)

由此看来，恭宗之所以发布这一制令，乃是因为在经过若干年月后，最初一律按照口数分配土地并强制进行开垦的这些迁徙民户之间也产生了贫富差距，故而需要采取措施尽量弥补这种差距，提高农业生产力。如此看来，这一邻保互助制度可以说是对计口受田制按口数进行分配的土地政策缺陷的一种修正。

通过以畿内(代国)为中心而推行的计口受田制度、对其进行补充的邻保互助制度，以及太宗以来历代朝廷均努力实施的向河北、山东、河南各地派遣监察使者以改善地方政治的政策，到世祖在位中后期，农村地区的社会秩序也逐渐出现了恢复的迹象。太延元年(435)十二月(甲申)，世祖下诏云：

> 自今以后，亡匿避难，羁旅他乡，皆当归还旧居，不问前罪。民相杀害，牧守依法平决，不听私辄报复。敢有报者，诛及宗族；邻伍相助，与同罪。州郡县不得妄遣吏卒，烦扰民庶。若有发调，县宰集乡邑三老计赀定课，裒多益寡，九品混通，不得纵富督贫，避强侵弱。(《魏书·世祖纪上》)

由此可以看出，到世祖在位中末期，华北农村的社会秩序逐渐恢复，邻保组织也逐渐开始完善。随着农村社会秩序的恢复，当初在代国试行的通过合作组织内的互助耕作来振兴农业的政策也逐渐在全国范围内得到推广。这一点从献文帝任太上皇期间朝廷于延兴三年(473)二月癸丑所发布的诏书内容亦可推知：

> 牧守令长，勤率百姓，无令失时。同郡之内，贫富相通。家有兼牛，通借无者。(《魏书·高祖纪上》)

如前文中所概论，太和九年(485)十月的均田制是考虑到华北农村社会的现实情况而制定公布的。而此时北魏朝廷内的当权者，尤其是据说推动发布了均田令的李冲和李安世在进行构想之际的现实参考，应当是建国以来在代国长期施行并取得巨大成果的计口授田政策。**正因为如此，冯太后及北族的高官们才能够被说服而同意实施均田制**。不过即便是计口授田制在代国取得了成果，当时在之前所述的拥有广大土地、山泽，掌握大量奴婢及佃户的望族及大姓所跋扈的河北、山东、河南等地，若是同样推行类似计口授田制的土地公有政策，不仅可能会招致豪族大姓不必要的反对和抵抗，甚至还可能会波及小自耕农及佃农，造成社会混乱和人心动摇。

仔细考察《魏书·食货志》中所记载的太和均田制的内容，可以看出北魏朝廷的掌权者们对这些问题都进行了慎重的考虑。其主要内容，大致可以概括为以下三个方面：

(1) 对一般农民的照顾　均田制规定给予男夫露田四十亩，妇女二十亩，除此之外还规定男夫给予桑田二十亩作为世袭的私有土地，也就是所谓的"诸桑田皆为世业，身终不还，恒从见口"。这是对自耕农和佃农的照顾。

(2) 对大土地所有者的照顾　① 向奴婢和耕牛授田——奴受田四十亩，婢受田二十亩，丁牛每头授四十亩，最多可有四头牛授田——的规定乃是对大土地所有者的照顾，不过不能忽视的是，尽管规定较为宽松，其中还是蕴藏着限制大土地所有、增加国家税收的意图。② 对于刺史、太守及以下的宰民官，除了支给俸禄外，还参考西晋的官吏给田(限田)之制，给予大多出自贵族、望族的这些官员相应面积的土地，并根据其官阶，规定刺史可拥有十五顷(一顷为百亩)，最低级的郡丞亦可拥有六顷。对出身于豪族、大姓，自身亦是大土地所有者的大多数官员来说，此种职田之制不外是对拥有土地的最大面积进行规定的限田法。然而考虑到除了职田之外，私有的奴婢和耕牛亦可以受田，这些人应当得以保留其所拥有土地之大半。就这样，北魏朝廷对于大土地所有者以及官僚给予了最大限度的照顾，换取其支持与合作，以此来恢复华北地区的经济安定和社会秩序，稳固自身的统治。

（3）在福利政策方面的照顾　对于老小癃残者给予男夫田地的一半，此外对寡妇亦进行授田并给予免课等优惠，这些都相当于今天的福利政策。此外，关于福利政策，《魏书·食货志》在有关三长制的部分中又补充道：

> 民年八十已上，听一子不从役。孤独癃老笃疾贫穷不能自存者，三长内迭养食之。

在当时，这些可以说是相当全面的对于孤独、老人及笃疾贫穷者的照顾措施。

如以上所论，北魏王朝制定的均田制这一土地政策以太祖、太宗时期以来在代国内部实施的、基于土地公有的计口授田制为基础，同时考虑到了当时华北地区土地私有的实际情况，具有相当大的灵活性。进一步说，太和均田制是以国家权力对当时华北地区的大土地所有这一现实趋势加以限制，改以土地公有为基本原则并强力推进计口授田式土地政策的一场土地革命，同时也是为提高农业生产力而采取的改革政策。

关于三长制　与均田制互为表里的是三长制。北魏朝廷之所以于太和九年（485）实施均田制，并不只是为了将土地平均分配给普通农民阶层的男夫、妇人，以及通过向奴婢、耕牛授田来承认大土地私有的同时对其加以限制，或是根据宰民官（其大多数都应出自望族大姓）的官阶不同而授予其大量的土地。其真正的目的，正如太和九年（485）十月诏书中所说的“无令民有余力，地有遗利”，乃是尽量提高生产力，增加国家的赋税收入。为此才将当时荒废的大量空地、无主田地均等分配给农民并令其开垦，此外对占有大量土地的豪强所拥有的佃户、奴婢以及隐冒之民亦授予土地，以此来将其编入户籍，向其征收税、役等赋课。不过，为了让均田制能够取得预期的成果，确立起赋税制度，还需要制度上的保证，也就是要对以往的邻保组织——比如见于《魏书·世祖纪》的三老乡邑制等——进行改编和重组，使国家权力渗透到基层。而经过改编、重组的邻保组织则被称为三长制或是党里制等。

如《魏书·高祖纪》中所云"(太和十年)二月甲戌,初立党、里、邻三长,定民户籍",三长制是从太和十年(486)二月开始实施的。关于三长制的详细内容,《魏书·食货志》中有如下记载:

> (太和)十年,给事中李冲上言:"宜准古,五家立一邻长,五邻立一里长,五里立一党长,长取乡人强谨者。邻长复一夫,里长二,党长三。所复复征戍,余若民。三载亡愆则陟用,陟之一等。"

据此文所述,三长制乃是如下文所述模仿古制(《周礼》之制)而将各个部落、村庄分为邻(五家)、里(五邻)、党(五里)三个级别的组织,每个级别分别设置首领加以统率。为此各个级别组织的首领都由乡村中忠实有威望的人充任,而作为对这些首领的优待,邻长可以免除一夫之征戍,里长可以免除二夫,党长可以免除三夫。若是担任首领满三年而没有过失,便可以上升一级。此外,李冲上言中所谓的"宜准古"乃是指模仿《周礼》中的六乡、六遂之制。而李冲之所以这样说,是为了给从《周礼》中受到启发的自身想法赋予权威性。总的来说,北魏的均田制在有了三长制这一制度上的保证后,才得以确保国家的税、役征收,提高农业生产力。换句话说,通过实施三长制,国家得以将土地和人民从豪强的兼并、隐冒中抢回到自己手里。最为明了地说出此点的,乃是冯太后在嘉纳李冲上言之际所说的话:

> 立三长,则课有常准,赋有恒分;苞荫之户可出,侥幸之人可止。何为而不可?(《魏书》卷四十一《李冲传》)

如此语所云,三长制之功效,一则在于能够确立起赋税制度,对迄今为止富强者用各种手段逃避国家赋课、而贫弱者则要背负沉重的赋役负担心生怨念("未见均徭、省赋之益,心必生怨")的状况加以纠正;二则在于国家能够将豪户、大姓所掌握的佃户及隐户收回到自己手中。就这样,北魏通过实施三长制,得以抑制农民的流亡逃散以及对豪户大姓的荫附,税役负担之不公也在某种程度上得到纠正,王朝的统治由此得以更加深入地渗透到村落组织内部。原本北魏时期便是土地有剩余、大量土地抛荒或是没有得到开垦的时代，相较于土地，国家更需要下力气来掌握农民。故而对于北魏政权来说，从富强大姓手中夺回荫附的人户乃是最为紧要的任务。在此意义上，像三长制这样的邻保组织的建立便成为当务之急。

不过，回顾直至三长制实施为止的经过，其路途绝不平坦。正如《魏书·食货志》中所述"豪富并兼者，尤弗愿也"，这一政策遭到了与国家利害冲突的豪户官僚的顽强抵抗。具体来说，朝廷在太后之前讨论李冲上言时，太后之宠臣秘书令高祐、中书令郑义以及著作郎傅思益等人便提出了强烈反对（参照《魏书·李冲传》及《资治通鉴》卷一三六），而他们都是地主阶级的代言人。之前曾引用过的李冲建议实施三长制的上言中还提到"旧无三长，惟立宗主、督护"，在三长制实施以前，虽然历来亦有邻保之制，[①]但在旧制度下，宗主得以武断乡曲，并与官僚阶层相勾结，因此这些人最不愿意看到三长制实施。但不管怎样，在经过了种种曲折之后，冯太后采纳了李冲的上言，并于太和十年（486）二月以孝文帝的名义发布诏书，三长制得以正式实施。

三长制实施后，邻保组织得到重建和强化，而政府亦很早便开始通过此种党里组织来努力恢复农村社会的秩序，并对人民进行教化。此事从《魏书·高祖纪》中所记载的太和十一年（487）十月甲戌的诏书中便可以看出：

> 乡饮礼废，则长幼之叙乱。孟冬十月，民闲岁隙，宜于此时导以德义。可下诸州，党里之内，推贤而长者，教其里人父慈、子孝、兄友、弟顺、夫和、妻柔。不率长教者，具以名闻。

关于三长制实施的时期，《魏书·食货志》中记载为太和十年（486），而《高祖纪》中则云"（太和十年）二月甲戌，初立党、里、邻三长，定民户籍"，记述得更为详细。据此看来，三长制是在发布均田之令的次年二月开始实施的，此点似乎不容置疑。不过《魏书》卷五十三《李孝伯传》中收录了李安世给孝文帝（冯太后）的一篇上疏，其中云：

---

① 见于《魏书·世祖纪》的乡邑三老之制应当是旧有的部落邻保组织，而太和年间的三长制当是以国家的力量对此种旧有的组织进行了改造。

窃见州郡之民，或因年俭流移，弃卖田宅，漂居异乡，事涉数世。三长[1]既立，始返旧墟，庐井荒毁，桑榆改植。

这里的问题，在于上疏中有“三长既立”之语，且在李安世上疏之后，又有“高祖深纳之，后均田之制起于此矣”的记述。若只据此处之记述，则应当认为三长制在太和九年(485)十月公布均田制之前便已经实施。关于此种有关均田制与三长制实施年月的记述之间的矛盾，迄今为止在学者之间已有种种讨论。

为避免正文流于繁琐，这些意见均在注释中列举。[2] 而无论是其中哪种意见，都是站在三长制的实施应当早于均田制这一立场上，试图解决关于两者实施年月的记载之间的矛盾。然而即便是采信《魏书·太祖纪》中的说法，认为均田制的实施早于三长制，也并不会造成无法解决的逻辑矛盾。据此说法，均田制公布是在太和九年(485)十月，而三长制实施是在十年(486)二月，其间只相距四个月的时间，并不是什么大不了的问题。而且除了年月接近之外，还有其他的理由。要实施三长制，最重要的便是在农村恢复秩序、清理田土，而要做到这一点，就必须将流民及逃散者召回原籍，并让其定居下来。要让流民及逃散者定居于原籍，就必须首先授予其土地。从此种角度来思考，规定给予人民土地的均田制才应该首先实施，而其后又制定了三长制，以实现赋课之公平。就这样，均田制向人民分配土地，而三长制建立起了邻、里、党等组织，租调之税额得以确定，在此基础上又规定了百官之

---

① 据近刊中华书局本《魏书》之校勘记，此处的“三长”在《册府元龟》卷四九五中作“子孙”。

② 关于颁布均田制以及制定三长制的年代，有以下几种意见：

(1) 冈崎文夫《魏晋南北朝通史》认为均田制颁布于太和十一年(487)以后(参照同书第668页起)；

(2) 清水泰次《北魏均田考》(收入《东洋学报》第20卷第2号)认为太和十年(486)颁布的三长制针对的是北魏所统治的北族系部族，而李安世上疏中所说的“三长既立”乃是针对汉族；

(3) 志田不动麿《北魏三長制制定年代考略》(收入《历史学研究》第3卷第6号)一文根据《南齐书·魏虏传》中的记载，将制定三长制的年代断为太和九年(485)间，颁布均田法的十月份以前；

(4) 曾我部静雄博士的《均田法とその税役制度》在志田说的基础上，将三长制的年代定为太和九年(485)一月左右(参照同书第72页起)；

(5) 松本善海《北魏における均田・三長両制の制定をめぐる諸問題》(收入《东洋文化研究所纪要》第10册)对志田说进行了批判，在详细分析《南齐书·魏虏传》的内容之后，极力主张“三长既立”应该是在太和九年(485)十月以前。

俸禄，由此北魏的统治制度得以完备，王朝迎来了黄金时代。综观以上所述的冯太后临朝听政时期的情况，在名义上是孝文帝在位的三十年间，但冯太后掌权的十五年才是成果最多、最为重要的时期。

第三节　高祖孝文帝的统治(后期)

——孝文帝亲政期

太和十四年(490)九月冯太后崩，孝文帝得以毫无顾忌地开始亲政。而孝文帝亲政期间最显著的政绩，当是以迁都洛阳和制定姓族为核心的文化改制运动。

迁都洛阳　据史书记载，由山西的代都平城迁都至洛阳的设想乃是出自孝文帝。自五岁即位之后，孝文帝在二十余年间一直小心翼翼，谨慎行事。而一旦能够乾纲独断，二十四五岁血气方刚的青年便从此前冯太后政权的重压之下解放出来，为实现自身政治理想而一往无前。实现理想政治的第一步，便是迁都洛阳。作为从小便接受汉人官僚的教导、拥有极高汉文化教养①的异族皇帝，孝文帝的胸中从很早开始便深埋着迁都到中华传统文化之渊薮洛阳这一近似于憧憬的愿望。除此之外，孝文帝应该还认为迁都之后便能够扬弃长年以来如泰山压顶般限制着自己的冯太后政权。

据《魏书》等诸史书的记载，在亲政之后第四年的太和十七年(493)，孝文帝以讨伐江南齐朝的名义率领大军从平城出发，来到洛阳。此后孝文帝还想继续向南进发，但为群臣所谏止，便以驻留洛阳为条件而中止了南伐。②

根据这些史书的记述，迁都洛阳的计划遭到大半拓跋重臣的反对，但因

---

① 关于孝文帝之好学、善属文，《资治通鉴》卷一四〇建武二年八月条中在《魏书·高祖纪》结尾之文的基础上，略显溢美地叙述道：

> (孝文)自太和十年(486)以后，诏策皆自为之。好贤乐善，情如饥渴，所与游接，常寄以布素之意(布衣雅素相与之意)。如李冲、李彪、高闾、王萧、郭祚、宋弁、刘芳、崔光、邢峦之徒，皆以文雅见亲，贵显用事。制礼作乐，郁然可观，有太平之风焉。

② 关于孝文帝南伐及迁都洛阳之经过，《魏书》卷十九《任城王澄传》、卷五十三《李冲传》以及《资治通鉴》卷一三八等都有详细的记述。而其中描写最为生动的当属《李冲传》，传中有一句云：

> 高祖初谋南迁，恐众心恋旧，乃示为大举，因以协定群情，外名南伐，其实迁也。

由此可知南伐不过是迁都之借口而已。

为孝文帝的决心坚如磐石而最终得以实现。如前文所云，孝文帝从很早开始便在胸中描绘着迁都的构想。关于此间之消息，《魏书》卷十九《任城王澄传》中有详细的记述。据其中所云，孝文帝最初向一直以来倚为心腹的一族之长老、任城王澄表明自己的想法时，遭到拓跋澄的强烈反对，两人的意见发生了尖锐对立。然而孝文帝力陈代都乃是用武之地，难以推行"移风易俗"的政治革命，必须迁都到中华文化的中心洛阳，[①]并要求拓跋澄协助自己。而后者亦随之改变心意，并且还反过来激励孝文帝。

如此看来，任城王从一开始便参与了迁都的谋划，只是由于顾虑到拓跋重臣们的强烈反对，两人才如《魏书》中所说的"帝外示南讨，意在谋迁"，以南伐齐朝为表面理由而强行推进迁都洛阳一事。因此迁都可以说是出自孝文帝与任城王的共同谋划。想来任城王此前只知道冯太后临朝时期孝文帝温顺的一面，而此时接触到其强悍、坚韧的性格后为之一惊，对孝文帝的态度亦随即转变为敬畏，终于对孝文帝加以协助，主动承担起推进迁都以及与此相伴的标榜"移风易俗"之文化改制的任务。

孝文帝以中止南伐为条件，迫使重臣及将帅们很不情愿地接受了迁都洛阳一事后，除了事先将任城王澄从洛阳派遣到平城，令其慰谕和劝说留守后方的百官外，又将营建新宫室的大任交给李冲，并在宫殿建成之前将邺城作为行在。次年的太和十八年(494)二月，孝文帝返回平城并发布诏书，以本页注①中所列的理由向国中宣谕迁都之意，不过众多代人对此都应该感到难以接受。此时孝文帝为了慰劳镇戍北方的将士而于当年七月巡狩各镇，并于十一月从平城返回洛阳。直到太和十九年(495)九月，迁都之事方才算是告一段落。[②]

① 归结起来，孝文帝想法的主旨是认为代都平城偏居北方，乃是用武之地，而非文治之所；北魏王朝要推行文化改制，就必须要迁都于中原河洛。此外，孝文帝还曾对成淹说过"恒代无运漕之路，故京邑民贫，今移都伊洛，欲通运四方"(《魏书》卷七十九《成淹传》)，认为代都作为都城不具备漕运、交通之便，且"平城地寒，六月雨雪风沙常起"(《资治通鉴》卷一三八)，在气候方面与中原相比亦条件恶劣，这些都是迁都的理由。以上所列的都是孝文帝在迁都之际的表面上的理由，而若是更进一步深入其内心世界，则通过迁都来扬弃迄今为止一直沉重压迫着自己的冯太后政权，亦应当是孝文帝的强烈愿望。对于孝文帝来说，这至少应当是迁都之际不能公开声言的隐藏的动机。

② 关于洛阳新城的规模及其以后的发展，可参看服部克彦《北魏洛陽の社会と文化》正文第二篇。

此外，在孝文帝以邺城为行在期间，出身江南齐朝之名门的王肃[1]流亡到邺城[太和十八年(494)]。孝文帝在得到此人之后，愈发开始紧锣密鼓地推进以"移风易俗"为旗号的文化改制，据说迁都之后孝文帝接连推行的各种政策背后的智囊都是王肃。

文化改制运动　迁都洛阳之后，孝文帝又接连实施了一系列改革政策。按照中国的观念，这些改革政策可以称为文化(文治教化)改制运动。以下即根据《魏书·太祖纪》《北史·魏本纪》以及《资治通鉴》中的记载，按照年代顺序对这些政策加以考察。

(1) 改易服制[太和十八年(494)十二月壬寅]　据《魏书》卷二十一《咸阳王禧传》记载，孝文帝在改易服制之际，上超汉晋而求诸《周礼》，变易拓跋一族原本的服饰并期待新服制能够流传百世。但改易服制引起了出身北族的人们的不悦，实施之后迟迟没有进展。例如据《任城王澄传》所述，在改易服制之令公布五年之后的太和二十三年(499)——《资治通鉴》将此事系于永元元年(太和二十三年)正月——拓跋一族的贵妇们依然穿着传统的服装往来于洛阳城中。竭力想要将传统服饰改为汉式服装的孝文帝见此情景后斥责了任城王和留守官员，而由此一事亦可以看出孝文帝的焦躁心情。

(2) 禁止使用鲜卑语[太和十九年(495)六月己亥]　继改易胡服之后，次年之太和十九年(495)六月，孝文帝又下令禁止在朝廷中使用鲜卑语等北族语言。这道禁令相当严格，以至于"若有违者，免所居官"(《魏书·高祖纪》)。而禁止鲜卑语的理由，则是《论语》中所说的"名不正则言不顺，言不顺则事不成，事不成则礼乐不兴"。孝文帝以此为据，"今欲断诸北语，一从正音(中原语音)"(《资治通鉴》卷一四〇)，颇为教条地以中原音为正音(通用语言)，由此亦能窥见孝文帝对汉文化之倾倒达到了欲以中原音为标准而废弃北族语言的地步。不过这条针对鲜卑语的禁令也只限于三十岁以下的大臣，对于习惯使用本族语的壮年、老年者则给予了一定的缓冲期。然而对于这条禁止使用胡语的命令，李冲等汉人官僚却也未必赞成(参照《魏书》卷二十一《咸阳王禧传》)。像这样征服者主动舍弃作为民族身份象征的本族语言而强行要求本民族将被征服者语言作为唯一通用语的做法，在同为征

---

① 关于王肃，可参照《魏书》卷六十三《王肃传》及《资治通鉴》卷一百四。

服王朝的辽、金、元、清等后来的王朝中可以说也是从未有过的。

从个人的角度来说，身为征服者却无法穿着传统服装，并且在公共场所不能使用本族语言，如果说了甚至会被免官，这种处境对于以征服者、统治者自居的拓跋族人来说，除了感到不便之外，还会带来难以忍受的屈辱与愤懑之情。

(3) 迁移墓地［太和十九年(495)六月丙辰］　孝文帝的"移风易俗"运动并不止于禁止说鲜卑语和改易胡服。在诏禁鲜卑语后，孝文帝又于同月下诏，将洛阳郊外的邙山定为迁洛拓跋族人的墓地，以令其子子孙孙都断绝北归的念头。此诏的发布，实际上确定了南迁代人将永远居住在洛阳。不过如果丈夫死于代都，则妻子可被允许归葬；反过来如果是丈夫死于洛阳，那么妻子即便是居住在代都，其夫也不允许归葬(参照《魏书·广川王谐传》)。而对于地方州郡的人们(拓跋族人)，则似乎允许其便宜行事。

将墓地迁至洛阳应当也是让拓跋人定居在中原的手段之一。不过对于百年来已经在代都住惯了的老一辈代人来说，除了被迫离开故土、改易风俗之外，还要切断与祖先神灵之间的联系，其心境想必极为辛酸。孝文帝越是要想办法加强迁洛拓跋族人的本地居民特性，就越是会带来令其感觉到在洛阳的生活宛如浮萍这种矛盾的结果。正如任城王拓跋澄所云：

> 今代迁之众，人情恋本。细累相携，始就洛邑，居无一椽之室，家阙儋石之粮。(《魏书·任城王澄传》)

最初从代国迁徙到中原的拓跋族人在生活上相当困窘，因此始终无法断绝对故土的恋恋之情。太和二十年(496)七八月之交，太子拓跋恂乘父皇出巡之机而试图以轻骑逃归代都平城，结果被卫兵拦下，以及重臣穆秦等人谋反(《魏书》卷二十七《穆秦传》)等事件皆是拓跋族人对孝文帝执意推行的文化改制所发起的全力抵抗。

对于拓跋族人的艰难处境以及情绪，孝文帝也并非毫无察觉。太和十八年(494)十二月(戊申)，孝文帝免除了迁洛之人三年的租赋，二十年(496)十月(戊戌)又将迁洛之士编入羽林、虎贲等近卫军，或是起用为文官，以对其进行救济及优待。然而仅靠这些措施，绝不可能打消他们在物质和精神方面的不满。

(4) 颁布官品令[太和十九年(495)十二月乙未朔]

(5) 班赐冠服[太和十九年(495)十二月甲子] 颁布官品令以及向群臣班赐冠服意味着对官制进行改革,由此北魏朝廷的官制、威仪也都按照中原的传统方式建立完备。其实太和十七年(493)六月孝文帝也曾颁布过一次官品令(职员令),不过正如《魏书・高祖纪》中所云"事迫戎期,未善周悉,虽不足纲范万度,永垂不朽,且可释滞目前,厘整时务",此次乃是出于一时权宜而采取的临时措施,故而才会又于太和十九年(495)再次颁布官品令。第一次乃是匆忙之间所成,只不过是在沿袭魏晋官制的基础上增添了一些北魏本身的官制而已;而第二次则是在王肃等人前来投归之后模仿南朝宋、齐之官制而制定。据记载,孝文帝在此后还组织对官品令进行了第三次修订,并于其在位末年的太和二十三年(499)颁布,不过这次颁布的官品令得到实施要等到下一代的世宗宣武帝在位时期。关于孝文帝的官制改革,还可参看宫崎市定《九品官人法の研究》第二编第五章第三小节"孝文帝の新官制"。

(6) 访求遗书[太和十九年(495)六月癸丑] 访求遗书的对象乃是汉人之姓望。《魏书・高祖纪》云:

> (太和十九年六月)癸丑,诏求天下遗书。秘阁(中外三阁)所无、有裨益时用者,加以优赏。

(7) 设立学校[太和十九年(495)八月]

关于学校之设立,《资治通鉴》卷一四〇建武二年(太和十九年)八月条中云"立国子、太学、四门小学于洛阳(四门学始此)"。这些文治方面的政策想必都起到了令汉人知识分子感到安心、增强其信任的效果。

(8) 铸造太和五铢钱 五铢钱之铸造始于太和十九年(495)。《魏书》卷一一〇《食货志》云:

> 高祖始诏天下用钱焉。(太和)十九年,冶铸粗备,文曰"太和五铢",诏京师及诸州镇皆通行之。内外百官禄皆准绢给钱,绢匹为钱二百。

据此文所述，百官之俸禄亦是用五铢钱来支付，而钱与绢之比价则定为绢一匹值钱二百。自东汉末以来，历经魏、晋、五胡时期，华北地区在经济方面受到政治混乱等因素的影响，据《晋书·食货志》以及《通典·钱币门》等书所载，钱币的流通陷入停滞，普通市场上交易之际长期以使用谷、帛、缣、布等为常例。在北朝，上引《魏书·食货志》记述之前亦有"魏初至于太和，钱货无所周流"之文字。虽然到了太和十九年(495)开始铸造太和五铢钱，①但总体来看，交易仍然主要依靠缣、帛、布，钱货依然不甚通行。此事从《魏书·食货志》所引任城王澄向肃宗孝明帝的上表中亦可以看出。

就算孝文帝在位期间以太和五铢钱向百官发放俸禄，但魏晋以来华北社会经济中长期延续的以布帛进行交易的旧习也难以改变。正如冈崎文夫博士所指出的(《魏晋南北朝通史》第679页)，孝明帝在位期间(515—528)，以布帛发放俸禄的做法占据了统治地位，此事从张普惠给孝明帝上疏(《魏书》卷七十八)的文字中亦可以窥见。

(9) 孝文帝采取的最后一项改革措施是命令拓跋族人改姓以及制定姓族。如前文中所云，这项措施乃是孝文帝之文化改制的重中之重，其目的乃是由国家对当时已经逐渐成为社会问题的汉人贵族门阀的等级高下予以认定，并在北族中也模仿汉人评选出以天子为首的不同等级的家族，同时将诸部族之名称也改为汉式，以此来在以贵族为中心的社会制度中消除胡汉之区隔，将两者置于同一水平线上。②

定姓族始于太和十九年(495)孝文帝所发布的诏书，而在次年之太和二十年(496)告一段落。根据此次之评选，在汉族中，范阳卢(敏)氏、清河崔(宗伯)氏、荥阳郑(义)氏以及太原王(琼)氏被定为地位最高的清望，被允许与北魏皇室通婚，将其女送入后宫。除了此四姓之外，陇西李(冲)氏及赵郡李氏亦被定为仅次于四姓的名门，有时亦将其与四姓合称为五姓。陇西李冲之女便被孝文帝纳为夫人，进入后宫。

在北族中，根据《魏书·官氏志》所收的太和十九年(495)诏书之内容，

---

① 《文物》1982年第4期"古钱"栏目中收录了太和五铢钱及孝庄帝的永安五铢钱，由此可知北魏末的孝庄帝永安年间也曾铸造过五铢钱。

② 关于孝文帝之制定姓族，已有冈崎文夫《魏晋南北朝通史》、宫崎市定《九品官人法の研究》等诸多著作分别站在不同的立场上进行考论，此处不再一一加以评述。

则依照汉族之四姓，确定了穆（丘穆陵）、陆（步六孤）、贺（贺赖）、刘（独孤）、楼（贺楼）、于（勿忸于）、嵇（纥奚）、尉（尉迟）这八个地位最高的汉式的一字姓，允许其与皇室通婚。而皇室亦改姓元，与这八姓共同构成拓跋九姓，都要遵守中原传统的同姓不婚原则。其他的北方民族之中，在太和时期大概有百余姓，被分为第一等（姓）、第二等（族）、第三等和第四等，而此种划分亦被用作选拔官员的标准。据说因为担心在确定北族内之姓族时引发反对，孝文帝亲自与司空穆亮、领军将军元俨、中护军广阳王元嘉、尚书陆琇等人一起，进行了极为慎重的评审。

历经西晋末和五胡政权的动乱时期，华北的名门姓族们一直努力保持血统的纯正以及与此相伴的自身门阀之权威及势力。而孝文帝制定姓族的意图，便是沿袭汉族社会的此种历史传统，将这些姓族分为四姓、五姓及其他等级，并且利用皇室之权威，将北族亦划分为八姓等级别，以令其与汉人相对应，由此在北族、汉族两者之间的政治及社会均衡——汉族门阀的社会权威与北族姓族的政治权力之间的均衡——之上来实现统一。如果说之前所论述的三长制、均田制是以普通农民为对象来实现经济、社会上的统一，那么制定姓族可以说是以汉人、北人中的豪族、贵族阶层为对象而意图实现政治、社会上的均衡。对于孝文帝来说，定姓族可以说是伴随着迁都洛阳而实施的文化改制的点睛之笔，是将门阀主义制度性地引进到北族社会之中的一场社会革命。

从太和十七年（493）决意迁都到太和二十年（496）完成制定姓族，满打满算共有四年的时间。在此四年间，孝文帝接二连三地推行了一系列文化改制政策，而这些政策都是在经过深思熟虑之后断然实施的。因此无论是谁对此加以妨碍，孝文帝都给予了坚决的惩处。不管是太和二十年（496）想要从洛阳逃回平城的皇太子恂，还是在平城穿着汉服的群臣之中唯一身披胡服的元勋、新兴公元丕，孝文帝处置起来都毫不留情。从这些事例亦可以看出孝文帝是以百折不回的决心追求其理想。不过像文化改制这样远大的事业并非可以一蹴而就，需要经过长年的强力推进才能够达成。然而在推行这些措施后不久，孝文帝即于太和二十三年（499）四月崩于谷塘原之行宫，死时年仅三十三岁。而在其死后，文化改制事业便立刻半途而废。不管其间的理由如何，在此之后，北魏很快便分裂为东西两魏并最终衰亡。

孝文帝之所以决定迁都洛阳并随之而展开文化改制运动，表面上的理由当如《魏书》等史书中所述。然而如果进一步深入孝文帝的内心世界，则不可忽视的是，其自身对于中原文化的极度倾倒，以及如第195页注①的后半部分所推测的那样，想要扬弃之前沉重压制自己的冯太后政权的意图亦互相作用在一起，将其推上迁都之路。

不管怎样，孝文帝决意迁都的终极意图，是要让北魏王朝从传统的游牧国家体制蜕变为中原征服王朝体制。在这一意义上，他虽然想要扬弃冯太后政权，但最终可以说仍然是行进在冯太后路线的延长线上。

［收入昭和五十七年(1982)十二月刊《东洋史研究》第41卷第3号。此外，本文是在昭和三十五(1960)、三十六年(1961)的讲义文稿基础上修改而成］

补章　北魏均田制的考察

——以均田制与计口受田制的关系为中心

前　　言

北魏于孝文帝太和九年(485)开始推行均田制是中国农业、土地制度史上的重大事件,此事已毋庸多言。而在日本历史上,大化改新之际所创立的班田收授法亦与均田制有着很深的关系,因而日本史及法制史学者很早便开始对均田制进行探讨。在二战前后,中、日两国学者有关均田制的论著已经为数甚夥。①

著者一直以来都认为五胡十六国以及北魏时期是中国历史上的民族移动期(参照本书五胡篇第一章)。站在这一立场上,著者在 1950 年京都大学文学部史学科的研讨课上以"中国土地所有制"为主题,特别将均田制作为讨论的中心。在此过程中,作为探讨北亚民族统治中原之际特殊性的线索之一,著者开始对均田制为何创立于拓跋鲜卑所建立的北魏王朝这一问题抱有关心,并试图寻找均田制的源头。同时,日本国内对于均田制的研究论著虽多,迄今为止却很少有人注意到这一点。

I

众所周知,均田制乃是北魏孝文帝在位期间,由冯太后于太和九年

① 对涉及均田法的论著,最近出版的东京大学东洋文化研究所创立二十周年纪念论集之第四辑(《东洋文化研究所纪要》第 28 册,1962 年)中所收的堀敏一《北朝の均田法规をめぐる諸問題》、同所创立十五周年纪念论集之第一辑(《东洋文化研究所纪要》第 10 册,1956 年)中所收的松本善海《北魏における均田、三長制の制定をめぐる諸問題》两文均加以网罗引述,此外曾我部静雄博士的苦心之作《均田法とその税役制度》(1953 年出版)中也对当时所发表的国内外论著进行了介绍与评论,因而此处不再一一列举。此外,有关日本班田收授法的论著,虎尾俊哉在《班田収授法の研究》(1961 年出版)中进行了详细引述。

(485)颁布的土地制度。据《魏书》卷七《高祖纪》的记载,太和九年(485)十月发布的诏书中云:

> 富强者并兼山泽,贫弱者望绝一廛,致令地有遗利,民无余财,或争亩畔以亡身,或因饥馑以弃业,而欲天下太平,百姓丰足,安可得哉?今遣使者,循行州郡,与牧守均给天下之田,还受以生死为断,劝课农桑,兴富民之本。

此处所说的,正是要推行向全国民众平均分配土地的均田制。而关于此事,《魏书·食货志》中亦云"(太和)九年,下诏均给天下民田"。

北魏均田制之具体内容,将在下文中加以论述。而关于此均田制之渊源,迄今为止众多学者都试图在中原传统的土地制度史中来对其进行定位,认为其承袭了周代井田法之传统,并且直接来源于西晋武帝于280年所颁布的占田、课田法。因此,对于均田制乃是由北方民族建立的北魏拓跋政权所创立这一历史事实,学者们往往加以忽视。然而若是联系到均田制为何创于拓跋鲜卑的北魏王朝这一问题再来进行思考,那么对于均田制直接来源于晋武帝的土地制度这一观点,就有必要重新加以审视。

西晋武帝于280年攻灭江南的吴国,在事实上完成对中国的统一后,于同年颁布了占田法、课田法及户调式。而武帝死后,西晋国势不振,统一之后仅二十年便爆发了"八王之乱"(300年),[①]国内秩序完全陷入混乱,西晋皇室也是彻头彻尾地气息奄奄。随后以南匈奴部族长刘渊独立建国为开端,316年西晋灭亡后,中国进入了南北分裂的时期。也就是说,从晋武帝统一到西晋的灭亡,其间仅有三十六年,若是计算到标志着西晋实质上灭亡的八王之乱为止的话,则只有二十年(实际只有十年)。因而武帝所颁布的土地制度,即占田、课田法究竟多大程度上在国内得到实施,以及实施之后的实际执行情况究竟如何,都不免让人心生疑问。

例如,《晋书·刘弘传》中便云:

---

① 参照本书五胡篇第一章第二节中的"八王之乱"小节(第13页)。

今公私并兼，百姓无复厝手地。

石崇遭诛戮后，其家中有水碓（利用水力舂米的大型石臼）三十余所，家人奴婢八百多人。《晋书·食货志》中亦云：

（武帝时）工商、流寓、僮仆，不亲农桑而游食者，以十万计。

从这些记载可以推测，自武帝颁布占田、课田法时开始，公私之兼并便不可遏止，大量民众被贵族、显官吸收为佃客、奴婢。

此外，曾我部静雄教授认为西晋的占田、课田法在实施之后仅过了四十年便实际上遭到废止（《均田法とその税役制度》第60页）。大概在武帝治下西晋之国力相对有所上升的时期最多只有从280年到290年的十年间。

接下来从西晋灭亡到北魏世祖道武帝于440年统一华北为止的大约一百三十年，乃是五胡所建立的各个王朝在各地旋逐而兴的所谓五胡十六国时期。隔着五胡十六国，从晋武帝的土地制度到北魏孝文帝所颁布的均田制，其间有两百多年的时间上的间隔。如本书五胡篇第一章所述，在这两百多年间，华北地区为匈奴、鲜卑、氐、羌等五胡建立的政权所统治，河北、山西、山东等地自不用说，连自古以来便被尊为中华核心之地的中原亦彻底成为各民族混居之所，华北社会陷入接连不断的混乱状态。

均田制乃是此种华北社会的现实情况所催生出的制度。此外，对于统治华北的北魏政权而言，将代国时期以来便支撑其经济基础的计口授田这一土地制度置于不顾，而去原样继承距离当时已有两百多年的晋武帝之田制，此种做法究竟是否可行？考虑到这些，则在将北魏均田制与晋武帝的土地政策直接联系到一起时不得不有所踌躇。

那么，北魏均田制的直接渊源当求于何处？如果直接说出结论，那么考虑到以上所述的历史、社会之现实情况，著者认为与均田制直接相关的，乃是在北魏建国之初的代国时期拓跋政权曾对被征服的民众实施过的徙民政策，以及徙民之后拨给土地之际的计口授田制。

认为均田制与北魏建国初期的计口授田制有所关联的看法，在中国有武仙卿《北魏均田制度之一考察》(《食货半月刊》第3卷第3期,1936年),在日本则有西村元佑《北魏均田考》(《龙谷史坛》第32号,1949年)等。这些论著的结论虽与著者一致,但在其思考之出发点上却与著者有所不同。此外,西村博士在论及北魏均田制形成的社会史背景的同时,又单纯地将其归结为与西晋之课田制在性质上毫无区别的制度,著者对此也难以赞同。不过,不管是计口授田制,还是屯田制、课田制,其基本原理都只是单纯地将公有土地按照人数加以分配而已,因而如果只是从条文规定中去探讨其源流,则有脱离历史之嫌。在著者看来,正确的做法应该是在各个国家及民族的历史发展中去对其土地制度加以把握。

Ⅱ

拓跋政权的徙民政策如果用一句话来概括,便是将被征服的民众强制迁徙到其领土之内,按照人数分给土地——这便是"计口授田"——并借给其农具、耕牛等,令其从事农业生产。此种徙民政策并非北魏所独有,从历史上来看,北方民族在统治中原的土地、人民之际,大多都曾实施过类似的政策。如北魏之前的前燕慕容政权,以及后来的契丹族之辽朝、女真族之金朝、满族之清朝等诸多征服王朝都曾大规模地实施过。①

从史料记载来看,北魏的徙民政策始于穆帝猗卢时期,而真正大规模实施则是在太祖道武帝在位期间。关于此事,河地重造《北魏王朝の成立とその性格について》(《东洋史研究》第12卷第5号)一文中有详细的论述,因而此处只作简单说明。总而言之,计口授田制之所以在太祖时期得到大规模实施,是因为太祖建立起了拓跋部的统一政权,并开始积极地对其他民族发动侵扰和征服战争。

自太祖建国以来,北魏将为数众多的被征服民众从中原、辽西、辽东以及鄂尔多斯等地区迁徙到了代国。尤其是在灭掉慕容氏的后燕国,吞并河北、河南、山东及山西之后,从华北各地有大量汉人被强制集体迁徙到以国

---

① 关于前燕慕容政权的徙民政策,可参照本书五胡篇第四章《慕容王国的建立及其特征》。此外关于辽朝之徙民,则可参照拙著《中国征服王朝の研究》上卷第六章《遼朝の社会に関する研究》第一、二节。

都平城为中心的畿内(雁门关以北)一带。[①] 而对于这些被迁徙的民众,北魏分别给予一定的土地令其开垦,又给予其耕牛、农具等,以便其从事农业生产。关于此种情况,《魏书·太祖本纪》中记载云:

> [天兴元年(398)正月]徙山东六州民吏及徒何、高丽杂夷三十六万,百工伎巧十万余口,以充京师。……(二月)诏给内徙新民耕牛,计口受田。

此处所记述的,乃是北魏在灭掉后燕国后,从山东、河北之六州迁徙了汉人、鲜卑人、高句丽人以及大量工匠充实首都平城,并且向这些徙民中从事农业生产者分别发放土地及耕牛之事。

如本书北魏篇第二章第一节《太祖道武帝的创业(386—409)》中所详述的(第160页),此种集体徙民政策乃是出于充实北魏政权的据点也就是以平城为中心的代国之目的。从太祖开始,到第三代世祖在位期间,北魏在华北等新征服的地区频繁地实施了此种政策。而到第五代显祖献文帝在位末期,集体迁徙民众的做法大体上已经结束。

此外,关于游牧部落之民众,也有很多令其定居并计口授田的记载。如以下所引便是这方面的例子:

> [永兴五年(413)七月]奚斤等破越勤倍泥部落于跋那山西,获马五万匹,牛二十万头,徙二万余家于大宁,计口受田。
>
> (八月辛未)赐征还将士牛、马、奴婢各有差。置新民于大宁川,给农器,计口受田。

从以上记载亦可推测,因为徙民绝大部分都是被征服的集体俘虏,故而如果其本来是定居的农民,便将其整个村落都加以迁徙,如果是游牧、狩猎之民,

① 北魏代国时期畿内之范围,据《资治通鉴》卷一一〇所云(《魏书》卷一一〇《食货志》所云略同):

> 东至代郡(唐代的云州云中县),西及善无,南极阴馆,北尽参合,皆为畿内。

这大体上是雁门关以北地区。

则将其整个部落组织迁至别处——有时也只对能够从事生产劳动的男女壮丁进行强制徙民——并分别授予土地及提供耕牛、农具等生产用具，令其从事开垦。

北魏建国之初人口不足，土地也大量荒废。在此种情况下，要充分发挥劳动力和生产力的作用，只能根据可以劳动的人口数量，分别授予一定面积的土地，再强制其进行开垦，除此之外别无他法。所谓计口授田，便是指这样一套做法。

不过对于游牧民来说，因为被分配给了土地并强制定居下来，他们原来的部族、部落组织也不得不随之解散。如此看来，对被迁徙之游牧民的计口授田与时常受到关注的太祖道武帝解散游牧部落的政策①之间应当存在着关联。

像这样计口受田并领取耕牛及农具的迁徙民们与当时的掌权者之间应当存在着非常深的依附关系。就算是整个村落组织或是部族组织被集体迁徙，徙民们也都是一无所有地来到新的地方，土地自不用说，必需的生产工具也都要从作为征服者的国家那里领取，在身份之低微和所受剥削程度上恐怕更甚于农奴。如汉人农民们在华北的原居住地应当保持着很强的共同体式的结合，但一旦遭到徙民，就算是整个村落都被集体迁徙，其原本的共同体结合也会极度弱化，而对政权的依存程度则会大幅加强。徙民们失去了一切，只有孑然一身，除了委身于新统治者之外别无生存之道。

关于此种情形，在《晋书》卷一百九《慕容皝载记》中可以找到先于北魏的前燕王国慕容政权进行徙民的实例：

> （慕容皝）寻又率骑二万亲伐宇文归，……徙其部人五万余落于昌黎。……以牧牛给贫家，田于苑中，②公收其八，二分入私。有牛而无地者，亦田苑中，公收其七，三分入私。皝记室参军封裕谏曰："臣闻圣王之宰国也，薄赋而藏于百姓，……且魏、晋虽道消之世，犹削百姓不至于七八，持官牛田者官得六分，百姓得四分，私牛而官田者与官中分，百姓

---

① 关于太祖道武帝解散部落一事，可参看本书北魏篇第二章第一节（第153—156页）。

② 《晋书》本作"宛中"，而《通典》则作"苑中"，显然《通典》之文正确，此处从《通典》。此处的"苑"当指慕容皝自身的苑囿（庄园）。

安之，人皆悦乐。……”皝乃令曰：“……苑囿悉可罢之，以给百姓无田业者。贫者全无资产，不能自存，各赐牧牛一头。若私有余力，乐取官牛垦官田者，其依魏、晋旧法。”

此处所记虽非北魏之事，但想来北魏对待其所俘虏的徙民之措施应与慕容部大体相同。

在北魏时期的事例中，比较适当的有第五代显祖献文帝时期，在平定之前一直与南朝互通声气的山东地区之后，将这些叛民迁徙为平齐户之际的举措。据《魏书》卷二十四《崔道固传》及卷五十《慕容白曜传》的记载，①显祖献文帝皇兴元年（467），北魏发动了对此前臣属于南朝宋的山东历城、梁邹一带（今山东济南）的征伐，但因为守将崔道固的顽强抵抗，此战进行得相当艰苦，直到两年之后的皇兴二年（468）二月崔道固才力屈而降。

故而在战争结束后，北魏于翌年之皇兴三年（469）将崔道固以及协助崔道固守城的青、齐（山东地区）望族数百家迁往平城西北的北新城，后来又在平城西南两百余里的旧阴馆之西设平齐郡，以崔道固为太守，在此郡之下为历城之民设归安县，为梁邹之民设怀宁县，并将一部分民众作为奴婢分赐给百官。

关于部分山东徙民被作为奴婢分赐给百官一事，《魏书》卷五十《慕容白曜传》中云：

送（崔）道固、（刘）休宾及其僚属于京师（平城）。后乃徙二城（青、齐）民望于下馆，朝廷置平齐郡，怀宁、归安二县以居之。自余悉为奴婢，分赐百官。

《资治通鉴》根据此处之记载，将处置青、齐徙民之事系于宋泰始五年（469）条：

---

① 《魏书》卷二十四《崔玄伯传》所附《崔道固传》中有如下记载：

乃徙青、齐士望共道固守城者数百家于桑干，立平齐郡于平城西北北新城，以道固为太守，赐爵临淄子，加宁朔将军。寻徙治京城西南二百余里旧阴馆之西。

> 五月，魏徙青、齐民于平城，置升城、历城民望于桑干，立平齐郡以居之。自余悉为奴婢，分赐百官。

曾经贵为山东之士望、民望的豪族们在被强制迁往代国之后，背着“平齐户”的名头，身份被降到平民甚至平民以下，想必生活相当困苦。

所谓“平齐户”之意，是平定齐国也就是山东之后所掳回的民户。关于平齐户之身份，前述河地重造《北魏王朝の成立とその性格について》一文中（第30页）有详细论述。平齐户中甚至还有以兵户身份遭到征发并被配属到北镇者，关于此点，可以参照《魏书》或是《北史》中高聪及蒋少游的传记。

接下来再就平齐郡之状况加以论述。平齐郡设立后，崔道固成为郡太守，而与崔道固一起投降的梁邹城守将刘休宾被任命为为梁邹之民所设的怀宁县县令，同样投降的房崇吉则被任命为为历城之民所设的归安县县令。不过正如崔道固的传记中所述，他们被迁到此地后不久，平齐郡便爆发了严重的饥荒，崔道固加以抚恤也无济于事，人们迫于生活之困苦，时常发动起义。

关于此事，《魏书》卷四十八《高允传》中云：

> 显祖（第五代献文帝）平青、齐（山东），徙其族望于代。时诸士人流移远至，率皆饥寒。徙人之中，多允姻媾，皆徒步造门。允散财竭产，以相赡赈，慰问周至。

由此可知远徙代北的山东历城、梁邹的士望们陷入了极为窘迫的处境。此外，《崔玄伯传》所附的《崔道固传》中又云：

> 是时频岁不登，（平齐）郡内饥弊。道固虽在任积年，抚慰未能周尽，是以多有怨叛。

据此处所述，平齐郡连年皆遭遇饥馑，郡内疲敝已极，以致人们多怀怨叛之心。

而《房崇吉传》又记载崇吉在成为归安县令后与郡太守崔道固不和，最终辞去县令之职并逃亡到了南方。由此亦可看出，平齐郡在设置之后，其内部治理并不完善，而众多集体迁徙而来的民众陷入了悲惨穷困的境地。

此处所举的平齐户之例在北魏的徙民活动中属于时期较晚者，不过从中亦足以窥见汉人徙民境况之一斑。除此之外，在世祖以降的叛民中，还有“北部民”“连川敕勒”[①]或是“高丽民”等出身于其他民族者。这些人与平齐户正相反，被从原来的居住地强制迁徙到华北平原各地，并被强迫以“营户”的身份从事开垦或服军役。“营户”这一称呼在整个南北朝时期都能够见到，是因为犯罪等原因而被发配到军营中的特殊户口。这些人不属于州县，而是由军营押领所管治，其地位比一般民众还要低。[②]

归结起来，不管是前燕慕容政权还是北魏拓跋政权，其所强制迁徙的民众中虽然也有部分被其征服的游牧民，但主要还是将中原的农民集体迁徙到领土内各个荒废的地域，令其从事开垦并计口授田，以这些人的农业生产力为基础来强化、巩固国家的权力。正如前文中屡次提到的，北魏经常将被征服的民众迁徙到以平城为中心的畿内十五县，对其加以充实。而到了世祖以后，还徙民到东汉末、三国以来一直荒废的幽州、定州、冀州、相州等河北平原各地，致力于开垦荒地。

不过除此之外，被征服的徙民之中还有不少被配属于北方边境一带，作为屯田民而承担防卫北方边境的任务。观《魏书》卷一百六《地形志》便可以注意到，主要是在世祖以后，北魏开始在北方边境设置数量众多的郡县。此事之背景，乃是世祖于始光四年(427)灭掉了宿敌大夏王赫连昌并平定鄂尔多斯一带，接着于神䴥二年(429)对柔然亦发动大规模远征，突袭了柔然在鄂尔浑河畔的根据地，迫使大檀可汗西逃并最终病死，在开拓西北和北方边境方面取得了巨大的成功。

世祖将在远征柔然之际所俘获的蒙古系柔然及突厥系高车部族的数十

---

① 有关北部民之起义的记载散见于《魏书》本纪中，此处举出一例较为显著者：

> (太平真君五年)六月，北部民杀立义将军、衡阳公莫孤，率五千余落北走。追击于漠南，杀其渠帅，余徙居冀、相、定三州为营户。

此外，关于连川敕勒，有如下记载：

> (延兴二年三月)连川敕勒谋叛，徙配青、徐、齐、兖四州为营户。

关于鄂尔多斯之敕勒部，则有记载云：

> (延兴元年)冬十月丁亥，沃野、统万二镇敕勒叛，……徙其遗迸于冀、定、相三州为营户。

② 关于北朝之营户，可参照濱口重国《北朝の史料に見えた雑戸・雑営戸・営戸について》(《山梨大学学艺部研究报告》第8号，1957年)。

万人徙民到长城一带，令其在从事畜牧、农耕的同时承担边防的任务。当然，被赋予边防之任的并非只有这些北方民族的俘虏。在太平真君六年(445)，世祖亦曾将北方民族之外的诸种杂人五千余家分徙北边。

对于北魏来说，北部边防乃是关系到国家存亡的极为重大紧迫的问题。太宗明元帝之所以在其晚年倾举国之力在北方修筑了据说长达两千余里(千余里?)的防御线，其原因也在于此。此事之背景正如本书北魏篇第二章《北魏建国期的政治与社会》第三节《世祖太武帝统一华北(423—452)》之"柔然的兴亡"小节(第167页)中所云，乃是从太宗明元帝时期开始，来自北方柔然部族的压力急剧增大。而世祖太武帝在统一华北之后，亦继承了太宗之遗策，更加着力于加强北方的防御，于太平真君七年(446)从华北四州(司、幽、定、冀)征发了十万人，沿着从今天的独石口附近直到盛乐(今内蒙古和林格尔)西方黄河的阴山山脉分别修筑城塞，并设置军管区，以之作为边防枢要。这便是所谓的北镇或者六镇。[①] 此外，虽然据说"六镇"之名见于史书乃是从第四代高宗之太安年间(?)开始，不过这些镇戍真正开始得到修筑和维持，应当是在世祖在位期间。

那么，北魏对于被迁徙的民众，究竟是怎样进行计口授田的呢? 具体到每人可以领到多少土地等方面，几乎没有可以征引的史料，因而无法作出明

① 六镇乃是北魏为了防御北方边境而设置的六个在边境上东西相连的军事管理区。六镇究竟设置于何时，目前并不明确，不过据说此称呼见于记载则是从第四代高宗太安年间(?)开始。然而北魏开始真正着力于在北方加强防御、修筑城塞，应当是从柔然社仑可汗统一北方游牧诸部族、对北魏施加强大压力的太宗明元帝在位期间开始，而到了第三代世祖太武帝，以六镇为中心的北方防御体系应该已经形成。北魏的北方防御线乃是沿着东起张家口地区，具体地说经今天的独石口一带到达盛乐以西的阴山山脉，在沿线各地设置防御据点。关于六镇位置，迄今为止尚无定论。不过沈垚《落帆楼文集》中所收的《六镇释》可资依据，而载于《禹贡》第1卷第2期的俞大纲《北魏六镇考》则对沈垚之说进一步加以敷演。据此两文，六镇由西到东分别为沃野(第一镇)、怀朔(第二镇)、武川(第三镇)、抚冥(第四镇)、柔玄(第五镇)和怀荒(第六镇)。《水经注》之《河水·漯水》中有沃野、怀朔、武川、柔玄、怀荒之位置，而《元和郡县志》《太平寰宇记·云州下》所引之《入塞图》中有从平城至怀荒、沃野的行程。俞大纲根据这些资料，确定了六镇中除抚冥之外五镇在今天的位置。如六镇中排在第一的沃野镇被比定为鄂尔多斯的乌拉特前旗(巴彦淖尔市)西北，而据《水经注》所说，此处引黄河水进行灌溉，由此可知这一带有被徙民而来的汉人从事农业生产。此外，北魏从华北各地征发了大量的罪犯、农民，将其安置于六镇，以负责防卫边境，或是令其屯田。滨口重国博士在《正光四五年の交における後魏の兵制に就いて》(《东洋学报》第22卷第2号)一文中对北魏北方诸镇的各个方面进行了考证，而关于六镇则大体赞成沈垚、俞大纲之说。

确的说明。不过在《魏书·世祖纪》最后所附的《恭宗(皇太子晃)纪》中收录有恭宗在监国期间——从太平真君五年(444)到正平元年(451)六月二十四岁卒为止满打满算共八年间,对雁门以北的畿内之民所发布的制令,其中关于邻保互助耕作的规定可以作为线索:

> 畿内之民,使无牛家以人牛力相贸,垦殖锄耨。其有牛家与无牛家一人种田二十二亩,偿以耘锄[①]功七亩,如是为差。至与小、老无牛家种田七亩,小、老者偿以锄功二亩。皆以五口下贫家为率。

按照此处之规定,畿内之民在从事耕作之际,需基于邻保互助之精神,有牛者将耕牛借给无牛者使用。而作为代偿,在借牛耕种二十二亩后,需为牛主人除草七亩土地。若是无牛的老、小之家,则借牛耕种七亩后需为牛主人除草二亩。据此看来,畿内的计口受田之民以邻保互助为原则,每人所有之土地面积的标准额度当为二十二亩(一对夫妇则当为四十亩左右?)。

而另一则事例,则是《魏书·高祖纪》中所记载的太和元年(477)三月的如下诏书:

> 去年牛疫,死伤大半,耕垦之利,当有亏损。今东作既兴,人须肄业。其敕在所督课田农,有牛者加勤于常岁,无牛者倍庸于余年。一夫制治田四十亩,中男二十亩。无令人有余力,地有遗利。

此敕的对象并非只有畿内之受田民,而是北魏领土内的所有民众。据其内容可知,丁男所承担的耕种面积平均为四十亩,中男则为二十亩。

合以上两条史料而观之,后者所说的丁男每人治田四十亩与九年后的太和九年(485)发布的均田制中所规定的丁男每人领受的露田(口分田)面积相同,而前者中所说的计口受田民每人所有的标准土地面积二十二亩则

---

① 《魏书·世祖纪》卷末所附的《恭宗纪》之原文作"偿以私锄功七亩",而唐长孺则据《册府元龟》卷四九五之文将"私"改为"耘"(《均田制度的产生及其破坏》,《历史研究》1956年第2期),当从唐说。近刊中华书局本《魏书·世祖纪》校勘记中亦云当据宋本《册府元龟》,改"私"为"耘"。

与均田制中允许世袭的桑田（永业田）二十亩大致同额。这些都足以令人推测恭宗之制令以及太和元年（477）孝文帝的诏书与太和九年（485）的均田制这三者之间存在着实质性的关联，而这即意味着计口受田制与均田法之间存在着关联。

Ⅲ

那么接下来的问题，便是北魏如何将其土地制度由传统的计口受田制发展为均田制。正如之前所说，不管是北魏的计口受田制，还是西晋的课田制，其基本原理都是将公有土地按照人数来平均分配这种单纯的、可以说是屯田式的制度。在这一点上，均田制的本质也没有什么不同。因此可以说，北魏所创设的均田制乃是在考虑到中原地区土地所有的现实情况的基础上，将以前主要在畿内地区实施的计口授田制在制度上加以调整和统一，并在包括中原在内的全部北魏领土上推行的制度。

不过，为什么到了太和九年（485）后，北魏政权必须对之前一直以代国畿内地区为中心实施并取得实际效果的计口授田制加以升华，重新制定并推行被称作均田制的土地政策呢？此事之历史背景，必须从北魏政权自身所面临的政治、社会形势来加以思考。

纵观北魏一朝，正如本书北魏篇第二三章所云，其国家之发展可以分为三个阶段。第一阶段是从太祖到世祖的建国期（代国时期），第二阶段是从世祖在位中期开始，包括接下来的高宗、显祖和孝文帝时期在内的全盛期，第三阶段则是世宗以后的衰亡期。其中全盛期共有四代皇帝大约六七十年，而对于这一时期的北魏来说，作为中原征服王朝而建立起对整个华北的统治，此乃国家所面临的首要课题。归根结底，均田制不外是对这一课题所作出的解答之一。

北魏完成对华北统一的力量之源乃是其武力，这自不待言。而让北魏之武力得到百分之百发挥的经济基础，则是计口授田制所带来的农业生产力。早在太祖道武帝即位之初，北魏便开始试图对原有的游牧部族制加以解体，并将国家的经济基础由游牧转为农耕，此事在前文中已经述及（第153—156页）。

不过北魏从太祖开始，经太宗到世祖在位中期，一直在向四方发动激烈的征服战争，同时将被征服的民众迁到以平城为中心的代国各地，并施行计口授田政策。而世祖统一华北之后，便必须将迄今为止以代国畿内地区的徙民为中心的土地政策转换为以包括华北地区农民在内的领土内所有民众为对象的土地、农业政策。世祖在位期间解除宗室、近亲及功臣等对良田的封禁(《魏书》卷四十八《高允传》)，并放弃皇室多余的苑囿而将其赐给贫民(《魏书》卷二十八《古弼传》)，这些都暗示着北魏开始由承认北方民族封建领地的方针转向土地国有化政策。为了推进以领土内全体民众为对象的土地、农业政策(土地国有化)，首先必须强化中央集权、重振地方政治秩序，以令中央的政治权力得以渗透。为此，太宗、世祖频频从中央向地方派遣监察使者，令其考察地方农民之贫乏和困苦，或是对地方官的不法行为加以严厉督察。关于此点，可以从《魏书》中举出若干事例：

太宗时期

永兴四年(412)巡视河北、山西地区　此次巡视之目的，主要有(1) 监察地方官之不法行为；(2) 纠察豪族欺压农民的行为。

永兴五年(413)搜寻地方上之贤才。

神瑞元年(414)巡视全国　向全国派遣巡察使者，负责(1) 督察地方官之不法；(2) 允许人民向中央上诉。

世祖时期

整肃地方官　神䴥元年(428)、太延元年(435)、太延三年(437)、太平真君四年(443)罢免地方之奸吏。

视察风俗、民生　太平真君元年(440)正月，分遣侍臣至州郡，考察风俗，问民疾苦。

督励地方政治及劝课农桑　太平真君四年(443)六月下诏，诫谕地方官勤于地方政治、劝民农桑，且不可随意对农民进行征发。

高宗时期

视察风俗与民生　太安元年(455)六月向州郡派遣三十名巡察使者，视察各地之风俗民情。根据巡察之结果，高宗下诏指出有些地方人民不务农耕、徭役无常而造成村落空虚、流民大量产生的实际状况，对地方官进行了诫饬。

禁止地方官积蓄私财　和平二年(461)，高宗察觉到地方官中存在着向人民强制征收税调后借贷给大商人以蓄财的弊风，以严厉的处罚措施对此加以禁止。

如前文所云，对地方政治的整顿和振兴也就意味着对农业的振兴。以上所列举的太宗以后历朝所派遣的巡察使者除了对地方官进行督察外，同时还肩负着劝课农桑的任务，这自不待言。中央政府的这些努力取得了成效，到世祖末年、恭宗（世祖长子晃）监国时期，农村的秩序得以恢复，国家的劝农政策愈发能够发挥其强制力。

之前曾引用世祖皇太子恭宗在监国期间所发布的制令（参照第188页），而此制在前引内容之后又接着发出督促农耕的命令：

> 各列家别口数，所劝种顷亩，明立簿目。所种者于地首标题姓名，以辨播殖之功。又禁饮酒、杂戏、弃本沽贩者。

其中禁止畿内之民溺于饮酒、杂戏，怠于农耕，或是从事商贩，而要求其专心于耕种田地。就这样，北魏一朝从世祖在位末期开始在华北地区也奖励农耕，而农业生产力应当也逐步提升。为了促进农业生产，上述恭宗之制令所规定的那种耕种过程中的邻保互助体制——此种体制一方面也是为了弥补耕牛和农具之不足——不仅是在畿内一带，在华北各州郡也都普遍得到推行。如孝文帝曾在延兴三年（473）二月下诏：

> 诏牧守令长，勤率百姓，无令失时。同部之内，贫富相通。家有兼牛，通借无者。若不从诏，一门之内终身不仕。守宰不督察，免所居官。

在开垦田地、鼓励农耕的同时，从世祖时起，随着国内恢复和平，北魏开始让那些流浪或是避难到他乡的华北地区农民回归故里，并采取种种措施对其加以保护，致力于让农民的生活安定下来，以及对邻保组织加以整顿和改组。[①] 当

① 关于此事，世祖太武帝在太延元年（435）十二月曾发布如下诏令：

> 自今以后，亡匿避难，羁旅他乡，皆当归还旧居，不问前罪。民相杀害，牧守依法平决，不听私辄报复，敢有报者，诛及宗族；邻伍相助，与同罪。州郡县不得妄遣吏卒，烦扰民庶。若有发调，县宰集卿邑三老计赀定课，裒多益寡，九品混通，不得纵富督贫，避强侵弱。（《魏书》卷四《太祖纪》）

然，建立农村秩序、对农民的生活加以保护等做法，最终目的还是在于用中央的权力来维护农村秩序，尽量发挥农民的劳动力、提高生产力，以增加国库的收入。为此，北魏政权如上文中所述，将宗室、贵族和功臣所占有、封禁的土地开放给人民，并如第 215 页注①中所引的太延元年(435)十二月世祖诏的后半部分所云，将人民重新编入具有邻保互助合作功能的乡邑，发挥和利用乡邑父老的力量来从事征收赋税等工作。

综上所述，可以说北魏在其建国初期以代国为中心而实施的计口授田这一土地政策取得了成功。北魏政权以此为基础，获得了足以统一华北的巨大能量。如此看来，在世祖统一华北后，经高宗、显祖而到高祖孝文帝，北魏开始着手对华北进行真正意义上的统治之际，其所制定的土地、农业政策均田制不可能不将自代国时期的拓跋政权起已经实施了百年的传统计口授田制考虑在内。何况考虑到太和九年(485)时政权还掌握在孝文帝的祖母文明太后冯氏手中，而太后身边的智囊们有着很强的维护拓跋部传统的保守倾向，事实就更应当如此。因此，若要直截了当地表述均田制与计口授田制之间的关系，则可以说均田制是将此前在代国取得成效的计口授田制放到北魏的统治体制——代国与华北融为一体的统一国家——构想中加以升华后的土地政策。

Ⅳ

此处再从具体内容方面对计口授田制与均田制的关系进行深入探讨。关于北魏之均田制，第 202 页注①中所列举的各论著之中都已引用具体条文进行了详细说明，在这里为避烦冗而不再加以重复。不过，若是据《魏书·食货志》记载对均田制的内容加以概括，则分配给农民的土地主要有露田、桑田和园宅地三种。

一、露田[①]　此乃公有耕地，十五岁以上的成年男子每人可分得四十至一百二十亩，[②]妇人(已婚之女、丁妻)则每人可分到二十至六十亩。诏书之

---

① 所谓露田即是后来的口分田。如曾我部静雄《均田法とその税役制度》(第 73 页)一文中所释，此乃没有树木遮蔽的裸露田地之意。

② 当时的耕作制度中罕有每年耕种的土地，大多是隔年耕种，地力贫瘠的土地则是三年一耕。因此虽然按照规定，分配给男夫的土地额度是每人四十亩，但在实际给田时，隔年耕种的土地(倍田)分给两倍即八十亩，三年一耕的土地(三易田)则分给三倍即一百二十亩。

原文云：

> 诸男夫十五以上，受露田四十亩，妇人二十亩，奴婢依良（丁）。丁牛一头受田三十亩，限四牛。所授之田率倍之，三易之田再倍之，以供耕作及还受之盈缩。

如此看来，除丁男、妇女之外，奴婢也可以分到与一般人面积相同的田地。此外，如果拥有耕牛的话，那么在不超过四头[①]的范围内，每头牛亦可分得三十亩。

而所谓土地之还受，乃是指以上引文之后的如下规定：

> 诸民年及课（十五岁）则受田，老免及身没则还田。奴婢、牛随有无以还受。

二、桑田　此乃国家允许民众私有的土地，相当于后来的世业田、永业田。男子每人可分得桑田二十亩，而这块土地不需还受，可以传给子孙。关于桑田，诏书规定云：

> 诸初受田者，男夫一人给田二十亩，课莳余，种桑五十树，枣五株，榆三根。……奴各依良。限三年种毕，不毕，夺其不毕之地。

据此处所云，桑田主要是用来种植用于养蚕的桑树，以满足自己的需要并向国家纳调。此外，还用来种植作为木材及药材使用的榆树，以及枣树等果树。

而在露田、桑田之外，还有一种叫作麻田的土地，这主要是分给某些不

---

① 关于此条规定究竟是指耕牛之数量不超过四头，还是耕牛的年龄不超过四岁，也就是说究竟是如《魏书·食货志》所云“限四牛”，还是如《隋书·食货志》所云“限止四年”，学者之间存在异议，两说参半。关于此点，曾我部静雄《均田法とその税役制度》第三章第七节以及松本善海《北魏における均田・三長両制の制定をめぐる諸問題》一文中有详细论述。此外，作为向耕牛授田之规定制定以前的阶段，必须考虑到《魏书·恭宗纪》中所收录的恭宗监国时期之制令中，有人力、牛力有无相通的条文。

从事养蚕缫丝地区[1]的人们。在这些地区，年龄达到十五岁的男女除了耕种露田之外，还需要生产麻布上交给官府，因而男子可以分到麻田[2]十亩，女子五亩，奴婢也可以分到相同的面积。

三、园宅地　此乃住宅用地，以及附属于住宅的园地。诏书中之规定云：

> 诸民有新居者，三口给地一亩，以为居室，奴婢五口给一亩。男女十五以上，因其地分，口课种菜五分亩之一。

据此规定，一般民众每三人可分到一亩的住宅用地，而奴婢则每五人分到一亩。此外，十五岁以上的男女每人还可得到五分之一亩的园地。

以上所述，乃是均田制中对一般民众的规定。除此之外，宰民官（地方官）还可以分到公田：

> 诸宰民之官，各随地给公田，刺史十五顷，太守十顷，治中别驾各八顷，县令、郡丞六顷。更代相付。卖者坐如律。

也就是说，按照规定，刺史可以分得公田十五顷，太守十顷，治中、别驾各八顷，县令、郡丞各六顷。

以上对均田制的具体规定进行了简单的说明，而据此总结均田制的特色，则可以举出以下几点：

一、土地分配原则上以个人为单位。不过在均田制下，征税的对象乃是一夫一妻（一床）。从提高生产力的必要以及社会生活等角度考虑，以家庭的最小单位，也就是一对夫妇为对象乃是必然的做法，因此即便在规定中土地的还受是以个人为对象，在实际进行土地分配时则应当是以一床为标准。

---

① 在《魏书・食货志》中，对交纳绢、绵、丝作为调的地区，也就是分配桑田而养蚕的地区，与交纳麻布作为调的地区，也就是分配麻田而生产麻布的地区进行了明确的区分。

② 关于麻田还有一种获得支持较多的看法，即在某些地区除了桑田二十亩外还另外分配给麻田，不过此处暂且遵从堀敏一《北朝の均田法をめぐる諸問題》（第59—62页）中的意见。

二、在均田制下，个人所有的土地包括了公有的露田和国家承认私有的桑田这两种类型。不过，桑田虽说在表面上属于个人私有，但必须在一定的期限内种植规定数量的桑、枣、榆等树木，如果在规定的时间内没有种植完毕的话就会遭到没收。因此其同样受到很强的法律约束，可以说其潜在的所有权仍然属于国家。

三、均田制有关于土地还受的规定。由于均田制原则上以个人为单位分配土地，因此这种规定可以说是理所当然。

四、北魏均田制的根本精神在于“无令人有余力，地有遗利”，故而其目标乃是根据年龄、劳力来分配土地，以扩大开垦和提高生产力。

接下来再就计口授田制加以考察。如上文中之论述，计口授田制的主要方针是通过向由被征服民众构成的俘虏分配公有土地来使其成为国家的农奴，对其加以役使并榨取其劳动力，而且其榨取的对象从俘虏逐渐扩大到普通农民。给田的对象原则上是个人，不过就和均田制下一样，其中也有为提高生产力而设置的邻保互助耕作机制，且出于社会生活等方面之必要，最终一夫一妻（一床）成为授田的实际单位。此点从之前屡次引用过的恭宗之制令中亦可以充分加以推测。

计口授田制是否有还受之规定，目前还不清楚。不过从均田制下的还受精神——以土地为媒介的人身支配——之原则来说，计口授田制下应该也必然有此种规定。不过如果都是这种制度的话，那么国家便无法将以土地私有作为经济基础的豪族阶层吸收进其统治机构。这是因为计口授田制的大前提是所有的土地都是公有，原则上不承认土地私有。那么，均田制对于这种矛盾是如何加以调整的呢？

此处先对5世纪后半叶孝文帝统治下的华北农业社会之实际状态加以考察。关于此点，比较集中的叙述见于《魏书》卷五十三《李孝伯传》中所收录的李安世之上疏，以及同卷《李冲传》和同书《高祖纪》中的记载。其中李安世之上疏云：

州郡之民，或因年俭流移，弃卖田宅，漂居异乡，事涉数世。三长既立，始返旧墟，庐井荒毁，桑榆改植。事已历远，易生假冒。强宗豪族，肆其侵凌，远认魏晋之家，近引亲旧之验。又年载稍久，乡老所惑，群证

> 虽多，莫可取据。各附亲知，互有长短，两证徒具，听者犹疑，争讼迁延，连纪不判。良畴委而不开，柔桑枯而不采，侥幸之徒兴，繁多之狱作。欲令家丰岁储，人给资用，其可得乎！

《李冲传》亦云：

> 旧无三长，惟立宗主督护，所以民多隐冒，五十、三十家方为一户。

此外，《魏书·食货志》中所收录的孝文帝推行三长制之诏书云：

> 自昔以来，诸州户口，籍贯不实，包藏隐漏，废公罔私。富强者并兼有余，贫弱者糊口不足。

而本章开头所引的太和九年(485)十月的高祖孝文帝诏书中亦云：

> 富强者并兼山泽，贫弱者望绝一廛，致令地有遗利，民无余财，或争亩畔以亡身，或因饥馑以弃业，而欲天下太平，百姓丰足，安可得哉？今遣使者，循行州郡，与牧守均给天下之田，还受以生死为断，劝课农桑，兴富民之本。

从三国到西晋、五胡时期，华北地区长年处于社会动荡之中。在这种背景下，以上引文中所描述的那种豪族、富强者通过兼并而形成的大土地私有占据支配地位，可以说是必然之势。

对于将重点转移到对华北的统治后开始有意识地强化中央权力的北魏来说，为了让富强者田连阡陌、贫弱者无立锥之地的华北社会的不公正状况恢复正常，就必须通过坚决推行土地改革来抑制兼并，实现田租赋课的公平化。而在此时成为北魏掌权者设想之蓝图的，便应当是建国以来在代国实施长达百年、取得了显著成效的计口授田这一土地分配制度。

不过，虽说这套制度在代国取得了成效，但在当时的河北、山东地区，大土地私有占据统治地位，充斥着拥有众多奴婢和佃农的贵族、望族和官人。

如果将代国的计口授田制度原样移植到河北、山东，可能会引起社会的不安和混乱，导致北魏很快失去华北豪族及望族的拥戴。对于北魏的掌权者来说，必须充分思考如何与下至自耕农，上至贵族、豪族及大地主的既存的土地所有者进行妥协。

在均田制下，国家允许每人私有并世袭桑田（后来的永业田）二十亩——即便潜在的拥有权依然保留在国家手中——的做法乃是对自耕农的照顾。

正如本章中曾指出的，在恭宗的制令中曾规定代国畿内地区计口受田的民众每人所有的土地（世袭田）之标准数额为二十二亩左右。联想到这一点，那么国家承认私有桑田二十亩的做法应该是在考虑到计口受田民众之待遇的基础上对自耕农作出的照顾政策。因此，每人分给桑田二十亩的规定也可以认为是基于计口授田制而制定的。

接下来，对奴婢以及耕牛也分给田地的政策是向大土地所有者作出的妥协。不过，虽然向奴婢、耕牛给田是向大土地所有者的妥协，却也并非无条件的妥协。尽管太和年间的均田制并未对奴婢的数量作出限制，但后来北齐河清三年（564）的诏令中则对奴婢给田作出了如下规定：

> 奴婢受田者，亲王止三百人，嗣王止二百人，第二品嗣王以下及庶姓王止一百五十人，正三品以上及皇宗止一百人，七品以上限止八十人，八品以下至庶人限止六十人。（《隋书》卷二十四《食货志》）

再到接下来的隋唐时期，则取消了对奴婢的给田。之前所引用的对刺史、太守及以下宰民官的给田虽说应当是参考了西晋的官吏给田之法（后来的职田制），但如果考虑到宰民之官大多出自贵族、望族，那么北魏在承认这些人的大土地私有的同时，也根据贵族、望族们的官阶高低而对其拥有的土地进行了限制。

根据以上之论述，可以说太和均田制是北魏政权在之前代国时期所实施的计口授田之土地制度的基础上，考虑到当时华北农村社会土地所有之现状而加以变通后设计出的制度。北魏王朝希望能够通过这一制度而获得贵族和豪族阶层的支持，实现华北地区的经济稳定并确立起自身的统治。

归结起来,北魏均田制之设计蓝图乃是代国时期的计口授田制,而这一北魏传统的土地政策经由华北地区现状之媒介而得到升华后,所形成的便是太和年间的均田制。

[昭和三十年(1956)十一月初稿,三十七年(1963)八月补订,刊于《史林》第 45 卷第 6 号]

附录　历史学笔记

什么是历史　所谓历史，乃是对人的生活、人类的生活样态，或者更具体地说，人与人之间的纽带、民族与民族的关联所进行的解读，以及将其放在时间的推移、发展中所进行的考察。因此，历史可以教给我们人类的生存方式。

《论语·为政》篇中有一句话："子曰：'温故而知新，可以为师矣。'"这句话一般都以"温古知新"的说法而为人所知，此外按照《日本书纪》的说法，还有"稽古照今"之语。历史本来的主旨可以说在这些四字熟语中得到了很好的体现。所谓"以史为鉴"亦是同样的意义，这是自古以来便为人所知的中国人的历史思想。而在继承了中国思想的日本，这也是传统的历史观。不管是日本中世的史书《大镜》《增镜》《吾妻镜》，还是中国宋代的《资治通鉴》，其书名中都有镜、鉴之字样，意味着历史在今天映照出过去，而为我们的人生提供指南。不过，在如今的历史学中，对于"温古知新""稽古照今"等说法，还要再加上"在时间的推移中对古代——发展地——加以思考"这层含义。然而即便如此，仔细想来这些说法也过于笼统，因此接下来会更加详细地加以阐述。

历史学的对象归根结底是人类过去的生活现象，而所谓生活并非与社会相隔绝的生活，而是国民、民族、部族等的集体生活，以及集体生活中的个人生活。历史学家依靠种种历史资料，比如书籍档案记录、铭刻在金石上的记录、写在木片上的记录（木简）、考古遗物与遗迹、民俗学资料以及语言学资料等，在与社会的关联之中对国民、民族及个人所经历的种种生活之推移、发展的过程加以追踪。因此历史学并非抽象的学问，而是以具体的史料为基础，解明各种历史现象，将其与社会相关联，并对其发展加以理解和考察的学问。总而言之，没有史料，历史学便无话可说。因此与历史小说及文学相比，历史学的确较为无聊、更让人感觉枯燥无味。然而即便如此，也不能用想象来对历史事实及推理加以歪曲。不过，万一出现史料有所缺失的情况，历史学家能够通过自身的努力与判断，借助迄今为止遭到忽视的史料、传说、故事之类，或是新发现的史料，来将欠缺的部分补上，并且还能让之前在历史上并没有得到记载的部分也重新浮出水面。

近年经发掘而重见天日的高松冢古坟的壁画、稻荷山古坟所出土的铁剑铭文，以及中国的马王堆古墓等都是这方面的代表事例。更为特殊的事例，则有对平泉中尊寺所保存的自藤原清衡以下四代人的干尸所进行的调查测定——具体时间应当是昭和二十五年(1950)。依据测定结果，各人的体型自不用说，连血型、指纹、足纹、牙质等都能得到确定。而通过这些，迄今为止一直不为人知的藤原氏四代之人物、历史，或是中尊寺历史的部分谜团能够得以解开，此外源义经与秀衡、泰衡等人关系的部分历史真相也可以经历史学家之手而得到阐明。

关于史料——欧洲的文献学批判方法与中国的考证学 前文中曾说过，如果没有史料，历史便是一门无话可说的学问。而史料则可以说主要是过去的记录之类。这是人类在社会生活中，出于本能而对某些事情加以重视、想要将其保存下来传达给后世，采用某些手段进行记录后所形成的。如前所述，这些记录既包括文献，也有录于木简、金石之上者，或者像中国古代那样，还有刻在龟甲、兽骨上的甲骨文等。此外，对记录进行补充的辅助资料则有考古遗物、遗迹，以及民俗学、语言学资料，还有建筑物、壁画、陶瓷器、雕刻等工艺美术品之类。

历史学家在可能的范围之内，对所有相关的记录以及辅助资料进行收集和整理，思考、分析对于自己的研究对象来说，哪些是根本史料，哪些是辅助性的史料，在批判的基础上加以选择和取舍。因此，史料的搜集和整理是开展历史研究之际最初的基础性工作，对史料的斟酌和批判则是接下来必须要做的工作。

18 世纪以后，近代历史学中的史料分析和批判首先在欧洲受到自然科学发展的刺激而兴起。而从 19 世纪中期起，经德国一些历史学家，比如布拉德雷(Francis H. Bradley, 1846—1924)[①]等人的努力，新的、科学的文献

① 译者注：此处似有误，布拉德雷为英国哲学家。

学批判方法得以确立,随后传播到了英国、法国以及欧洲的广泛区域。

另一方面,在中国,作为与欧洲的史料批判方法相对应者,被称作"考证学"的学问从17世纪的明末时期开始兴起,比欧洲早了二百年左右。原本中国考证学的目的并非考证历史书,而是要对四书、五经等儒家经典进行实证研究,以阐明其教旨。最初提倡考证学的是明末清初的学者黄宗羲(1610—1695)、顾炎武(1613—1682)、王夫之(1619—1692)等人,而其中黄宗羲史才出众,其学问方法为历史学者所继承。而顾炎武的学问则以经学(儒学)和小学(语言学)为特色,由此成为考证学中的正统派(浙西学派、汉学派)之祖。说到考证学之祖,阎若璩(1636—1704)亦因其对经典客观、科学的研究而被称作清代考证学的先驱。考证出当时通行的《尚书》有部分内容乃是4世纪左右东晋时期之伪作的便是此人。

最初提倡考证学的黄宗羲、顾炎武等人的学问具有两种倾向,其中既有实学的一面——标榜经世致用、主张学问必须对社会有用的一面,同时也有实证性学术的一面。进入清朝后,前一种倾向若是得到强化,便会导致民族意识的高涨,最终不利于满族所建立的清朝的统治,因此这一倾向受到极力抑制,只有实证性的倾向得到发展。到18、19世纪的乾嘉时期,考证学迎来了全盛期,研究古典的方法得以完备。

受中国考证学的影响,在日本,从江户时代开始,基于考证学的汉学也开始兴盛,出现了从事古文书考证的学者。据说日本率先对古文书进行考证并将其应用于历史研究的学者之一是山鹿素行(1622—1685,参照田中萃一郎《史学论文集》)。素行所著的《武家事记》中除了收录织田信长、丰臣秀吉、德川家康三代的古文书外,还收有今川、武田、北条、长尾、毛利以及杂家的古文书六百余件,在此基础上按照著者的方式进行了考证。

到了明治时期,欧洲的新学问传入后,日本的历史学界,尤其是东洋史学界以东京、京都及其他国立大学为中心,从明治末年开始,经大正到昭和二十年左右,也就是到第二次世界大战结束为止,在清代考证学基础上发展起来的新考证学——使用欧洲的科学性史料批判方法的实证主义考证史学——也盛极一时。

顺带一提,中国的汉字史料在长达四千余年的时间中积累了数量惊人的记录和文献,要将其全部看完近乎不可能。因而在从事研究之际,首先要做的就是了解关于自己的研究对象有哪些文献和记录。因此在中国，从很早开始便发展出了“目录学”这门学问。故而在这里要补充说明，在东洋史领域，对史料进行斟酌和批判之前，首先需要对目录学有一定的心得。

接下来再来观察欧洲历史学界的动向。从19世纪末开始，欧洲受到黑格尔（Hegel，1770—1831）、马克思（Karl Marx，1818—1883）等人富于辩证法的历史思维的影响，出现了对于实证史学的批判，历史学家们在历史认识上开始倾向于重视对史料、史实的解释（意义的赋予）。也就是说，虽然考证学和科学性的史料批判是从事历史研究之际不可或缺的手段、方法，但这些终究只是历史研究的初步手法，而如何为史料、史实赋予意义才是更应该受到重视的工作，此种思潮逐渐高涨。

如以上所述，欧洲的实证主义史料批判以及中国的考证学构建了近代历史学的基础。由此，近代历史学通过严格的斟酌和批判而对史料加以拣选，并对拣选出的史料和史实加以合理的解释，以此来对历史进行构筑和叙述。如此一来，历史便从单纯的“温古知新”出发，又超越实证主义的考证史学，进一步发展到重视对于历史事实的解释（意义的赋予），与此同时历史事实、历史上的真实又成为历史学家所关心的问题。因此接下来再就历史中的事实与真实加以论述。

历史事实与真实性 如上文所云，历史学家通过科学的史料批判（考证学）对诸种史料加以拣选，在此基础上再进一步依照各个时代的种种历史条件（历史背景）来对历史事实赋予意义，同时构成历史并加以叙述。像这样由历史学家所叙述的历史，或者可以说是“被呼唤出来的过去的投影”，便是历史学家所说的历史真实。历史之所以能够打动人心，便是因为具有此种真实性。经常有人说“读历史小说可以学到活生生的历史”，而这应当是因为历史小说在将虚构（fiction）交织到历史事实中的同时，对过去的特定人物进行描写，或是通过特定的人物对某个时代的历史状况进行描写，以此来不断接近历史真实。接下来再就历史真实展开思考。

毋庸多言，历史学与哲学、文学、社会学等其他人文学科一样，都以究明人类存在的真实性、人类真正的生存形态为目标。不过在究明的手段、表述的方法上，哲学、文学与史学则各有不同。概略地说，哲学乃是探求一般法则的学问，也就是对人类世界究竟为何物、又是如何变化加以探求，并抽象出适用于所有场合的法则的学问。

文学则是在掺入文学活动——虚构——的同时，以文学的形式对人类的真实性、人类应有的生存形态进行故事式的描写的学问。或者可以说，通过人类的行为来探究意识、语言等的形成亦属于文学的范畴。虽然在文学作品尤其是小说、戏曲之中，或是按照作家的构想来设计对话及场面的进展，或是为了反映作家自身的思想感情而掺入虚构、假象，不过所谓虚构乃是出于在人类世界中发现真实、美以及善的意图而设计的情节，因此可以说人类的真实性正是隐藏在虚构之中。不过因为虚构允许文学家自由地发挥自身的构思和想象力、自由自在地进行创作，因此在历史学最为重视的时间、地点方面较为宽松、不严谨，往往成为“很久很久以前，在某个地方”这样的形式。在这一点上，文学家与历史学家的想法之间存在很大的分歧。就这样，文学家可以自由、随意地设计虚构的情节，而其所设计的虚构、假象是否精巧便在很大程度上左右着其作品的价值。

与哲学、文学相比，历史学是在各种史料的基础上，具体地探索、解释（赋予意义）人类世界的种种现象，也就是人类社会、文明等如何随着时代而形成和发展，并对个人及人类社会的真实性加以描述的学问。因此，即便历史学家与文学家在追求个人及人类社会的真实性这一点上没有不同，但前者（历史学家）始终是在史料所揭示的历史事实之中追求真实性并加以叙述，而后者则是在事实的基础上再掺杂虚构、假象而展开描写，在这一点上两者之间存在着区别。

历史解释与历史观　如此看来，在从事历史学研究之际，历史学家乃是在自身的历史观——也可以说是历史见识或者世界观——之下对隐藏在各种史料之中的过去事实之间的因果关系及其时代背景加以考证并赋予意义，以此来接近历史真实。因此历史真实隐藏在历史事实之中，历史学家必须依据自己的历史观从历史事实之中导出真实性。

在中国，清代乾隆、嘉庆时期的杰出历史哲学家章学诚（1738—1801）曾就史学中应该受到重视者而论述道“序意发明，实为史学大关键”，将对历史事实进行解释、赋予意义列为第一义。

章学诚还曾评论唐代史论家刘知幾的《史通》云“刘言史法（研究历史的方法），吾言史意（对历史的解释）。刘议馆局纂修，吾议一家著述”，自认为自己所著的《文史通义》要超过刘知幾的《史通》。在此书中，章学诚将历史分为史纂（整辑＝史料收集、排比＝史料拣选）、史考（参互搜讨并加以考证）和史学（求义）三种，并认为真正的历史学并非只是史纂和史考，更应该重视的是对经过搜集、拣选和考证的史料如何加以处理（解释、赋予意义）。也就是说，历史学的终极意义在于如何合理地对史料、史实赋予意义并构成历史，而这正是章学诚所说的第三种史学（求义）。

章学诚的这种思想不仅适用于历史学，也能够广泛通用于各种学问。而考虑到这种思想出现于距今两百多年以前，可以说章学诚乃是近代历史学伟大的先驱者。不过遗憾的是，章学诚并没有给我们留下哪怕一本史书，因此无法得知他的历史观是如何在著述之中得到具体体现的。

接下来，我们再来就历史解释，也就是章学诚所说的史学（求义）进行思考。对历史事实进行解释、赋予其意义的乃是历史学家自身，因此由于各个历史学家史观的不同，当然也会产生各种各样的历史解释。历史学家在正确理解历史事实的基础上，通过自身的历史观而将过去呼唤到现在。狄尔泰[①]说过“历史是对过去事实的重新体验”，此外英国外交史家爱德华·霍列特·卡尔（Edward Hallett Carr）曾说过“历史是过去与现在的对话”，这些也都有着大致同样的含义。不过虽说是“将过去呼唤到现在”，但这并不意味着将过去的事实原原本本地加以重现。原样重现过去的事实终究是不可能做到的事情。不同的历史学家所呼唤出的，归根结底是过去事实的投影。如果用绘画来比喻的话，中国的山水画理论中常有所谓“胸中丘壑”的说法，意思是作画人首先将自然山岳之形貌收摄于胸中，然后再在绢或者纸上进行描绘、加以重现。其所描绘的山岳即便与原本的山岳有所不同，但只要能够将山岳的真精神、真实性活生生地表现在画面上，便能够强烈地打动观者的心弦。

接下来需要讨论的便是历史观。所谓历史观可以说是由历史学家的理性经验和生活体验涵养而来，因此不外是其人所具有的世界观、价值观。既然历史观是历史学家各自的世界观，那么便不是从外部强加的或者某种客观之物。因此，并不存在若是没有事先形成的历史观便不能从事历史研究、

---

① 译者注：威廉·狄尔泰（Wilhelm Dilthey，1833—1911），近代德国著名哲学家、历史学家、心理学家、社会学家。

不能撰写历史论文的说法。按照前文所述的思路来学习历史、持续进行历史研究，随着自身人格的形成、生活体验的积累，自身的历史观便能够逐渐成形。因此只要是历史学家，或多或少都有着自己的历史观，即便无法用一句话来概括是何种史观，但也都是在自身的历史观之下来对历史进行叙述。不过，某位历史学家是否具有更加丰富、有个性的人格，更加敏锐的感受性和更加出众的才智，同时也决定着对其历史作品的评价。故而历史学家需要做到的，便是通过广泛的学识、多彩的生活经验和强烈的现实感受性来培养深刻、丰富的历史观。伟大的历史学家所撰写的历史著作，不管是概论作品还是专题研究，或者是人物传记，就算是没有署名，其中也充溢着其具有特色的历史观，对于读者来说一目了然。

著者的恩师之一内藤湖南（虎次郎）先生是近代日本杰出的历史学家。透过之前提到的《文史通义》这本书而发掘出章学诚的杰出史才并加以介绍的，也是内藤先生（《内藤湖南全集》第十一卷所收《章学诚の史学》）。而现在仍然存留在著者脑海中的先生的教导之一，便是历史乃是常识，因此历史学家要留心涵养广泛、深刻的常识。为了做到这一点，关键是要有无所不读、无所不见、无所不闻的强烈意愿，以此来让自己的人生经验——理性经验及生活体验——更加丰富。虽然表述可能有些出入，但在著者的记忆中先生的教诲大意如此。顺便一提，被称作“内藤史学”的先生之历史观集中收录在《内藤湖南全集》（筑摩书房）第十四卷中，而在《中国史学史》（第十一卷）、《中国近世史》（第十卷）、《概括的唐宋时代观》《近代中国の文化生活》（收入第八卷《东洋文化史研究》）、《先哲の学问》（第九卷）、《应仁の乱に就いて》（收入第九卷《日本文化史研究》）等作品中则体现得最为明显。除了历史论文以外，如《中国绘画史》体现了先生对于中国绘画的卓越见识以及丰富的历史教养，令人惊叹。

关于文章　历史学家基于其历史观并通过文章而表述其史论，因此对其来说，文章与历史观同样重要。不管历史观如何卓越，不借助文章之力，便不能启蒙和充分地说服人们，亦不能让自己的观点传之后世。据内藤湖南博士所说，在中国，自古以来便认为写文章与撰写历史著作是互相关联的。如《新唐书》在《艺文志》中设有“文史类”，而这是将论述文章技巧及历史思想的书汇集到一起的类别（内藤湖南《中国史学史》）。之前曾提到过的唐代杰出史论家刘知幾(661—721)是著名历史批评著作《史通》的作者,而在此书中,刘知幾提出"才""学""识"乃是历史学家必备的三项资格。关于此事,在《旧唐书》卷一百二、《新唐书》卷一三二中的刘知幾传记《刘子玄传》,以及《唐会要》卷六十三之"修史官"条中有所记载。为了对刘知幾的思想再稍作阐发,在此引用《旧唐书·刘子玄传》中的一段内容:

> 礼部尚书郑惟忠尝问子玄曰:"自古已来,文士多而史才少,何也?"对曰:"史才须有三长,世无其人,故史才少也。三长谓才也、学也、识也。……脱苟非其才,不可叨居史任。"

而关于三长中的"识",刘知幾则云"好是正直,善恶必书,使骄主贼臣,所以知惧"。此外,在《史通·辨职》篇中,刘知幾提出"史之为务,厥途有三焉",其第一乃是"彰善贬恶、不避强御(掌握强大权力的人)",这应当便是"识"。也就是说,识指的是卓越的见识、敏锐的洞察力(理性)和强烈的正义感。而"学"则是博学之意。也就是说,识与学是对史料进行拣选、对历史事实进行分析和评价的能力。而关于"才",《辨职》篇中则云"编次勒成,郁为不朽,如鲁之丘明(左丘明)、汉之子长(司马迁)",这指的是优秀的文才。作为实例,刘知幾举出了《春秋左氏传》的作者左丘明和撰写《史记》的司马迁,认为这两人都是依靠出众的文才而留下了不朽的名著。

刘知幾所说的"才",也就是文才,相当于欧洲人所说的历史编纂(Historiography 或 Geschicht-schreibung)。历史记述当然需要精巧的文学表现力和令人赞叹的文章,不过实际上很难要求所有的历史学家都做到这一点。对于大多数史家来说,更需要的是写出能够尽量说服更多读者的、明白易懂的文章。

历史时间与时代划分理论 以上就《论语》中的"温古"(温古知新)、《日本书纪》中的"稽古"(稽古照今)等说法,结合历史学的实际而进行了较为详细的阐述。而对于历史学来说,另一项比较重要的概念是历史时间。在本文之开头,针对"温古知新""稽古照今"而提出要"在时间的推移中对古代加以思考",也就是在时间的流逝中对人类过去的生活现象加以思考,而这意味着对历史现象发展地进行考察。故而此处对历史的时间稍加思索。

历史的时间并非像一般所认为的那样，是由地球的自转所产生的昼夜交替不断累积、流逝而形成的天体时间，而是与历史事实相联结的时间。可以说，相对于自无限久远的过去开始流逝而来、流逝而去的天体时间，历史时间乃是以具有关联的历史事实作为尺度的时间。因此，在其中可以观察到历史现象在时间推移中的发展，也就是历史的发展。历史学家将这种历史时间称为年代或者时代，并将耶稣的诞生或是穆罕默德的海吉拉（迁居麦加）等特定事件规定为纪元的起点，以作为历史时间的标准。接下来，历史学家还用对于历史的发展影响尤其显著的事件，比如日本史上镰仓幕府的建立、中国史上东汉王朝的灭亡，或是欧洲史上西罗马的灭亡等来对历史时间进行分期，这便是时代的划分。反过来说，通过对时代进行明确的划分，各个历史事实之间的关联和发展能够得到确认，对其总体、系统的评价也得以明确。因此，在历史学的研究中必须重视时代的划分。此外，关于时代划分，克罗齐[①]曾说过“对历史进行思考就是对历史进行时代划分”，这是在强调要发展地对历史进行思考。

原本我们就只有通过从过去到现在、再到未来的人类生活的形成及发展才能对历史时间加以确认。更加具体地说，通过对民族及部族的集体、社会生活，或者是集体之中个人生活的形态加以回顾，可以知道其中由人们所创造、随后又消失，有些还一直延续到现在的各个民族和部族的过去，并能明白其中还蕴藏着从现在开始每分每秒都在被创造出来的未来。因此现在蕴含、承载着过去，过去则活在现在之中，并连接着未来。换句话说，现在在过去和未来之间充当着媒介。因此，历史上的过去可以在史料的基础上为生活在现在的我们的理性所理解，而反过来说，要理解现在，就必须对过去的历史现象有正确的认识。这就是为什么有“温古知新”“稽古照今”的说法。接下来对时代划分加以思考。

在欧洲，很早就有了对人类历史的发展划分为各个不同时代的尝试。比如在公元前8世纪左右的希腊，被称作波俄提亚的农民诗人的赫西俄德在其著作《工作与时日》中创立了五个时代的划分法（黄金时代、白银时代、青铜时代、英雄时代、黑铁时代），并尝试将这五个时代对应不同的历史年

---

① 译者注：克罗齐（Benedetto Croce，1866—1952），意大利哲学家、历史学家。

代，以进行时代区分。也就是说，赫西俄德尝试对人类历史发展的进程进行规律性的把握。进入中世纪后，建立在人类的发展由上帝的意志所决定这种基督教史观基础上的时代划分，例如奥古斯丁所尝试建立的那种站在宗教自觉的立场上对人类历史进行超历史把握的时代划分学说占据了统治地位。

虽然以上所述的这种通过某种方法来对历史发展进行时代划分的尝试早在公元以前就已经出现，不过直到中世纪为止，人们所提出的各种时代划分法都是脱离人类社会发展的非历史的、或者站在宗教立场上的理论。与此相对，今天普遍通行的、基于人类社会发展的古代、中世纪、近代这种三分法是到了15、16世纪的文艺复兴时期以后才提出的方案。在欧洲，进入文艺复兴时期后，人们得以摆脱在之前的整个中世纪都占据统治地位的基督教世界观，开始尝试对植根于人性之中的社会发展进行理性的把握。在对人类所经历的历史发展进行思考之际，15、16世纪文艺复兴时期的人们认为最妥当的方法是将历史划分为三个时代，即他们所憧憬的自由、充满人性的古希腊、罗马时代，他们当时所处的时代，以及接下来他们想要通过复兴而迎来的新时代。古代、中世纪和近代便是后来对这三个时代的称呼。接下来便在古代、中世纪和近代这三个时代中，以近代为例来考察其历史构造。

近代世界的历史构造 近代世界与历史上的古代、中世纪极为不同的现象，乃是世界的一体化，也就是全世界的政治、经济、思想、文化以及其他所有方面都有机地结合在了一起。世界具备这种普遍的、一体性的构造，可以说是从16、17世纪左右开始的现象。而这是欧洲人开始来到欧洲以外的地区活动后世界被欧洲化的结果，人们将其称为历史上的"世界的近代化"。

欧洲人有组织地来到欧洲以外的地区活动，始于十字军运动、文艺复兴运动，以及与文艺复兴相伴的16世纪后新航线的开辟所带来的地理大发现。在这以后，欧洲人的势力不断发展、膨胀，从19世纪到20世纪，终于在某种程度上实现了全世界的欧洲化。欧洲人这种能量的源泉，是发生在欧洲的工业革命。工业革命催生出资本主义，又从工业资本进一步发展为垄断性的金融资本，随后与民族主义、国家主义相结合，开始对非洲大陆、南亚次大陆以及其他亚洲诸国、西南太平洋诸岛屿等未开发的地区发动帝国主义侵略，将这些地区变为殖民地。就算没有沦为殖民地，也会变成帝国主义国家的附属国，或者像中国那样被半殖民地化。总而言之，在文艺复兴之后，欧洲人巧妙地对欧洲以外地区的资源、地力和人力进行榨取和操纵，通过“欧洲的扩大”构筑起了垄断世界的体制。这便是近代化，也就是世界一体化的机制。

若要更为具体地对欧洲的扩大进行解说，那便是在文化上，世界被欧洲文化所统一。比如衣、食、住，不管是哪一项，如果提到近代人、近代生活，那便是穿西式服装、吃西式食品、住在西式楼房里面。此外，还多少能说一两句英语、德语或是法语。这只是以日常为例对欧洲文化加以说明，而若要说得比较正式，那便是基于自由主义思想的启蒙主义、理性主义文化，也就是人们各自在理性和经验的基础上追求合理性，以此从之前的基督教以上帝及《圣经》为中心的神学中摆脱出来，而发现了以人类理性为中心的科学世界。并且人们还更进一步，从理性主义出发，让自然科学以及作为自然科学之应用的近代技术得到高度发展。这种倾向不仅在自然科学的世界，在构成其基础的思想、哲学、文学、艺术等领域也取得了丰硕的果实。

接下来，在政治上，构成近代世界的是众多近代国家，而这些是标榜资产阶级民主主义、以选举产生的议会制政治以及以三权分立为基本体制的国家。再从经济上来说，这些是在原则上采用资本主义、自由贸易主义的国家。这种欧洲文化、民主主义体制和资本主义经济下的世界一体化、以欧洲为中心的世界秩序的建立可以说是构成近代特色的标志之一。不过，若是如此对近代加以理解，那么可以说以第一次世界大战为转机，当今世界的历史构造与近代世界相比，正逐渐发生着质的转变。因此，在古代、中世纪和近代的三阶段之上再加上“现代”的四阶段理论如今得到了很多人的支持。

现代世界的历史构造 在当今，正如国家集团的多极化等说法所显示的，近代世界所保持的以欧洲为中心的国际秩序已经崩溃，出现了以美国为一极的资本主义国家集团、被称作欧洲共同体（Europe Community）的西欧资本主义国家集团，以及有着与此不同的国家体制的、以苏联为一极的社会主义国家集团等，世界各国分化为有着不同体制的国家集团互相对立。

因此，如果说近代世界是有着“统一”秩序的普遍化世界，那么当今便可以说是包含着特殊的、向着更高层次的现代世界过渡的多极化时代。[1] 充当不同体制国家集团领袖的美国和苏联都是欧洲以外的国家，而它们正在取代历来的欧洲，崛起为世界上的领袖国家。而欧洲共同体则是法、德、英、意等国为了止住濒临没落的欧洲的颓势所组成的联盟，已经不能与往日作为世界轴心的欧洲的势力同日而语。法、德、英、意等国的衰落，已经到了如果不联合起来，便根本无法与美国和苏联相抗衡的地步。或许，更正确的说法是美国和苏联实在太过强大。那么，此种历史的转变原本是从何时开始的呢？从时期上来讲，应当说是始于第一次世界大战以后，到第二次世界大战后已基本成为定局。也就是说，世界史上从近代到现代的转换期是从一战到二战这段时期，如今我们依然处于走向现代化的进程之中。

现代世界的混乱，是不同体制的国家集团之间的对立所带来的多极化，以及根源于信息过多的价值观的多样性所导致的，而这可以说造成了国家、民族、个人的生存方式之间的冲突，带来了历史的激烈变动期。在日本，最近也出现了阅读历史书以及伟人、英雄传记的热潮，这应当是人们自觉不自觉地想要知道世界历史的变化、度过历史激烈变动期的自发欲求所引起的现象。

（1980 年 8 月 19 日完稿）

（本文是著者在任职京都女子大学期间，为史学科诸位女学生所讲授的《史学概论》(2 个学分)课程讲义的基础上进行增删、整理，并限于篇幅而加以缩略而成）

① 编者注：作者此处的所谓“多极化时代”是指以美苏为首的两大集团间对峙与竞争的冷战时期，即“两极格局”的时期。

图书在版编目(CIP)数据

中国史上的民族移动期：十六国北魏时代的政治与社会／（日）田村实造著；焦堃译. — 上海：中西书局，2024
（中国中古学术思想书系）
ISBN 978-7-5475-2225-7

Ⅰ.①中… Ⅱ.①田… ②焦… Ⅲ.①政治制度史-中国-北魏②社会生活-历史-中国-北魏 Ⅳ.①D691.2②D691.9

中国国家版本馆 CIP 数据核字(2024)第 027445 号

中国史上的民族移动期
——十六国北魏时代的政治与社会
［日］田村实造 著　焦　堃 译

责任编辑 吴志宏
装帧设计 梁业礼
责任印制 朱人杰
出版发行 上海世纪出版集团
中西書局(www.zxpress.com.cn)
地　　址 上海市闵行区号景路 159 弄 B 座(邮政编码：201101)
印　　刷 浙江天地海印刷有限公司
开　　本 700 毫米×1000 毫米　1/16
印　　张 15.75
字　　数 242 000
版　　次 2024 年 8 月第 1 版　2024 年 8 月第 1 次印刷
书　　号 ISBN 978-7-5475-2225-7/D・101
定　　价 78.00 元